Das Buch
Der Anästhesist Rajiv Parti war sich sicher: Nahtoderfahrungen und die Vorstellung eines Lebens nach dem Tod sind reine Hirngespinste! Bis er selbst notoperiert werden muss – und dabei eine Nahtoderfahrung erlebt, die all seine eingefahrenen Überzeugungen und materialistischen Lebensziele grundlegend wandelt.

Dr. Parti reist durch Himmel und Hölle, durch frühere Leben, begegnet seinem verstorbenen Vater und himmlischen Wesen, bis er schließlich in das göttliche Licht eintaucht. Hier erhält er den Auftrag, zum »Heiler der Seele« zu werden. Er erkennt, dass alles, was geschieht, von einer gütigen Macht gelenkt wird und dass jeder Mensch in dieser göttlichen Liebe geborgen und mit allem verbunden ist.

Ein Buch, das unsere Sichtweise auf Leben und Tod entscheidend verändern kann. Eine faszinierende Verbindung von spiritueller Einsicht und persönlicher Erfahrung, die hilft, in Kontakt mit dem eigenen göttlichen Kern zu kommen, sodass persönliches Wachstum und Heilung geschehen können.

»In meinem alten Leben habe ich Menschen in Schlaf versetzt. Jetzt wecke ich sie auf. Und ich selbst bin auch aufgewacht.«
Dr. Rajiv Parti

Der Autor
Dr. Rajiv Parti ist Anästhesist mit über 30-jähriger klinischer Erfahrung am *Bakersfield Heart Hospital* in Kalifornien und einer der weltweit führenden Spezialisten in der Schmerzbehandlung. Seine spektakuläre Nahtoderfahrung im Jahr 2010 wurde für ihn zu *dem* Wendepunkt in seinem Leben. Er beendete danach seine klinische Laufbahn und gibt seither die Erkenntnisse aus seiner Nahtoderfahrung weltweit in Vorträgen und Workshops weiter.
www.drparti.com

Dr. Rajiv Parti
mit Paul Perry

ERWACHEN IM LICHT

Die lebensverändernde
Nahtoderfahrung eines Arztes

Mit einem Vorwort von
Raymond A. Moody

Aus dem Englischen übersetzt
von Dr. Juliane Molitor

WILHELM HEYNE VERLAG
MÜNCHEN

Die amerikanische Originalausgabe erschien 2016 unter dem Titel
»Dying to Wake Up« bei Atria Books, USA.

Verlagsgruppe Random House FSC® N001967

Taschenbucherstausgabe 02/2020

Copyright © 2016 by Dr. Rajiv Parti und Paul Perry. All rights reserved.
Copyright © 2016 der deutschsprachigen Ausgabe by Ansata, München,
in der Verlagsgruppe Random House GmbH
Copyright © 2020 dieser Ausgabe by Wilhelm Heyne Verlag, München,
in der Verlagsgruppe Random House GmbH,
Neumarkter Straße 28, 81673 München
Alle Rechte sind vorbehalten. Printed in Germany.
Redaktion: Felicitas Holdau
Umschlaggestaltung: Guter Punkt, München
unter Verwendung eines Motivs von © momnoi / gettyimages,
© ohishiistk / gettyimages
Herstellung: Helga Schörnig
Satz: Satzwerk Huber, Germering
Druck und Bindung: GGP Media GmbH, Pößneck
ISBN 978-3-453- 70384-1

www.heyne.de

Dieses Buch ist dem Licht gewidmet,
das uns empfängt, wenn wir sterben,
sowie meiner Familie.
Dr. med. Rajiv Parti

Für Nicholas Paul Perry Mekosh,
ein wirklich großartiges Kind.
Paul Perry

Inhalt

Wissen ist Erfahrung, alles andere ist Information.
Albert Einstein

Wenn wir unsere Richtung nicht ändern,
kommen wir wahrscheinlich genau dort an,
wo wir hinsteuern.
Laotse

Vorwort

von Dr. med. Raymond Moody, Psychiater und Philosoph

Vor zwei Jahren bekam ich eine spannende E-Mail von einem Anästhesisten aus Südkalifornien. Sein Name war Rajiv Parti, und mit seiner E-Mail wollte er mich auf sein tief greifendes Nahtoderlebnis (NTE) aufmerksam machen.

Ich bekomme jährlich Hunderte solcher Briefe und E-Mails, aber diese war aus einer Vielzahl von Gründen außergewöhnlich, einschließlich der Tatsache, dass ein Arzt sie geschrieben hatte. Er gehört einer Berufsgruppe an, die genauso viele Nahtoderlebnisse hat wie der Rest der Bevölkerung, dies aber in der Regel geheim hält aus Angst, von Kollegen stigmatisiert zu werden.

Aber dieses Nahtoderlebnis war aus anderen Gründen speziell. So hatte Raj zum Beispiel Visionen aus zwei früheren Leben. Obwohl viele Menschen nach ihrem Nahtoderlebnis von früheren Leben berichten, war Partis Erlebnis anders. Er hatte sich selbst als einen indischen Prinzen im Mittelalter gesehen, der gnadenlos und völlig sinnlos die Armen auspeitschte. Er sah sich auch vor zweihundert Jahren als afghanischen Mohnbauern, der süchtig nach den Opiaten aus dem Mohn war, den er eigentlich anbaute, um damit seinen Lebensunterhalt zu verdienen.

Die Schilderungen aus seinen früheren Leben waren extrem detailliert und lieferten Erklärungen für bestimmte Anteile seiner Persönlichkeit im jetzigen Leben, die er ändern wollte, ändern musste. In seiner E-Mail an mich schrieb er: »[Beim

Rückblick auf meine früheren Leben] wurde ich von einer weiteren Welle der Bewusstheit überspült: Wenn ich noch einmal lebe, werde ich diese Muster vollständig durchbrechen und anders leben müssen.« Andernfalls wäre er dazu verdammt, sie zu wiederholen.

Wenn Rajs jenseitige Abenteuer veröffentlicht werden, wird allein schon dieser Aspekt der früheren Leben die sachliche Untersuchung von Nahtoderlebnissen um eine ganz neue Dimension erweitern. Den Erinnerungen an frühere Leben sollte mehr Aufmerksamkeit gewidmet werden, und die Veröffentlichung dieser Geschichte wird die Nahtodforschung in einer Weise mit Reinkarnation verbinden, die in eine völlig neue Richtung führt.

Ein anderer einzigartiger Aspekt dieser Nahtoderfahrung ist ein Besuch in der Hölle. Berichte über solche Besuche sind rar in der Nahtodliteratur. Manche Forscher haben das Gefühl, dass diese Erfahrung zwar oft vorkommt, dass es sich aber verbietet, von Besuchen in der Hölle zu berichten – als würde das Eingeständnis eines solchen Nahtoderlebnisses einen irgendwie böse machen. Bei Raj war dies nicht der Fall. Furchtlos und ausführlich berichtet er über seine Erfahrung mit der Hölle und stellt sie als ein Lehrstück dar, das Mängel in seinem Charakter aufgedeckt hat, die behoben werden mussten. Rajs Besuch in diesem Reich machte ihm seinen materialistischen Lebensstil deutlich und gab seinem verstorbenen Vater eine Chance, seinen Sohn vor dem Fall in die Hölle zu bewahren, einem Schicksal, das schlimmer ist als der Tod.

Dass ausgerechnet sein Vater ihn gerettet hat, war eine besondere Ironie des Schicksals angesichts der Tatsache, dass die beiden eine schwierige Beziehung gehabt hatten, als der Vater noch lebte. Jetzt, am Abgrund zur Hölle und eindeutig in einer jenseitigen Welt, hatten die beiden eine so enge Bindung wie nie zuvor, und Raj verstand und vergab das schroffe Verhalten, das sein Vater ihm gegenüber an den Tag gelegt hatte. Obwohl er lange Zeit unter dem Verhältnis zu seinem Vater gelitten hatte, verstand er nun, warum es so schlecht gewesen war, und konnte seinem Vater großzügig vergeben. Er lernte auch, dass die Sünden der Väter nicht auch die Söhne heimsuchen müssen, und das veränderte die Art, wie er mit seinem eigenen Sohn umging. Als Folge dieser und anderer Ereignisse, die in diesem Buch beschrieben werden, machte Raj eine tief greifende Persönlichkeitsveränderung durch. Viele Menschen, die ein Nahtoderlebnis hatten, lernen diese Lektion der tief greifenden Transformation und gehen nach der Rückkehr von einem Nahtoderlebnis völlig anders mit ihren Mitmenschen um. Vielen fällt es allerdings schwer, dauerhaft auf diesem neuen Weg zu bleiben. Sie sind eben immer noch menschliche Wesen in einer menschlichen Welt.

Raj ist der Botschaft seiner Vision treu geblieben und hat einiges dafür in Kauf genommen.

Nach seinem Nahtoderlebnis gab Raj seine Arbeit als Anästhesist auf und arbeitet jetzt an einer Behandlungsform namens bewusstseinsbasierte Heilung. Diese Art der Heilung hat er nicht selbst erfunden. Sie wurde ihm vielmehr von jenen Schutzengeln offenbart, die ihn bei seinem Nahtoderlebnis begleiteten und bis heute begleiten. Obwohl es mühsam ist, seine berufliche Ausrichtung zu verändern, bleibt Raj fest entschlossen, dieser Form der Behandlung zum Durchbruch zu verhelfen. Seine gesamte Lebensphilosophie und seine Ansichten über das Heilen haben sich verändert. In jener ersten E-Mail schrieb er mir: »Meine Aufgabe ist es nun, einen Schritt nach dem anderen zu machen und meinen Weg ehrlich und voller Vertrauen zu gehen – genau wie ich es in meinem Nahtoderlebnis an der Hand meines Vaters getan habe.«

In dieser E-Mail schrieb er weiter:

»Mir wurde [von dem Lichtwesen] gesagt, dass meine Zeit zu gehen noch nicht gekommen sei und dass alles gut werden würde. Aber von nun an sei es mir bestimmt, meinen Weg als Heiler weiterzugehen. Mir wurde gesagt, ich solle die Anästhesie und den Materialismus hinter mir lassen. Das Lichtwesen sagte mir: ‚Jetzt ist es Zeit für dich, ein Heiler der Seele zu werden und dich besonders mit den Krankheiten der Seele und des Energiekörpers zu beschäftigen: Suchtverhalten, Depression, chronische Schmerzen und Krebs.‘

Mir wurde gesagt, dies sei der Grund, warum ich die Krankheit selbst erleben musste, an der ich gelitten hatte: damit ich Empathie für andere entwickeln und erfahren könne, wie es sich anfühle, in ihrer Haut zu stecken.«

Ich hatte einmal Gelegenheit, gemeinsam mit Raj auf einem Podium zu sitzen. Es war auf einer kleinen Konferenz zum Thema »Bewusstsein« in Arizona. Die Veranstalter hatten ihn gebeten, seine Geschichte zu erzählen. Ich saß hinter ihm, und kurz nachdem er zu sprechen begonnen hatte, stellte ich fest, dass sich die meisten Zuhörer im Publikum Tränen von den Wangen wischten. Manche schluchzten sogar laut. Und dann fiel mir etwas auf, womit ich nicht gerechnet hatte: Ich hatte selbst Tränen in den Augen. Obwohl ich im Laufe meines Lebens schon Zehntausende Berichte über Nahtoderfahrungen gehört hatte, war ich tief bewegt von Rajs erlösenden Worten. Am Ende sagte er etwas, das mich so tief bewegte, dass ich ein Schluchzen unterdrücken musste:

»Die Zukunft nimmt erst noch Gestalt an, doch angesichts aller anstehenden Veränderungen fürchte ich mich nicht. Ich weiß, ich bin nicht allein, und auch wenn ich noch kein genaues Bild von meiner Zukunft habe, weiß ich, dass es einen Plan gibt – und dass es ein guter Plan ist.

In meinem alten Leben habe ich Menschen in Schlaf versetzt. Jetzt wecke ich sie auf. Und ich selbst bin auch aufgewacht.«

Die Geschichte, die in diesem Buch erzählt wird, handelt von Transzendenz und Transformation. Es ist die Geschichte eines der erstaunlichsten und vollständigsten Nahtoderlebnisse, von denen ich in den fast fünfzig Jahren, in denen ich dieses Phänomen untersuche, gehört habe. Sie ist selbst für einen erfahrenen Forscher wie mich beeindruckend. Sehr bemerkenswert!

Der eingefrorene Mann

Allem Anschein nach war der Patient auf dem Operationstisch tot. Sein Herz hatte aufgehört zu schlagen, und in seinem Körper floss kein Blut mehr. Kein Beatmungsgerät sorgte dafür, dass er weiteratmete, und seine Lungen wurden nicht mit Sauerstoff versorgt. Das EKG-Gerät, das normalerweise bei jedem Herzschlag piepte, war still, weil es keinen Herzschlag gab. Alle Organe hatten ihre Funktion eingestellt, und auf dem EEG-Gerät waren keine Gehirnwellen zu sehen.

Tatsächlich war der Patient jedoch nicht tot, nicht wirklich. Er war in einem Scheintodzustand, und zwar wegen eines chirurgischen Eingriffs, der hypothermischer kardiopulmonaler Bypass bei Kreislaufstillstand genannt wird. Das ist ein Verfahren, bei dem man das Blut des Patienten vorübergehend durch eine Kühlflüssigkeit ersetzt, welche die Körpertemperatur auf etwa 10 Grad Celsius absenkt und alle Körperfunktionen zum Stillstand bringt. Wie der Tod, aber nicht ganz.

In diesem Fall ging es bei der Operation darum, einen Riss in der Aorta zu flicken, einer der Arterien, die vom Herzen wegführen. Das ist eine gefährliche Operation, aber wir hatten keine andere Wahl. Ohne den Eingriff wäre die geschwächte Aorta des Patienten irgendwann geplatzt, und das hätte ihn sofort getötet. Wenn ihn die Operation jetzt nicht umbrachte, hatte er eine normale Lebenserwartung. Mit OP konnte er also sterben, ohne sie war er jedoch definitiv zum Tode verurteilt.

Ich nahm als Anästhesist an dieser Operation teil. Als Oberarzt der Abteilung Anästhesie im Bakersfield Heart Hospital war ich eigens für diese schwierigen und gefährlichen Operationen ausgebildet. Es war meine Aufgabe, beim Patienten die Narkose einzuleiten, damit die Chirurgen seinen Brustkorb öffnen und sein Herz freilegen konnten. Später, nach der Operation, als das warme Blut in seinen Körper zurückfloss, bestand meine Rolle darin, ihn sicher in Vollnarkose zu halten, während wir ihn wieder ins Leben zurückholten. In der Zwischenzeit, in der die Kühllösung das Kreislaufsystem des Patienten füllte und seine Vitalfunktionen als gerade Linien auf den Monitoren zu sehen waren, hatte ich wenig mehr zu tun, als die geschickten Hände der Chirurgen zu beobachten, die ihr feines und komplexes Flickwerk an dieser Königin der Arterien verrichteten. Sie hatten nur sechzig Minuten, um ihr Wunderwerk zu vollenden. Danach war die Wahrscheinlichkeit sehr hoch, dass der Patient starb oder neurologische Schäden davontrug.

Als wir diesen Patienten in den Operationssaal brachten, war er bereits stark sediert. Ich redete kurz mit ihm, aber er war nicht sonderlich interessiert an einem Gespräch. Die Sedierung und die Erkenntnis, was mit ihm geschehen würde, waren bei ihm angekommen, und er schwieg. Ich bin sogar ziemlich sicher, dass er sich fragte, ob ich die letzte Person sei, die er zu Gesicht bekam. Ich gab ihm nicht viel Zeit, darüber nachzudenken. Ich injizierte Propofol und andere Anästhetika in den Zugang, den wir ihm in eine Armvene gelegt hatten, und schaute zu, wie er in tiefen Schlaf fiel. Nachdem ich ihm einen Endotrachealtubus in die Luftröhre gelegt hatte, schaute ich genau zu, wie die Brust des Patienten geöffnet und sein Herz für die Operation vorbereitet wurde. Dann nahm ein Spezialist die Perfusion vor, die Einströmung der kalten Flüssigkeit, und ein anderer leitete das Blut des Patienten vorsichtig in einen Oxygenator, wo es mit Sauerstoff angereichert und gerinnselfrei gehalten wurde. Schon nach kurzer Zeit war der Patient in einem Scheintodzustand, und die Operation hatte begonnen.

Im Laufe der Jahre habe ich an einigen solcher Operationen teilgenommen, und ich staune immer wieder aufs Neue. Der Forscher- und Erfindergeist, der sie möglich gemacht hat, die absolute Konzentration der Fachchirurgen – in meinen Augen wurde damit ein neues der Medizin aufgeschlagen.

Von meinem Platz am Kopfende des Tisches aus blickte ich hinunter auf den Patienten. Er sah so tot aus wie jeder andere tote Patient, den ich je gesehen hatte, aber er würde ins Leben zurückkehren und noch viele Jahre unter den Lebenden weilen.

Innerhalb der nächsten Stunde schaute ich zu, wie der leitende Chirurg mit Hochdruck gegen die Uhr arbeitete, um die defekte Arterie zu reparieren. Der Raum war erfüllt von kontrollierter Anspannung und Angst, und das nicht nur, weil diese Operation so heikel war. Einige Patienten überleben diese Operation nicht – und zwar nicht wegen des chirurgischen Eingriffs, der meist erfolgreich ist, sondern weil es der menschliche Körper nicht immer schafft, aus dem Reich der Toten zurückzukehren. »Operation gelungen, Patient tot« ist weniger die Pointe eines Scherzes über solche Operationen. Es ist vielmehr eine Realität, derer wir uns im Operationssaal nur allzu bewusst sind.

Nachdem die Operation beendet war, arbeiteten wir mit großer Effizienz, um den Patienten ins Leben zurückzuholen. Als das Blut wieder in seinen Körper transfundiert wurde, gab ich ihm weitere Anästhetika, damit er nicht zu schnell aufwachte. Dann nahmen wir das Eis um seinen Kopf herum weg, damit sich sein Gehirn wieder aufwärmen konnte. Während sich das kalte Blut langsam erwärmte, wurden Blutplättchen hinzugefügt, um die Gerinnung anzuregen, und dann versuchten wir, sein Herz mithilfe eines Defibrillators zu einem Neustart zu bewegen.

An diesem Punkt hielten wir alle den Atem an. Wenn die Stromstöße des Defibrillators den Herzschlag nicht wiederherstellen konnten, würde der Patient sterben.

Beim dritten Versuch begann das Herz des Mannes regelmäßig zu pochen. Nachdem wir den Herzschlag ein paar Minuten lang beobachtet hatten, nähte ein Chirurg seine Brust wieder zu. Dann wurde der wiederbelebte Patient zur Genesung auf die Intensivstation verlegt.

Ich war einer der Ersten, die ihn begrüßten, als er aufwachte. Er war zwar ziemlich angeschlagen, wusste aber, wo er sich befand, und war froh, dort zu sein. Ich glaube, er hatte nicht erwartet, noch am Leben zu sein. Als er mich sah, lächelte er.

»Ich habe Sie und Ihre Kollegen im Operationssaal beobachtet«, sagte er.

Ich verstand nicht genau, was er gesagt hatte, und muss verwirrt ausgesehen haben.

»Ich habe Sie und Ihre Kollegen im Operationssaal beobachtet«, wiederholte er. »Ich war außerhalb meines Körpers und bin unter der Decke herumgeschwebt.«

Wie kann das sein? fragte ich mich. Er war wie eingefroren!

»Ja«, sagte er. »Ich habe Sie am Kopfende des Tisches stehen sehen. Ich habe gesehen, wie der Chirurg den Flicken auf meine Arterie genäht hat. Ich habe diese Krankenschwester gesehen ...« Dann fuhr er fort, alle Akteure im Operationssaal – Chirurgen und Krankenschwestern – zu beschreiben: wo sie gestanden hatten, was sie getan hatten und andere Dinge, die deutlich machten, dass er die Ereignisse von irgendwo über uns beobachtet hatte.

Ich konnte kaum glauben, was er sagte. Im Laufe meiner 25-jährigen Karriere habe ich Hunderte von Patienten begleitet. Bei vielen von ihnen schlug das Herz kaum noch, als sie im Operationssaal ankamen. Es hatte Patienten gegeben, die behaupteten, während ihres Herzstillstands verstorbene Freunde, ein Licht am Ende eines Tunnels oder Lichtgestalten gesehen zu haben, aber ich schrieb dies einer gewissen Art von Fantasie zu und verwies sie an den Psychiater. Wie einer meiner Lehrer an der medizinischen Hochschule gesagt hatte: »Wenn Sie nichts ertasten, hören oder auf einem Monitor sehen können, sollten Sie den Patienten zum Psychiater überweisen.«

Aber was mit diesem Mann passiert war, war anders. Er hatte den Operationssaal, in dem ich arbeitete, sehr genau und in aller Klarheit beschrieben. Er war allem Anschein nach nicht nur lebendig gewesen, als sein Herz und sein Gehirn inaktiv waren, sondern auch wach.

»Ihr Herz wurde angehalten«, sagte ich. »Ihr Gehirn hatte keinerlei Aktivität. Sie können eigentlich gar nichts gesehen haben. Ihr Kopf war in Eis gepackt.«

Der »eingefrorene« Mann forderte mich noch weiter heraus, indem er Details des Operationssaals beschrieb, die er vorher nicht erwähnt hatte – Informationen über das chirurgische Besteck und Kommentare zu Dingen, die während der Operation stattgefunden hatten.

Er war durchaus daran interessiert, mir mehr zu erzählen, aber ich unterbrach ihn und ordnete eine Spritze Haldol an, ein stark antipsychotisch wirkendes Medikament. Die Börse hatte gerade geschlossen, und ich wollte sehen, wie sich meine Aktien an diesem Tag entwickelt hatten. Das habe ich ihm natürlich nicht gesagt. Ich tischte ihm vielmehr eine Art Halbwahrheit auf, nämlich dass ich noch nach anderen Patienten schauen müsse, und versprach, später wiederzukommen und mit ihm über seine Erfahrung zu sprechen. Schnell machte ich meine Runde auf der Intensivstation und eilte dann zu meinem Hummer auf den Parkplatz. In diesem Geländewagen fühlte ich mich wie der König der Straße. Kein anderes Auto wagte mich zu überholen, und wenn doch, fuhr ich so dicht auf, dass ich die Angst des Fahrers in seinen Augen sehen konnte, wenn er mich im Rückspiegel beobachtete. Eine halbe Stunde später bog ich in die Einfahrt unserer Villa im mediterranen Stil ein und rannte in mein Büro zu meinem Computer, um den Aktienmarkt zu checken.

Bald hatte ich den eingefrorenen Mann vergessen und auch alles, was dafür sprach, dass sein Bewusstsein seinen Körper verlassen hatte.

Ich weiß nicht mehr, ob es die Geschichte an diesem Abend in unsere familiäre Unterhaltung am Esstisch geschafft hat. Vermutlich nicht. Ich schämte mich ein bisschen, dass ich nicht geblieben und mir die ganze Geschichte angehört hatte. Trotzdem beschloss ich, den eingefrorenen Mann nicht noch einmal zu besuchen. Man hatte ihn auf eine andere Station verlegt, und ich war ohnehin nicht mehr für ihn zuständig. Außerdem: Zeit ist Geld. So materialistisch dachte ich damals.

Innerhalb weniger Tage war das Ganze nicht mehr als eine weitere Anekdote.

* * *

Am zweiten Weihnachtstag 2010 erinnerte ich mich plötzlich an die seltsame Geschichte von dem eingefrorenen Mann. Mit dreiundfünfzig Jahren fand ich mich im Aufwachraum der Universitätsklinik von Los Angeles wieder und sprach mit einem Anästhesisten über mein eigenes Nahtoderlebnis, das ich gerade gehabt hatte, während ich operiert wurde.

Das Problem war, dass er mir nicht glaubte oder dass es ihn einfach nicht interessierte. Wie der eingefrorene Mann, von dessen Nahtoderfahrung ich nichts wissen wollte, hatte ich mich selbst in eine geistige Welt gewagt und fühlte mich jetzt lebendiger als je zuvor. Ich hatte nicht nur meinen Körper und Geist vollkommen hinter mir gelassen und war in einen anderen Bereich des Bewusstseins eingetreten, ich war auch mit einer erstaunlichen Menge an Wissen zurückgekehrt, das mir jetzt zur Verfügung stand. Ich wusste, dass dieser andere Ort, den ich besucht hatte, absolut real war, und das würde sich später noch einmal als wahr erweisen.

Doch als ich versuchte, all diese Informationen meinem Kollegen anzuvertrauen, interessierte ihn das offensichtlich überhaupt nicht. Und als er versprach, später wiederzukommen, damit ich ihm die ganze Geschichte erzählen konnte, wusste ich, dass sich gerade Karma verwirklichte – die Vorstellung, dass man erntet, was man sät. Genau wie ich damals versprochen hatte, zum Bett des eingefrorenen Mannes zurückzukehren und mir seine Geschichte anzuhören, versprach mir das jetzt mein Kollege. Und genau wie ich damals, kam auch er nie zurück.

Inzwischen ist es meine Lebensaufgabe, mein Dharma, geworden, die Botschaft des bewusstseinsbasierten Heilens in die Welt zu tragen, um Erkrankungen der Seele zu heilen. Ihnen überbringe ich diese Botschaft in diesem Buch. Wir alle träumen von innerem Frieden. Ich möchte Ihnen zeigen, wie man ihn erlangt.

1

Die siebte Operation

Draußen muss es ganz schön kalt sein, dachte ich und klapperte mit den Zähnen. Es war der 23. Dezember 2010, ein paar Stunden vor Heiligabend und es fühlte sich an, als säße ich im eisigen Himalaja-Gebirge in Indien und nicht etwa im Flachland von Bakersfield, Kalifornien. Ich griff nach meinem iPhone und überprüfte die Außentemperatur: 10 Grad Celsius.

Ich sollte nicht derart frieren, dachte ich. Als ich mich fester in die Decken einwickelte, spürte ich, wie mir gleichzeitig immer kälter wurde – und ich erschrak.

Ich hörte, wie meine Frau und die Kinder unten alles für das Abendessen vorbereiteten. Teller wurden auf den Tisch gestellt, und ich nahm den Duft der Gewürze in dem indischen Essen wahr, das meine Frau gekocht hatte. Normalerweise läuft mir dabei das Wasser im Mund zusammen. Heute wurde mir schlecht davon.

Ich zog mir die Decke über den Kopf und versuchte, den Fernseher auszublenden. Arpana, meine Frau, hatte vor etwa zwei Stunden CNN eingeschaltet und mich in unserem Schlafzimmer allein gelassen, während sie nach unten ging, um das Abendessen vorzubereiten. »Versuche ein bisschen zu schlafen«, sagte sie. »Ich wecke dich, wenn das Essen fertig ist.« Als sie fort war, nahm ich eine Schmerztablette (wie viele hatte ich an dem Tag eigentlich schon genommen?) und hoffte, sie würde mir einen friedlichen Schlaf bescheren. Fehlanzeige. Sie machte mich nur groggy, noch wütender und noch banger. Ich spürte eine Schwellung und Hitze in Unterbauch und Hodensack, und obwohl ich starken Harndrang hatte, wurde ich auf der Toilette nicht mehr als ein paar Tropfen los.

Das habe ich nicht verdient, dachte ich. Ich bin der Arzt!

* * *

Ich erinnerte mich an die guten alten Tage und Jahre vor den sechs Operationen, die mich an diesen Punkt gebracht hatten.

Ich war aus Louisiana nach Bakersfield gekommen, um eine befristete Stelle als Arzt anzutreten. Einen Monat lang sollte ich als Anästhesist im Städtischen Krankenhaus von San Joaquin arbeiten. Nach Jahren an der Ostküste genoss ich das warme Klima des San Joaquin Valley und die Schönheit Kaliforniens. Dann bot man mir eine feste Stelle in diesem Krankenhaus an und ich sagte sofort zu.

Meine Frau Arpana eröffnete eine eigene Zahnarztpraxis, und ich wechselte bald auf die Position eines Anästhesisten im Bakersfield Heart Hospital, einer Einrichtung, die auf besonders heikle Herzoperationen spezialisiert ist. Nach wenigen Jahren wurde ich zum Leiter der Anästhesie ernannt. Und ein paar Jahre später eröffnete ich zusammen mit einigen Anästhesiekollegen eine Schmerzklinik, in der chronische Schmerzen ambulant behandelt wurden. Bald waren wir auf dem besten Weg, so reich zu werden, dass wir es selbst kaum fassen konnten. Wir verkauften unser kleines Haus und erwarben ein größeres und schließlich ein extrem großes, weil wir mittlerweile ein Familie mit zwei Jungen, Raghav und Arjun, und einem Mädchen, Ambika, waren.

Unsere Autos verwandelten sich von gewöhnlichen Fords und Toyotas in Mercedes- und Lexus-Limousinen und dann in »Superwagen« wie Porsche und Hummer. Ich träumte davon, eines Tages einen Ferrari in meiner Garage stehen zu haben, durch eine Abdeckung vor Staub geschützt, mit dem ich nur gelegentlich am Wochenende eine Spritztour machen wollte. Mein

Ziel war, alles eine Nummer größer zu haben: Haus, Autos, Kunstsammlung, Bankkonten. Irgendwann während meiner 25 Jahre an der Herzklinik nahm ich mir eine Auszeit von neun Monaten, um an der Börse zu spekulieren. Ich machte Millionengewinne, manchmal eine Million Dollar an einem Tag, aber ich verlor das Geld auch genauso schnell wieder, wie ich es gewonnen hatte, weil ich dachte, ich könne die Kurse am Aktienmarkt besser einschätzen als die Profis. Das war nicht der Fall, und schließlich hörte ich mit dem Unsinn auf und kehrte ins Krankenhaus zurück.

Meine indischen Nachbarn in ihren Miniaturschlössern verfolgten ähnliche Ziele. Jedes neue Haus, das in der Gegend gebaut wurde, hatte noch mehr Quadratmeter Fläche als die anderen. Das hätte witzig sein können, wäre es den Bauherrn nicht so ernst damit gewesen. Größe ist wichtig, vor allem wenn es darum geht, ein Monument zu bauen, das einen unsterblich machen soll.

Die Gestaltung dieser Häuser diente vor allem dazu, ein bestimmtes Image zu repräsentieren. Es gab Villen mit mediterranem Flair (unsere zum Beispiel), spanische Casitas, ultramoderne Bauten und sogar eine Miniaturnachahmung des Weißen Hauses. Das war eine echte Monstrosität, aber die ganze Nachbarschaft verstand die Motivation dahinter. Wie sonst hätten die Bewohner zeigen sollen, dass sie so bedeutend waren wie die Präsidentenfamilie der Vereinigten Staaten? (Der Besitzer war Autohändler.)

Eine Fahrt durch die Nachbarschaft war wie eine Spritztour durch Disneyland. Eine Spritztour allerdings, von der alle, die keinen Zugangscode für diverse Tore hatten, absolut ausgeschlossen blieben. Das Wohngebiet war hermetisch abgeriegelt, sicher vor der Außenwelt, und schließlich glaubte ich, hier auch vor körperlicher Krankheit sicher zu sein. Ärzte werden nicht krank. Das glaubte ich wirklich. Und wenn doch, können wir die Krankheit sofort behandeln und damit verhindern, dass sie fortschreitet.

So sah ich mich selbst: ein Meister meines Schicksals, ein Wundertäter, der gegen sämtliche Erkrankungen immun war.

In der Welt der modernen Medizin ist es ein Leichtes, sich wie der Herrscher des Universums zu fühlen. Allein auf meinem Spezialgebiet, der Anästhesie bei Herzoperationen, hat die Medizin so viele technologische und methodische Fortschritte gemacht, dass wir die Patienten buchstäblich von den Toten zurückholen können, indem wir alles tun: von der Erweiterung verengter Arterien mittels Ballonkatheter über den Ersatz von Blutgefäßen bis hin zur Herztransplantation. Die Sterberate bei Herz-Kreislauf-Erkrankungen ist in unserer Herzklinik in den letzten zehn Jahren um 40 Prozent gesunken – dank der fortschrittlichen Behandlung, die routinemäßig eingesetzt wurde. Ganze Familien haben am Ende einer erfolgreichen Herzbehandlung Freudentränen vergossen, weil sie wussten, dass wir die Lebenszeit ihres geliebten Menschen um viele Jahre, vielleicht sogar Jahrzehnte verlängert hatten.

Vielleicht weil wir den Tod so oft bei anderen austricksen konnten, haben wir Angehörigen eines herzchirurgischen Teams das vage Gefühl, dass wir auch unseren eigenen Tod überwinden können. Das stimmt natürlich nicht. Es kann nicht das Ziel sein, ewig zu leben, weil das niemand tut, zumindest nicht in diesem Körper. Das Ziel sollte sein, ein Erbe hinterlassen zu können, das ewig weiterlebt. Jede andere Vorstellung vom Leben ist nur ein Mythos – und ich lebte einen solchen Mythos.

* * *

Die Realität ließ meinen Mythos platzen wie eine Seifenblase. Im Jahr 2008 ergab eine Untersuchung einen signifikanten Anstieg meines PSA-Werts (prostataspezifisches Antigen) – ein

Zeichen dafür, dass ich Prostatakrebs hatte. Eine Biopsie der Prostata machte deutlich, wie schlimm es war. »Ich habe eine gute und eine schlechte Nachricht für dich«, sagte mein Urologe und guter Freund, der eines Abends anrief, während meine Frau und ich auf der Terrasse unseres Hauses mit Blick auf den Golfplatz saßen und Tee tranken. »Du hast Prostatakrebs. Aber er ist in einem frühen Stadium und kann entfernt werden. Du wirst geheilt.«

Ich war einundfünfzig und stand unter Schock. Und ich war wütend. Warum ich? Womit hatte ich das verdient?

Wir reisten quer durch die USA zu einem der besten Prostatachirurgen des Landes in Miami, Florida. Ich sagte ihm, ich mache mir Gedanken über Inkontinenz, über Impotenz. Er beruhigte mich: »Ich kann so gut wie garantieren, dass es keine Komplikationen geben wird. In ein paar Wochen ist alles wieder wie gehabt.« Er galt als Genie im Umgang mit dieser walnussgroßen Drüse und war ein Kollege dazu. Warum hätte ich an seinen Worten zweifeln sollen?

Für die Operation planten wir ein Verfahren, das als laparoskopische transperitoneale radikale Prostatektomie bezeichnet wird, bei dem die gesamte Prostata entfernt wird. Durch kleine Löcher im Unterbauch wird mithilfe schlauchförmiger Instrumente operiert, die mit einer Videokamera und mit Schneidinstrumenten ausgestattet sind. Wenige Tage nach der Operation war klar, dass ich sehr wohl inkontinent und impotent sein würde. Dem Chirurgen tat es leid. Ich war sauer.

Narbengewebe verschloss meine Harnröhre nicht nur einmal, sondern dreimal. Jedes Mal mussten die Chirurgen in Bakersfield operieren und verwendeten dabei Laserstrahlen, um das Narbengewebe einzudampfen. Nach diesen Operationen hatte ich so starke Schmerzen, dass ich gezwungen war, Schmerztabletten zu nehmen. Ich nahm eine Menge davon, und als der Schmerz abebbte, nahm ich sie weiter, weil ich mich nach dem angenehmen, leicht berauschten Zustand sehnte, den sie mir zusätzlich zu ihrer schmerzstillenden Wirkung verschafften.

Bei einer fünften Operation in der UCLA-Klinik kümmerte man sich um das Narbenproblem, indem man ein Medikament gegen Narbenbildung direkt injizierte. Doch nun wurde die Inkontinenz unerträglich. Ich musste eine Windel für Erwachsene tragen und sie alle zwei bis drei Stunden wechseln, um eine Windeldermatitis zu vermeiden. Dies war aber fast unmöglich, weil viele der Herzoperationen sehr lang dauerten, manchmal fünf bis sechs Stunden. In solchen Fällen bestand für mich die Gefahr einer Infektion, und ich brauchte immer stärkere Antibiotika und noch mehr Schmerztabletten.

Schließlich riet mir mein UCLA-Chirurg zu einem künstlichen Schließmuskel, einer implantierten mechanischen Vorrichtung, die es mir erlaubte, meine Blase durch Druck auf einen geschickt unter der Haut platzierten Knopf zu steuern. Die sechste Operation wurde am 13. Dezember 2010 durchgeführt.

Aber jetzt, weniger als zwei Wochen später, war etwas schrecklich schiefgegangen: Um den künstlichen Schließmuskel herum hatte sich eine Infektion ausgebreitet, und die füllte meinen Unterbauch mit Eiter.

Zu Beginn der Infektion nahm ich die stärksten Antibiotika, die zur Verfügung standen. Ich begann mit einer hohen Dosis Keflex, und als das nicht half, wurde ich auf Cipro umgestellt, ein gängiges Mittel zur Behandlung von Harnwegsinfektionen. Auch das funktionierte nicht. Jetzt, in der Nacht vor Heiligabend, spürte ich die Hitze und den Druck, der sich in meinem Beckenbereich aufbaute: Symptome einer sich schnell verschlimmernden Infektion.

Arpana kam aus der Küche im Erdgeschoss hinauf in mein Zimmer. Sie hatte einen Teller mit leckeren Vorspeisen in der Hand, den sie vor Schreck fast fallen ließ, als sie mich sah. Sie stellte ihn ab, zog die Decke zurück und schaute mir ins Gesicht.

»Oh mein Gott«, sagte sie, griff nach einem Thermometer und steckte es mir unter die Zunge. In wenigen Minuten stieg die Quecksilbersäule auf 40,5 °C.

Sie rannte nach unten und rief das UCLA Medical Center an, wo die Chirurgen mir den künstlichen Schließmuskel implantiert hatten. Später erfuhr ich, dass der Chirurg, mit dem sie verbunden worden war und dem sie gesagt hatte, dass ich 40,5 Grad Fieber habe, mich so schnell wie möglich zurück in die Klinik beorderte.

Ich bekam wenig von diesem Telefongespräch im Erdgeschoss mit. Was ich allerdings hören konnte, waren verzweifeltes Flüstern und hastige Wortwechsel und dann, wie die gesamte Familie, die Treppe heraufgestürmt kam.

Arpana half mir, mich auf die Bettkante zu setzen, und dann beim Anziehen. Derweil versammelten sich unsere drei Kinder im Zimmer und beobachteten verängstigt, wie ihre weinende Mutter sich abmühte, mir ein paar Kleidungsstücke überzustreifen.

»Helft uns!«, sagte sie zu den Kindern. Vorsichtig halfen sie mir also beim Aufstehen und stützten mich auf dem Weg nach unten – einen unsicheren Schritt nach dem anderen. Als ich nach wenigen Minuten endlich auf dem Beifahrersitz im BMW meiner Frau saß, war ich vollkommen erschöpft. Ein so starkes Fieber löst brennende Hitze und Schüttelfrost aus, ganz widersprüchliche Symptome. Meine Tochter breitete eine Decke über mich aus, und Arpana fuhr los, während ihr die Tränen übers Gesicht liefen. Mein Zustand machte ihr Angst, und sie erzählte mir später, sie habe befürchtet, er würde sich auf der Fahrt weiter verschlechtern. Und was hätte sie – mitten in den Bergen, die zwischen unserem Haus und der Klinik lagen –, tun können?

Ich versuchte, es mir im Auto halbwegs bequem zu machen und das Schluchzen meiner Frau zu ignorieren, während sie auf die Autobahn abbog und in Richtung Süden nach Los Angeles fuhr, 160 Kilometer weit. Allmählich wünschte ich mir, sie hätte einen Rettungswagen gerufen.

* * *

Das Fieber und die Infektion wirbelten meine Gedanken durcheinander. Während wir in Richtung Los Angeles rasten, konnte ich an nichts anderes denken als an all das Negative in meinem Leben, das sich mit den Stichworten Pechvogel, Krebspatient, infektionsanfällig, suchtkrank, depressiv, materialistisch, fordernd, lieblos, egoistisch, wütend zusammenfassen ließ.

Ich war wütend auf mich selbst, weil ich meine Krankheit verleugnet hatte. Ich bin Arzt. Warum habe ich nicht gemerkt, dass da etwas schrecklich falsch läuft? Die Wahrheit ist, dass ich das sehr wohl wusste. Ich habe mich nur nicht entsprechend verhalten. Wie die meisten Ärzte habe ich die Krankheit in meinem eigenen Körper nicht angenommen und zahlte jetzt den Preis für diese Verleugnung.

Meine Wut übertrug sich aber auch auf andere Ereignisse in meinem Leben. Zunächst einmal war ich wütend auf Gott, der mir diesen Prostatakrebs auferlegt hatte. Was kann gut daran sein, eine so schreckliche Krankheit zu bekommen? Womit habe ich so etwas verdient?

Und dann waren da die Schmerztabletten. Als mich meine Frau an diesem Abend ins Krankenhaus fuhr, gestand ich mir endlich ein, dass ich die Schwelle zur Sucht bereits überschritten hatte. Die medizinische Definition von Sucht ist, mehr zu nehmen, als verschrieben wurde. Wegen der Operationen und ihrer Komplikationen hatte man mir Schmerztabletten gegen die Schmerzen im Becken verschrieben. Zunächst halfen sie mir, die Nachwirkungen der Operationen und die darauf folgenden Infektionen zu überstehen. Aber weil die Schmerzen blieben, nahm die Wirkung der Schmerzstiller immer mehr ab, was ein normales Arbeits- und Privatleben erschwerte. In meinem Wunsch, die Kontrolle zu behalten, nahm ich immer mehr Schmerzmittel in immer höheren Dosen. Schließlich lernte ich, was einige meiner Patienten längst wussten: wie schnell man zum Süchtigen wird, wo man doch einfach nur schmerzfrei sein möchte.

Und es gab noch etwas. Die Kombination aus Krebs und meiner Tablettensucht hatte mich depressiv gemacht. Um damit klarzukommen, hatte ich angefangen, Antidepressiva zu nehmen. Bald hatte ich das Gefühl, dass sie für mein Wohlbefinden genauso notwendig waren wie die Schmerztabletten. Aufgrund meiner eigenen medizinischen Kenntnisse und der von Suchtspezialisten im Krankenhaus wusste ich, dass ich mich mindestens zwölf Wochen lang stationär behandeln lassen musste, um meine Tablettensucht zu beenden. Warum hatte ich die Kontrolle über mein Leben verloren?

Ich dachte an meinen Sohn Raghav. Weil er mein Ältester ist, war ich viel härter mit ihm umgegangen als mit meinen anderen Kindern, denn von ihm erwartete ich, dass er in meine Fußstapfen trat. Aber er war jetzt schon jahrelang an der Medizinischen Hochschule und machte sich nicht besonders gut. Obwohl er selbst auf die Idee gekommen war, Medizin zu studieren, mangelte es ihm an Begeisterung, und in seinen Noten spiegelte sich sein Desinteresse daran, Arzt zu werden. Dennoch bestand ich darauf, dass er sein Studium fortsetzte.

Im Laufe der Jahre hatte ich die indische Theorie der Kindererziehung übernommen, an die sich schon mein Vater und mein Großvater gehalten hatten und die von einer bekannten Redewendung auf den Punkt gebracht wird: »Ein krummer Nagel muss mit dem Hammer begradigt werden.« Und in der Tat, mein Vater hatte mich »begradigt«, wie mein Großvater ihn begradigt hatte, wann immer er der Ansicht war, dass ich mein intellektuelles Potenzial nicht angemessen nutzte. Körperliche

Züchtigung war zwar damals in Indien eine gängige Form der Bestrafung, aber ich schwöre, dass ich nie Hand an meine Kinder gelegt habe. Doch im Laufe der Zeit machte ich mir die Wut meines Vaters zu eigen und bestrafte meine Kinder häufig damit.

Jetzt hatte Raghav vermutlich Angst vor mir, hasste mich vielleicht sogar. Würde ich eine Chance bekommen, es wieder gut zu machen? Das fragte ich mich, während das Auto durch diese endlose Nacht brauste. Wo ist mein Sohn jetzt? Warum ist er nicht mit mir in diesem Auto, wenn ich ihn doch gerade so dringend brauche?

Als wir in der Notaufnahme der UCLA-Klinik ankamen, hatte meine Wut wie eine Feuersbrunst jeden Teil meines Lebens erfasst, bis sie die Wahrheit berührte: Ich bin für mein Leben verantwortlich. Ich hätte meinen Weg sorgfältiger auswählen sollen.

Als ich zu diesem Schluss kam, muss ich hörbar gekeucht haben, denn einer der Helfer, die mich auf die fahrbare Trage luden, drückte meine Hand und versicherte mir:

»Sie sind jetzt im Krankenhaus. Alles wird gut.«

Ich weiß nicht, ob ich genickt oder den Kopf geschüttelt habe. Schließlich waren mir die erschreckenden Tatsachen durchaus bekannt: Ich hatte 40,5 Grad Fieber und eine Infektion im Beckenbereich, die auf Antibiotika nicht ansprach.

Angesichts der Geschwindigkeit, mit der sich diese Infektion ausbreitete, war ich nicht sicher, ob ich noch eine Chance hatte. Ich ging in der Tat davon aus, dass ich sterben würde.

2

In der Notaufnahme

Es herrschte kein Mangel an medizinischem Personal in der UCLA-Notaufnahme. Trotz der Weihnachtszeit schwärmten Ärzte, Krankenschwestern und medizinische Assistenten um mich herum. Eine Krankenschwester nahm mein Handgelenk und überprüfte meinen Puls, eine andere maß meine Temperatur, ein Notarzt hörte meine Herztöne mit einem Stethoskop ab, ein anderer Arzt leuchtete mir mit einer Taschenlampe in die Augen. So viele Ärzte und Krankenschwestern standen um meine Liege, dass Arpana ganz in den Hintergrund gedrängt wurde und ihr besorgtes Gesicht hinter einer Wand aus blauen OP-Kitteln immer kleiner wurde.

Ich schätzte diese medizinische Aufmerksamkeit, wusste aber auch, was sie zu bedeuten hatte. Mein Chirurg hatte die Notaufnahme darüber informiert, dass er sich um einen gerade operierten Patienten mit hohem Fieber Sorgen machte. Genau das hätte ich an seiner Stelle auch getan. Ein postoperatives Fieber in dieser Höhe bedeutete, dass die Infektion auf die Blutbahn übergreifen und sich schnell im ganzen Körper ausbreiten konnte. Bei so einem septischen Schock liegt die Sterberate bei über 60 Prozent, und wenn er erst einmal eingetreten ist, lässt er sich schwer stoppen.

»Wir müssen ihn katheterisieren«, sagte einer der Ärzte und drückte gerade fest genug auf meine angeschwollene Blase, um mich zum Stöhnen zu bringen. »Es sieht nicht so aus, als könne er urinieren, und ich möchte nicht, dass seine Nieren versagen.«

»Amen«, sagte eine andere Stimme.

Amen ... Amen ... wiederholte ich still für mich. Vor Stunden hatte ich angefangen zu zittern, und jetzt schlotterte ich unkontrollierbar. Es war ein seltsames Gefühl. Ich spürte die Fieberhitze und die Eiseskälte meiner Muskeln und Organe, während sie mit der Infektion kämpften, die ihren Stoffwechsel überforderte. Mir ist zu heiß, um zu frieren, und zu kalt, um so erhitzt zu sein, dachte ich. Ich sterbe.

Eine Krankenschwester legte einen intravenösen Zugang in meinen Arm und schloss eine Flasche mit Kochsalzlösung an, um einer Dehydrierung vorzubeugen. Dann injizierte sie die vorgeschriebene Dosis Narkotika, um mich auf die schmerzhafte Prozedur vorzubereiten, die nun folgen würde.

Ich hörte, wie der Vorhang um mein Bett herum zugezogen wurde, um meine Privatsphäre zu wahren. In einem Nebel aus Schmerzen und Fieber nahm ich eine der Krankenschwestern wahr, die mit einem einführbereiten Katheter herumhantierte. Die Narkotika hatten mich zwar entspannt, aber nicht so sehr, dass ich den Schmerz beim Einführen des Katheters in meine Harnröhre nicht gespürt hätte. Dem Schmerz folgte eine große Erleichterung, als sich meine Blase vollständig leerte. Ich entspannte mich, als der Druck aus meinem Körper wich, und ließ mich tiefer in die Liege sinken.

»Danke«, murmelte ich.

Dann schlief ich ein.

* * *

Zwei Stunden vergingen. Ich war ziemlich angeschlagen. Als ich später den medizinischen Bericht las, erfuhr ich, dass man mir lediglich Antibiotika intravenös verabreicht und eine Ultraschalluntersuchung meines Unterbauchs vorgenommen hatte, während ich schlief. Rückblickend war es, als sei ich für die Welt tot gewesen, was mir paradox vorkommt angesichts dessen, was später passierte, als mir für die Vollnarkose noch stärkere Narkotika verabreicht wurden.

Woran ich mich erinnere, ist, dass ich wie aus einem Nebel kam, zurück zu einer Armee von Krankenschwestern, die sich um meine Liege versammelt hatte, um mich auf die Operation vorzubereiten. Mein Unterleib wurde rasiert, Zugänge wurden in meine Adern gelegt, Beutel voller Kochsalzlösung baumelten an Edelstahlstangen. Ich versuchte, das Kommando zu übernehmen.

»Wo ist denn der Chirurg? Ich muss wissen, was los ist«, sagte ich.

Ein Chirurg im OP-Kittel erschien. Er hatte eine OP-Maske vor dem Gesicht und hielt die Hände wie eine Gottesanbeterin, ein Zeichen dafür, dass seine Hände bereits desinfiziert und bereit für die Handschuhe waren. Er brachte die Dinge auf den Punkt, wie nur ein Chirurg es kann.

»Ihr Ultraschallbild zeigt, dass Sie eine Infektion im ganzen Leib haben«, sagte er. »Es ist eine schwere Infektion, die wir mit Antibiotika nicht behandeln können, solange Sie voller Eiter sind. Wir müssen den Eiter entfernen, wenn es Ihnen wieder besser gehen soll.«

Er sprach sehr laut, und ich hatte den Eindruck, dass er mir Sinn und Zweck der bevorstehenden Operation mindestens schon einmal erläutert hatte. Als er relativ sicher war, dass ich den Ernst der Situation verstanden hatte, wandte er sich seinen anderen Aufgaben zu und ließ mich mit meinen Gedanken allein.

Schwere Infektion … den Eiter entfernen. Es war genau die Operation, die ich erwartet hatte, aber sie versetzte mich dennoch in Angst und Schrecken. Ich hatte Angst vor einer möglichen Sepsis, einer übermäßig starken Immunantwort auf die Infektion. Manchmal kann eine Infektion von einem Nadelstich kommen, manchmal aber auch von einem viel traumatischeren Ereignis. Patienten mit Blinddarmdurchbruch haben oft eine Sepsis. In diesem Fall bricht der Blinddarm auf, und der Darminhalt ergießt sich in die Bauchhöhle. Die wird dadurch mit Krankheitserregern infiziert, welche die Fähigkeit des Immunsystems, sie abzuwehren, schlicht überwältigen. Mein Fall war irgendwo zwischen einem Nadelstich und einem Blinddarmdurchbruch angesiedelt. Die Infektion an meiner Eingriffsstelle hatte sich ausgebreitet und so verschlimmert, dass mein gesamtes Becken voller Eiter war.

Ich hatte selbst Fälle wie meinen mitbehandelt. Einmal gehörte ich zu einem OP-Team am San Joaquin Hospital in Kalifornien. Wir verbrachten mehrere Stunden damit, die Infektion eines Mannes mit Blinddarmdurchbruch auszuräumen. Hinterher sagte einer meiner Kollegen, es sei gewesen, als fege man verschüttete Jauche mit einem Mopp weg. Wir amüsierten uns köstlich über dieses Bild, aber jetzt, wo ich selbst der Patient war, fand ich das nicht mehr lustig.

Mit dem Gedanken an die schmutzigen Details der mir bevorstehenden Operation versank ich wieder im Nebel.

* * *

Im Operationssaal wachte ich erneut auf.

Alle hatten mir den Rücken zugedreht, füllten irgendwelche Tabellen aus oder richteten das chirurgische Besteck her. Alle bereiteten sich auf die anstehende Aufgabe vor: meine Operation. Es war fast so, als wäre ich überhaupt nicht da. Ich erinnerte mich, wie ein Patient in einem meiner eigenen Fälle auf genau diese Szene reagiert hatte. Er hob seinen Kopf vom Tisch und sagte: »He Leute, ich bin auch noch da!«

Ich ließ meinen Blick schweifen und fand den Anästhesisten – meine Rolle, hätte ich an diesem Fall mitgearbeitet. Er war ganz auf seine Ausrüstung und seinen Papierkram konzentriert, um sicherzustellen, dass ich die richtige Dosis Anästhetika bekam. Ich schaute ihn eine gefühlte Ewigkeit an, bevor er zurückschaute.

»Ich bin auch Anästhesist«, sagte ich.

»Ist mir aufgefallen«, sagte er.

»Was geben Sie mir?« fragte ich.

»Das Übliche«, antwortete er.

Ich wusste, dass dies Propofol bedeutete, das Anästhetikum der Wahl, weil es einen Patienten während einer Operation in Schlaf versetzt und gut steuerbar ist. Es ist ein kurzfristig wirkendes Hypnotikum, das scherzhaft als »Milch der Amnesie« bezeichnet wird, weil es als Präparat zur intravenösen Verabreichung eine milchig weiße Farbe hat, aber auch weil es einen Zustand erzeugt, in dem sich der Patient an nichts erinnern kann, was während der Operation passiert. Weil Propofol aber kein Schmerzmittel ist, wurde der Mischung auch Fentanyl zugefügt. Fentanyl ist ein starkes Schmerzmittel, das die quälenden Schmerzen ausschaltet, die sicherlich eine Begleiterscheinung dieser schmutzigen Operation sein würden.

Diese Kombination aus Narkosemitteln war das einzig Positive, das mir einfiel, als ich auf dem Operationstisch lag. Gemeinsam führen diese beiden Medikamente in einen Zustand der Bewusstlosigkeit, der wie Tiefschlaf oder Tod ist, weil der Patient nichts weiß, sich an nichts erinnert und nichts fühlt. Das war genau, was ich wollte. Dies war jetzt schon meine siebte Operation wegen dieses Prostataproblems. Zwischen den Operationen lagen Zeiten des Schmerzes und des Leids, wenn sich wieder Narben bildeten, und damit auch der vielen Demütigungen, die mit einem so heiklen Bereich in Zusammenhang stehen. Für mich war es paradox, dass es bei nur einer Operation um die Krebserkrankung selbst gegangen war, nämlich bei der Entfernung der Prostata, und bei den restlichen um das Narbengewebe in der Harnröhre.

Nichts davon scheint fair zu sein, dachte ich, als die OP-Schwestern ein Tablett mit glänzenden chirurgischen Instrumenten in Position brachten. Ich wurde mit einer dünnen Decke zugedeckt und spürte, wie die Klimaanlage kühle Luft in den Operationssaal blies. Ich zitterte, aber das hatte nichts mit der Kälte zu tun. Es war die Art von Zittern, die einen überfällt, wenn man mit dem Unbekannten konfrontiert wird. Ich hatte es oft an Patienten gesehen, denen eine Herzoperation bevorstand, wenn ich am Kopfende des Operationstisches saß, um die Narkose zu verabreichen. Manchmal weinten sie und fragten, ob diese Operation wirklich nötig sei. Andere fragten, wie groß ihre Chance sei, die Operation zu überleben. Ein älterer Mann rief nach seiner Mutter, die schon lange tot war. Andere beteten – und nicht immer leise für sich.

An diesem Tag tat ich nichts dergleichen. Ich blieb so cool und stoisch, wie ich konnte, und dachte an das, was uns die Professoren an der Medizinischen Hochschule zu sagen pflegten: »Als Arzt müssen Sie immer die gleichmütigste Person im Raum sein. Wenn Sie die Nerven verlieren, bekommen alle Panik.«

Gilt das auch, wenn der Arzt selbst Patient ist?, fragte ich mich. Gilt das auch, wenn unsereiner an einer Notoperation beteiligt ist, und zwar am anderen Ende des Messers?

»Sind Sie bereit?«, fragte der Chirurg, dessen Gesicht plötzlich über mir auftauchte. Er gab dem Anästhesisten ein Zeichen mit seiner behandschuhten Hand, und bevor ich antworten konnte, war ich weg.

3

Über allem

Ist es vorbei? Ist die Operation schon zu Ende?

Ich sauste geradewegs nach oben wie in einem Fahrstuhl und nahm das ganz genau wahr. Da war dieses Gefühl in der Magengrube, als würde man wie eine Rakete in den fünfzigsten Stock eines Wolkenkratzers sausen, während die Schwerkraft an den Eingeweiden zieht. Spürte ich das wirklich?

Mein Bewusstsein erhob sich langsam, doch statt den Arzt wahrzunehmen, der sich über mich beugte, sah ich, wie die glänzende Oberfläche der Zimmerdecke ziemlich schnell immer näher kam.

Ein fürchterlicher Geruch erfüllte den Raum, und als ich mich umdrehte und nach unten schaute, stellte ich fest, dass er von meinem Bauch ausging. Einer der Chirurgen hatte mehrere Einschnitte gemacht und saugte die Infektionsstelle jetzt mit einer Gummiballspritze aus. Der Geruch des Eiters war überwältigend und widerlich. Während der Chirurg und eine Krankenschwester fleißig Eiter in die Gummiballspritze saugten und ihn dann in eine Edelstahlschüssel spritzten, träufelte eine andere Krankenschwester Eukalyptusöl auf ihre OP-Masken, um den Infektionsgeruch zu verdrängen.

Sie hatten anscheinend vergessen, auch die Maske des Anästhesisten mit dem ätherischen Öl zu betupfen, denn er schien ein Problem mit dem starken Geruch zu haben. Offensichtlich erinnerten ihn die olfaktorischen Bedingungen an einen schlechten Scherz, den er zum Besten gab, während er mit dem Geruch kämpfte.

Ich werde den Scherz hier nicht wiederholen, aber alle im OP Anwesenden lachten. Ich auch. Aus meiner erhöhten Position konnte ich sehen, was für eine harte Arbeit mein Fall für die anderen bedeutete, und ich wusste, dass der Anästhesist eine Rolle übernommen hatte, die auch meine Spezialität war: etwas Humor in eine schwierige OP-Situation zu bringen. Ich nahm mir vor, mir den Witz zu merken und in mein eigenes Repertoire aufzunehmen, was sich später als nützlich erweisen sollte, als es darum ging, einen Beweis für meine außerkörperliche Anwesenheit im Operationssaal zu liefern.

Ich war wie hypnotisiert von dem, was sich unter mir abspielte. Ich hatte als Anästhesist an Hunderten von Operationen teilgenommen, aber noch nie an meiner eigenen und noch nie aus einer so einzigartigen Perspektive. Ganz kurz fürchtete ich, dass, was immer mich da oben hielt, plötzlich damit aufhören würde, und dass ich dann in meinem eigenen Körper aufschlagen würde wie ein Doppelgänger im freien Fall. Doch dann entspannte ich mich und schaute mit andächtigem Staunen zu, wie die Chirurgen und Krankenschwestern die Gewebenischen zwischen den Organen mit gereinigtem Wasser ausspülten und das Ganze dann mit Gaze auswischten, die mit Pinzetten gehalten wurde.

Während das »Reinigungsteam« eifrig damit beschäftigt war, den stinkenden Eiter aus meiner Bauchhöhle zu entfernen, hatte ein anderer Chirurg etwas tiefer einen Schnitt gemacht und bemühte sich nun, den künstlichen Schließmuskel herauszunehmen, der die Infektion verursacht hatte. Sie hofften, das Entfernen der Vorrichtung würde eine weitere Infektion verhindern und mir erlauben, ein normales Leben zu führen.

Ein normales Leben war das, was ich jetzt spürte. Ich hatte mich schon vor einigen Minuten von meinem Körper getrennt, und rückblickend kann ich sagen, dass ich meine neue Perspektive durchaus genoss. Unter mir erblickte ich mein Gesicht in einem Zustand absoluter Ruhe, als sei alles in Ordnung mit dem

Körper, zu dem es gehörte. Bin ich das wirklich, oder ist das da wirklich ich?, fragte ich mich. Man hatte mir einen Endotrachealtubus in den Mund eingeführt, um meine Atemwege offenzuhalten, und soweit ich das einschätzen konnte, waren die einzigen Anzeichen dafür, dass ich noch lebte, die rhythmischen Atembewegungen meiner Brust und die Zahlen und Linien auf dem Monitor, die Aufschluss über meine Herzfrequenz und den Blutdruck gaben. Ich spürte einen Druck in der Brust und erschrak. Es fühlte sich an wie Herzstolpern. Ich wollte ihnen sagen, wie ich mit diesem Notfall umgehen würde, aber ich konnte nicht mit ihnen kommunizieren. Wie kann ich an beiden Orten gleichzeitig sein? Kann ich wirklich dort unten und hier oben zur gleichen Zeit sein, während mein Körper ohne Bewusstsein ist?

Ich quälte mich mit dieser Frage – aber nur kurz, denn etwas anderes war keine Frage mehr, sondern eine Tatsache: Es gibt eine Seele, und die kann außerhalb des Körper überleben.

Ich hatte keine Ahnung, was ich mit dieser Information anfangen sollte. Sie blitzte in meinem Geist auf, und irgendwann würde ich mit meinen Kollegen darüber sprechen müssen, die alle genau wie ich gelernt hatten, dass, falls es eine Seele gab, sie ihre Anwesenheit nicht kundtat. Mit dieser Einstellung beruhigten sich alle Angehörigen der Medizinischen Hochschule, die spirituellen und die nicht spirituellen gleichermaßen, weil die Grundsätze der medizinischen Ausbildung in Bezug auf spirituelle Dinge damit ganz klar formuliert waren. »Wir glauben, was wir sehen, und das Geistige kann man nicht sehen«, hatte es einer meiner Professoren auf den Punkt gebracht.

Jetzt zeigte sich, dass eine paradoxe Wahrheit in dem lag, was mein Professor gesagt hatte. Wir glauben, was wir sehen, und ich war jetzt in meinem Geistkörper und sah meinen physischen Körper. Mit meinen Kollegen über das zu sprechen, was ich gerade erlebte, würde eine karmische Erfahrung werden. Ich hatte Patienten, die mir erzählten, dass sie ihren Körper während einer Operation verlassen hatten, immer ignoriert. Würden die Angehörigen meines Berufsstandes mich jetzt auch ignorieren? Oder, noch schlimmer, würden sie sich hinter meinem Rücken über mich lustig machen?

Ich konzentrierte mich auf den Chirurgen, der den künstlichen Schließmuskel entfernte. Er hatte beide Hände in meinem Unterbauch und drehte die mechanische Vorrichtung, um sie auseinanderzunehmen und von allen Erregern zu reinigen, die eine Infektion hervorrufen. Ich schaute ganz genau zu, wie sich seine geschickten Hände in meinem Bauch hin und her drehten. Warum spüre ich nichts von dem, was er da tut? fragte ich mich. Das sollte schrecklich wehtun, aber ich spüre nichts, obwohl dies mit mir geschieht.

* * *

Plötzlich passierte etwas. Als Mann der Wissenschaft war das Erste, was mir dazu einfiel, dass jemand eine LSD-ähnliche Droge namens Ketamin in die Anästhetika gemischt hatte. Aber warum sollte der Anästhesist das tun? Schon während ich mir diese Frage stellte, wusste ich, dass er es nicht getan hatte. Es war einfach etwas passiert, das ich noch nicht verstand. Ich wusste lediglich, dass eine außerordentliche Veränderung meiner Perspektive stattgefunden hatte. Es war, als sei mein Blickfeld viel größer geworden, als habe sich mein Bewusstsein deutlich über das hinaus erweitert, was vorher gewesen war, als könnten alle meine Sinne sehen, und was sie sahen, konnten auch ganz unterschiedliche Szenen sein.

Zunächst versuchte ich, diese Verschiebung der Perspektive zu ignorieren. Es war beängstigend, so viel Input zu bekommen. Und einige der Visionen, die ich mit dem äußersten Rand meines Sehvermögens – ich würde es als geistiges Sehvermögen bezeichnen – wahrnahm, waren eher unangenehm.

Mein geistiges Sehvermögen wurde von den angenehmsten Bildern angezogen. Ich hatte eine lebhafte und ganz einfache Vision meiner Mutter und meiner Schwester, die auf einem Sofa im Wohnzimmer meines Elternhauses im mehr als 11.000 Kilometer entfernten Neu-Delhi saßen. Sie sprachen ganz entspannt miteinander, und die unausgesprochene Liebe zwischen Mutter und Tochter war deutlich spürbar. Die Szene wirkte sehr lebendig, und ich registrierte jedes Detail. Meine Schwester trug Jeans und einen roten Pullover und meine Mutter einen grünen Sari und einen grünen Pullover.

Mein Geistkörper ging zu ihnen ins Wohnzimmer, und mit meinen geistigen Ohren hörte ich, was sie sagten. Mama, sagte ich. Sie hörte mich nicht. Mama!, sagte ich und wollte sie berühren, griff aber durch sie hindurch. Mama, ich bin hier! Meine Hände griffen durch sie hindurch, als bestehe sie aus Wolken. Oder bin ich vielleicht derjenige, der aus Wolken besteht?, fragte ich mich.

»Was sollen wir zum Abendessen machen?«, fragte meine Schwester.

»Es ist kalt draußen«, sagte meine Mutter. »Wir sollten eine heiße Suppe machen. Linsen hört sich gut an.«

Sie setzten ihr Gespräch fort, sprachen über die schreckliche Umweltverschmutzung in Neu-Delhi und lachten über einen Freund der Familie, der sich kürzlich einen teuren, schnellen BMW gekauft hatte, um dann festzustellen, dass die Straßen der Stadt derart mit Autos, Motorrikschas und Menschen verstopft waren, dass er auch nicht schneller vorankam als die anderen, die sich neben ihm die Straße entlangschoben.

Als sie in die Küche gingen, um das Abendessen vorzubereiten, erzählte meine Schwester stolz von ihrer erfolgreichen Firma für Vorhänge und Lichtschutz. Ich stand ganz nah bei ihnen und versuchte, mich am Gespräch zu beteiligen, aber ohne Erfolg. Obwohl ich immer ein sehr enges Verhältnis zu meiner

Mutter gehabt habe, konnte sie meinen Geistkörper nicht wahrnehmen.

Ich war immer noch ganz hypnotisiert von dem, was ich sah und hörte, und konzentrierte mich so stark auf meine Mutter und meine Schwester, dass mich das plötzliche Klappern der Instrumente im Operationssaal in Angst und Schrecken versetzte. Ich drehte den Kopf nach links, in die Richtung, aus der das Geräusch kam, und konnte in den Operationssaal schauen. Ich begriff diese Perspektive nicht, und das erschreckte mich. Zu meiner Rechten waren meine Mutter und meine Schwester in Neu-Delhi, und zu meiner Linken lag mein Körper auf einem Operationstisch in Los Angeles. Mehr als 11.000 Kilometer trennten diese beiden Szenen, und doch lagen sie hier beide direkt vor mir.

»Geben Sie mir mehr Öl auf meine Maske«, hörte ich den Chirurgen sagen. Er wandte sich einer Krankenschwester zu, die mehr Eukalyptusöl unter seine Nase tupfte. »Dieser Typ ist eine einzige Sauerei. Er hat echt Glück, dass er hier ist. Mehr Tupfer.«

Jetzt war ich völlig verängstigt. Was ist da los? Was hier geschah, war gegen die Gesetze der Physik. Ich war außerhalb meines Körpers und schwebte – als ein ungebundenes Bewusstsein. Aber jetzt war ich in der Lage, an mindestens drei Orten gleichzeitig zu sein. Ich habe seitdem von außerkörperlichen Erfahrungen gehört, die »Bilokation« genannt werden, weil der Geistkörper den physischen Körper beobachtet. Aber was hier mit mir passierte, war »Trilokation«. Ich sah meinen narkotisierten Körper und meine ferne Familie und beide von meiner schwebenden Seele aus.

Ich war ein mechanistisch denkender Arzt, und dieses Ereignis folgte neuen physikalischen Gesetzen, die ich nicht verstand. Wieso schwebe ich? Wo ist mein Gehirn, und womit sehe ich eigentlich? Atme ich überhaupt? Warum kann ich hören?

Werde ich jemals wieder in meinen Körper zurückkehren, oder ist es mir bestimmt, die Ewigkeit als Geist ohne Körper zu durchstreifen? Werde ich da draußen andere treffen, die so sind wie ich?

Ich hatte keine Antworten auf alle diese Fragen, nur noch mehr Fragen. Ich dachte über die letzten paar Jahre seit meiner Krebsdiagnose nach und wie sich mein Leben kontinuierlich verschlechtert hatte. Jetzt wurden die Dinge immer seltsamer. Ich wusste nicht, was ich davon halten sollte. Bin ich tot? Fühlt sich der Tod so an?

Ich fühlte mich wie ein Astronaut, der seinen Raumanzug vergessen hat und jetzt feststellt, dass so ein Anzug erst mal unnötig ist.

Ich schaute auf meinen Körper und die Chirurgen bei der Arbeit und dann auf meine Mutter und meine Schwester, die auf dem Sofa saßen und sich leise unterhielten. Ich schaute zwischen diesen beiden Szenen hin und her, bis sie schwanden wie eine schnell untergehende Sonne.

Dann fühlte ich mich von Furcht überwältigt. Irgendetwas passiert gerade! Das spürte ich.

4

Liebevolle Höllenstrenge

Ich wäre froh gewesen, wenn ich bei meiner Mutter hätte bleiben können, bis die Operation zu Ende war, aber das Universum hatte andere Pläne.

Meine Welt wurde dunkel, und für einen Moment war ich erleichtert. Ich kehre in meinen Körper zurück, dachte ich. Aber diese Erleichterung wurde durch Furcht verdrängt, als ich einen fernen Gewitterblitz zu meiner Rechten sah, der mich sehr schnell zu sich hinzuziehen schien und bald auch von Donner begleitet wurde … Was ist das? … Schmerzensschreie und Stöhnen und Pein lagen wie ein Feuernebel über brennenden Seelen, die sich in der Glut krümmten wie verdorrte Blätter. Ich wurde dorthin gezogen, als stünde ich auf einem Laufband zum Rand der Feuerschlucht. Rauch stieg mir in die Nase und der Geruch von verbranntem Fleisch. Ich stand am Rand der Hölle.

Ich versuchte, mich abzuwenden, konnte es aber nicht. Ich versuchte zurückzugehen, aber das ging nicht. Jedes Mal, wenn ich einen Schritt zurückmachte, schob mich eine unsichtbare Kraft wieder nach vorn, und ich hatte freien Blick auf den qualvollsten Ort, den man sich vorstellen kann.

Naraka, dachte ich, das Hindi-Wort für Hölle. Obwohl ich schon seit Jahrzehnten nicht mehr in Indien lebte, brannte sich dieses Wort in meine Gedanken ein, während ich erfolglos versuchte, von der Feuersbrust wegzukommen. Ein anderer Name fiel mir ein: Yama, der hinduistische Gott des Todes. Er wird gleich kommen, dachte ich. Und dann wird meine Seele zusammen mit den anderen brennen.

Was ist mein Karma? Eine Million Gedanken gingen mir durch den Kopf, als ich mich fragte, warum ich hier war. Was ist mein Karma?

In meiner Religion bedeutet Karma, dass unser künftiges Leben von unserem Verhalten in diesem und in früheren Leben bestimmt wird. Die Beatles haben diese Vorstellung für die westliche Popkultur in ihrem Song »The End« so zusammengefasst: »Und am Ende ist die Liebe, die du bekommst, nur so groß wie die Liebe, die du gibst.«

Klar ist, dass du keine Liebe gegeben hast, hörte ich.

Ich hörte diese Botschaft, als würde sie mir direkt ins Ohr gesprochen. Klar ist, dass du keine Liebe gegeben hast. Ich schaute mich um, konnte aber niemanden neben mir entdecken. Die Botschaft hatte mich telepathisch erreicht, aber sie war so mächtig, dass sie durchaus von Gott hätte kommen können.

»Du hast ein materialistisches, selbstsüchtiges Leben geführt«, sagte die Stimme.

Ich wusste, dass das stimmte, und schämte mich.

* * *

Im Laufe der Zeit war mir die Empathie für meine Patienten abhandengekommen. Ich arbeitete wie eine Maschine, nicht wie ein menschliches Wesen. Ich betrachtete meine Patienten als Profitcenter, als Fälle, die mir den Reichtum und das Ansehen verschafften, die ich im Austausch für meine Dienste als Anästhesist haben wollte. Ich war ein Arzt, der seine Arbeit gut machte, dem es aber ziemlich egal war, dass er mit menschlichen Wesen arbeitete.

Wenn ich Interesse an einem Patienten als Mensch zeigte, dann weil dieser Mensch mir aufgrund seiner sozialen Stellung irgendwie nutzen oder meinen persönlichen Reichtum mehren konnte. Patienten, die weniger wohlhabend oder klug waren, erlebten mich als abweisenden Arzt, dem daran gelegen war, sie möglichst schnell und effizient zu behandeln.

Jetzt, wo ich an diesem Höllenschlund stand, erinnerte ich mich an eine Frau, die zur Behandlung ihrer chronischen Arthritis in meine Schmerzklinik gekommen war. Sie hatte starke körperliche Schmerzen, aber dies war nicht der Grund, warum sie weinte.

»Ich muss mit Ihnen sprechen, Herr Doktor«, sagte sie. »Mein Mann hat Lungenkrebs. Er liegt im Sterben, und ich weiß nicht, was ich tun soll.«

»Ich würde ja gern mit Ihnen sprechen«, sagte ich, während ich ihr ein Rezept für Schmerz- und Schlaftabletten ausstellte, »aber draußen warten noch einige Patienten.« Und dann ging ich.

Ich erinnerte mich an eine andere Tragödie, die ich eiskalt ignoriert hatte. Wir konnten das Herz eines Patienten, bei dem wir gerade eine Operation am offenen Herzen vorgenommen hatten, nicht wieder in Gang setzen. Wir »schockten« sein Herz mehrmals mit einem Defibrillator, aber es sprang nicht an. Der verzweifelte Chirurg versuchte es weiter. Viele, viele Male schockte er das Herz, wartete und versuchte es dann noch einmal. Schließlich erklärte er den Patienten für tot.

Wir verließen den Operationssaal und gingen langsam den Flur entlang, um der Familie mitzuteilen, dass ihr Oberhaupt soeben verstorben war. Der Chirurg war tief bewegt. Er konnte vor Rührung kaum sprechen, und seine Schultern zuckten, als er die schlechte Nachricht überbrachte. Die verzweifelte Familie lag sich in den Armen und weinte, als klar war, dass sie nie wieder mit diesem geliebten Menschen würden sprechen können.

Ich fühlte gar nichts. Das Einzige, woran ich dachte, war mein nächster Fall und daran, möglichst schnell wieder nach Hause an meinen Computer zu kommen, um an der Börse zu spekulieren. Ich war wie ein Roboter. Ich hatte mich selbst dazu erzogen, für Emotionen unempfindlich zu sein. Und noch etwas, das noch nicht einmal ein Roboter macht: Ich hatte mich darauf trainiert, nur an mich selbst zu denken. Das war bis zu einem gewissen Grad eine notwendige Reaktion. In einer halben Stunde würde ich den nächsten Patienten vor mir haben, der aufgemuntert und auf die Operation vorbereitet werden musste. Es war ein stressiges Leben, und ich hatte einfach keine Zeit, mich mit meinen Emotionen zu beschäftigen. Stattdessen trank ich abends zwei oder drei Gläser Scotch und stand jeden Morgen um 6.00 Uhr auf. Auf der Fahrt zum Krankenhaus trank ich Kaffee und aß ein Sandwich – im Auto selbstverständlich. Bevor ich in den Operationssaal ging, checkte ich die neuesten Nachrichten von der Börse, um sicherzugehen, dass meine wertvollsten Aktien noch auf Kurs waren. Ich hatte meine Emotionen offensichtlich hinter einer Mauer aus Besitztümern versteckt.

Während der Rauch waberte und die brennenden Seelen um mich herum schrien und jammerten, dachte ich an meine Besitztümer und daran, wie bedeutungslos sie waren. Warum habe ich all diese Dinge? Unser Haus war so groß, dass wir von verschiedenen Flügeln aus per iPhone miteinander kommunizierten. Ich stand im ständigen Wettstreit mit meinen Nachbarn und Kollegen und hatte als Folge davon immer mehr Dinge angesammelt. Meine Gier kannte keine Grenzen. Mein Leben war ein außer Kontrolle geratener amerikanischer Traum.

Mein Wunsch nach Reichtum hatte auch schon vor meiner Prostatakrebs-Diagnose eine Menge Stress in mein Leben gebracht. Wie viele andere Berufstätige baute ich meinen Stress mithilfe von Alkohol ab. Ich trank an den Abenden, an denen ich keinen Bereitschaftsdienst hatte, und an meinen freien Wochenenden. Das mochte sich zwar langfristig negativ auf meine Gesundheit auswirken, aber kurzfristig, redete ich mir ein, sei eine gute Nachtruhe alles, was ich brauche, um stets im Vollbesitz meiner Kräfte und Fähigkeiten zu sein.

Fünf Jahre zuvor hatte ich mir einen Bänderriss im rechten Handgelenk zugezogen. Weil das so schmerzhaft war, nahm ich manchmal Schmerztabletten und Alkohol gleichzeitig. Diese Kombination war gefährlich, und das wusste ich auch. Ich pflegte sogar meine Patienten davor zu warnen. Dennoch redete ich mir ein, es sei sicher, Tabletten und Alkohol gleichzeitig zu nehmen, solange ich die vorgeschriebene Dosis nicht überschritt und genug Zeit hatte, mich von den Höhen, auf denen ich dachte, ich wisse alles und habe alles im Blick, wieder in die Niederungen des Alltags zu begeben. Als die Schmerzen in meinem Handgelenk nachließen, hörte ich mit der Einnahme der Tabletten auf und war sicher, alles unter Kontrolle zu haben. Erst viel später wurde mir klar, dass alle Süchtigen so denken. Damals hätte ich allerdings nie vermutet, dass ich vielleicht süchtig sein könnte. Ich wusste doch so viel über menschliche Befindlichkeiten. Immerhin war ich ein hoch qualifizierter Arzt.

* * *

Die veränderte Wahrnehmung meiner Existenz führte mir nun einen anderen brutalen Umstand meines Lebens vor Augen, den ich bis dahin für unbedenklich oder sogar gut gehalten hatte: Ich war immer von irgendwelchen Schutzwällen umgeben. Um in mein Wohngebiet hinein oder wieder hinaus zu kommen, musste ich zwei elektrisch betriebene Tore passieren, eines sogar mit Wachmann. Auf der Fahrt zur Arbeit saß ich hermetisch abgeriegelt in einer bequemen Luxuslimousine. Im Krankenhaus hielt ich mich entweder im Operationssaal oder in meinem Büro auf. Zu Hause verbrachte ich viel Zeit vor dem Fernseher und sehr wenig Zeit im Gespräch mit meiner Frau und meinen Kindern. Weil mich die Schmerzmittel launisch machten, bezweifelte ich ohnehin, dass meine Kinder viel mit mir unternehmen wollten. Ich lebte in meiner eigenen, sorgfältig konstruierten Seifenblase. Krankheit und Tod hatte ich einfach nicht mehr auf dem Schirm, genauso wenig wie Schicksal und Vorsehung.

Aber das Schicksal hatte mich nicht vergessen. Es kam das Jahr 2008, in dem ich wegen quälender Prostatabeschwerden einen Urologen aufsuchte und eine Biopsie machen ließ. Wie schon erwähnt, saßen meine Frau und ich eine Woche später an einem schönen Herbsttag auf der Terrasse, tranken Tee und bewunderten den grünen Rasenteppich des Golfplatzes hinter unserem Haus. Teetrinken war ein Ritual, das wir aus Indien mitgebracht hatten, eine tägliche Gewohnheit, die es so aussehen ließ, als hätte sich in unserem Leben nichts geändert und als würde sich auch nie etwas ändern.

Aber als Dr. Chens Anruf unser nachmittägliches Beisammensein jäh unterbrach, wusste ich, dass sich etwas verändern würde. Leicht nervös übermittelte er, was er als »eine gute und eine schlechte Nachricht« bezeichnete. Die gute Nachricht war, dass der Krebs, den er bei meiner Biopsie gefunden hatte, sich auf die Prostata beschränkte und noch keine anderen Körperteile betroffen waren. Die schlechte Nachricht war, dass meine Prostata entfernt werden musste.

Von da an fielen sämtliche Schutzwälle, die mich umgaben, in sich zusammen, und eine Kettenreaktion aus Krankheit, Depression, Tablettenabhängigkeit und mehreren Operationen brachte mich hierher, an den Rand des Höllenschlunds.

Kein Wall kann mich vor meinem Karma schützen. Ich habe meine Mitmenschen schlecht behandelt. Jetzt muss ich dafür büßen. Ich bin das Opfer meines eigenen Schicksals.

* * *

Ich dachte an meine Familie und wie sehr ich sie manchmal verbal misshandelt hatte. Das traf ganz besonders auf die Art zu, wie ich unseren Sohn Raghav behandelte. Von unseren drei Kindern war Raghav derjenige, von dem ich am meisten erwartete. Als ältester Sohn sollte er es im Leben einmal besonders weit bringen, und ich setzte ihm deshalb sehr zu.

Ich machte mir nie – oder erst sehr viel später – die Mühe, ihn zu fragen, was er selbst gern mit seinem Leben anfangen würde. Stattdessen machte ich ihm unmissverständlich klar, dass es wichtig war, was er nach meinem Willen mit seinem Leben anfing.

»Du gibst dir nicht genug Mühe!«, schrie ich wütend, als seine Noten den Mangel an Verständnis für das Fachgebiet, das ich so sehr liebte, deutlich machten.

Meine Worte waren vielleicht nicht ganz so grausam wie die meines Vaters, aber meine Stimme klang mindestens genauso wütend und aufgebracht. Ich war genauso gedankenlos gemein zu meinem eigenen Sohn, wie mein Vater zu mir gewesen war. Ich war zum Spiegelbild meines Vaters geworden.

Bei solchen Gelegenheiten schämte ich mich, redete mir aber gleichzeitig ein, dass mein Zorn berechtigt sei. Meiner schockierten Familie erzählte ich, dass Raghav Strafe verdient habe, und verließ schnaubend das Zimmer. Ich spielte den Aufgebrachten, war aber in Wirklichkeit genauso schockiert über mein Handeln, wie sie es waren. Irgendwie hatte ich das Gefühl, ich sollte zurückgehen, mich entschuldigen und meine Frau und meine Kinder um Vergebung bitten, aber ich wusste ganz genau, dass mein Ego das niemals zulassen würde. Und so vergrößerte ich die Wunde in uns allen noch dadurch, dass ich mein eigenes Verhalten einfach ignorierte.

Hier am Rande des Höllenschlunds spürte ich, dass ich meine Chance, die Vergangenheit zu heilen, verspielt hatte. Ich hatte keine Energie mehr, aber umso mehr Angst, und ich schämte mich. Ich hatte Angst vor der Zukunft, Angst davor, in diese Feuergrube gezogen zu werden und bis in alle Ewigkeit dort brennen zu müssen. Doch gleichzeitig versank ich fast vor Scham angesichts des egozentrischen Lebens, das ich geführt hatte, und angesichts des Mangels an Empathie gegenüber meinen Mitmenschen und meiner Familie.

Aus dieser misslichen Lage schien es keinen Ausweg zu geben, aber ich betete trotzdem, dass sich einer auftun möge. Gott, gib mir noch eine Chance. Bitte, gib mir noch eine Chance!

5

Gerettet

Aus dem Augenwinkel sah ich meine zweite Chance kommen. Sie kam von der Person, die ich hier am wenigsten erwartet hätte. Es war mein Vater!

Ich erkannte ihn sofort, obwohl er mindestens dreißig Jahre jünger aussah als damals kurz vor seinem Tod. Sein Haar war pechschwarz, und er wirkte schneidig und gepflegt in seiner offiziellen Uniform als Leiter der zivilen Luftaufsicht. Der Blick in die Hölle und das Zusammentreffen mit meinem Vater erschütterten mich zutiefst. Mein Schock muss offensichtlich gewesen sein, denn mein Vater nahm meine Hand und führte mich von diesem Höllenschlund weg, als sei ich ein kleiner Junge.

Er legte den Arm um mich und versuchte, mich zu trösten. Dieser Akt des Mitgefühls war beängstigend. Mir wurde klar, dass ich mich an keine einzige Gelegenheit erinnern konnte, bei der mein Vater mich getröstet hatte, als ich ein Kind war. Wie viele indische Väter seiner Generation und der davor hatten er und mein Großvater mich immer nur berührt, um mich zu bestrafen. Und genau das erwartete ich jetzt auch.

Man stelle sich vor, dachte ich. Jetzt bin ich 53 und habe immer noch Angst, mein Vater könnte mich verhauen. Dass ich selbst in meinem Alter noch mit einer so gewalttätigen Aktion rechnete, ist ein Zeichen dafür, wie gestört unsere Beziehung war. Während mich mein Vater vom Rand des Höllenschlundes wegführte, sah ich unsere dysfunktionale Beziehung seit Jahrzehnten zum ersten Mal mit ganz neuen Augen. War es möglich, dass die Härte meines Vaters von Angst motiviert gewesen war?

* * *

Aber ich hatte keine Zeit, über eine Antwort auf diese überraschende Frage nachzudenken. Vielmehr wurde ich, während er meine Hand hielt, von lebhaften Erinnerungen an meine Kindheit überwältigt, in der ich diesen Mann so sehr gefürchtet hatte. Eine Drohung von ihm oder auch nur ein strenger Blick hatten mich manchmal um mein Abendessen gebracht. Obwohl er mich jetzt sehr liebevoll anlächelte, spürte ich, dass meine Hände schweißnass waren, und ich hatte Mühe, ihn anzuschauen. Ich war wieder zu einem Teenager geworden, der jederzeit mit einem Schlag oder einer zornigen Rüge rechnete. Egal, wie unbedeutend meine Verfehlungen in jenen Tagen auch waren, ich war mir stets sicher, dass ich das Risiko körperlicher Züchtigung einging, und das mit jedem Gegenstand, der meinem Vater als Disziplinierungswaffe gerade recht kam. Zumindest konnte ich sicher sein, als »Idiot«, »Dummkopf« oder »Nichtsnutz« beschimpft zu werden.

Statt mich über unsere Wiedervereinigung im Jenseits zu freuen, fand ich mich in meiner Jugend wieder und durchlebte noch einmal eine Situation, die sich während meiner Highschool-Zeit ereignet hatte.

Ich war in der zehnten Klasse und hatte nun schon den dritten Tag in Folge zusammen mit einigen der bösen Jungs die Schule geschwänzt. Was wir in der Zeit machten, war typisch für damalige Schulschwänzer. Wie an den beiden Tagen davor schauten wir uns verschiedene Filme in einem Kino in der Innenstadt an und rauchten so viele Zigaretten, wie wir konnten.

Als der Direktor meinen Vater zu Hause anrief und sich erkundigte, wo ich die letzten drei Tage gewesen sei, wurde mein Vater stinksauer. Wie üblich versuchte meine Mutter ihn zu beruhigen, aber er überhörte ihre Bitte um Vergebung. »Dieser Junge hat keine Ahnung, was er da macht«, sagte er streng zu meiner Mutter. »Du nimmst ihn immer in Schutz, aber wenn ein Nagel krumm ist, muss er mit dem Hammer begradigt werden!«

Ich wusste, was dieser Spruch bedeutete und was jetzt kommen würde. Der Rektor meiner Schule hatte mich einmal mit dem Rohrstock verprügelt, und körperliche Züchtigung war eine akzeptable Form der Bestrafung zu Hause und in der Schule.

Wie ich erwartet hatte, konfrontierte mich mein Vater in meinem Zimmer und wollte wissen, wo ich in den letzten drei Tagen gewesen sei. Als ich es ihm sagte, schnappte er sich meinen Kricketschläger und schlug ihn mir auf das Gesäß und die Rückseite der Oberschenkel. Dabei beschimpfte er mich die ganze Zeit mit Worten, die sich wie brennender Zunder aus seinem Mund ergossen.

Ich weiß heute, dass es auf der ganzen Welt viele Väter gab, die ihren Söhnen dasselbe angetan haben, aber selbst wenn ich das damals gewusst hätte, hätte es meine Angst vor und mein Misstrauen gegenüber meinem Vater nicht verringert. Ich bin sicher, dass jeder Sohn, der so verprügelt wird, wie ich damals verprügelt wurde, die gleiche Angst hat und das gleiche Misstrauen hegt. Ich hatte so schlimme Prellungen aufgrund seiner Tracht Prügel davongetragen, dass ich drei Wochen lang nicht zur Schule gehen konnte.

Jetzt stand ich mit meinem Vater im Jenseits und hatte einen Flashback auf dieses Ereignis. Ich erlebte noch einmal, wie ich mich gefühlt hatte, als ich geschlagen wurde, aber auch, wie mein Vater sich gefühlt hatte. Ich spürte seinen Zorn und seine Enttäuschung, als seien es meine eigenen Empfindungen. Es war eine verwirrende und schmerzliche Perspektive, weil ich alles fühlen und sehen konnte, was mir angetan worden war, aber gleichzeitig auch alles erlebte, was er in diesen überhitzten Momenten gefühlt und gesehen hatte.

Was ich da im Kopf meines Vaters entdeckte, war nicht etwa Hass, sondern Angst. Er hatte Angst, dass ich meine intellektuellen Talente nicht nutzen und stattdessen den »linken Weg«– ein indischer Ausdruck für den falschen Weg – wählen könnte.

Und zum ersten Mal verstand ich auch, woher seine Befürchtungen kamen. Er hatte in seinem Leben zwar nicht den linken Weg gewählt, den rechten aber auch nicht. Vielmehr war er durch eine Reihe von historischen Ereignissen gezwungen worden, seinen eigenen Weg zu finden.

* * *

Als Pakistan nach der Aufteilung von Britisch-Indien im Jahr 1947 zum unabhängigen muslimischen Staat erklärt worden war, wurden die dort lebenden Hindus wie mein Vater gezwungen, über die neue Grenze nach Indien auszuwandern. Das war keineswegs eine friedliche Migration. Die Muslime wollten ihr eigenes Land »reinigen« und taten dies, indem sie Tausende von Hindus töteten.

Mein Vater war damals achtzehn Jahre alt und wollte so schnell wie möglich weg aus diesem neuen Land. Um die Straßen zu vermeiden, sprang er auf einen Zug zur Grenze und saß dann mit Hunderten anderen verängstigten Hindus auf einem Flachwagen. Irgendwo nahe der Grenze wurde der Zug von bewaffneten Männern angegriffen, die die Hindu-Passagiere gnadenlos mit Kugeln durchsiebten. Dutzende Menschen starben. Die Glücklichen, zu denen auch mein Vater gehörte, lagen bewegungslos unter den Leichen, bis der Zug die Grenze passiert hatte.

Der Hass hörte auch nicht auf, als er in Indien angekommen war. Wütende Hindus auf der anderen Seite der Grenze beschuldigten ihn, ein Muslim zu sein, und weigerten sich, ihm Wasser oder etwas zu essen zu geben. In seiner Verzweiflung zog er die Hose hinunter und zeigte dem wütenden Mob, dass er nicht beschnitten war. Weil der Islam verlangt, dass Muslime beschnitten werden, wussten die Hindus nun, dass er einer von ihnen war. Dann gaben sie ihm glücklicherweise eine einfache Mahlzeit, die er dankbar aß, während er den Eisenbahnwaggons mit den Toten, die weniger Glück gehabt hatten, den Rücken zukehrte.

Von da an zog er seine Hosen noch oft herunter, um wütende Männer mit Waffen und diejenigen, die etwas Essbares übrig hatten, davon zu überzeugen, dass er ein vollwertiger Hindu war. Als er endlich in Neu-Delhi ankam, war mein Vater Dutzende Male gedemütigt worden, und das alles nur, weil eine Religion nicht mit der anderen zurechtkam.

Ich hatte diese Geschichte schon oft gehört, aber ich hatte noch nie wirklich nachempfunden, wie sehr Gewalt und Terror den Charakter meines Vaters geprägt haben mussten. Jetzt schon. Jetzt verstand ich das Bedürfnis meines Vaters nach Würde und Respekt und begriff, warum er seine Arbeitsuniform so gern trug, auch an Tagen, an denen er gar nicht im Dienst war. Sein Traum, zu studieren und Arzt zu werden, war ausgelöscht worden von Massengewalt, religiöser Feindseligkeit, Hunger, Tod und Missbrauch. Er war heilfroh, am Leben zu sein und einen Job zu haben.

Aber glücklich war er nicht. Er fühlte sich als Opfer.

Ich erinnere mich an einen Satz, den er oft gesagt hat: »Entweder arbeitest du jetzt ein paar Jahre lang hart oder du arbeitest dein ganzes Leben lang hart. Du hast die Wahl.« Aber in Wirklichkeit hatte er die Wahl für mich getroffen, vielleicht schon an dem Tag, an dem ich geboren wurde. Ich sah, wie sein Wunsch nach Kontrolle über sein eigenes Leben sich zu dem entwickelte, was ich als physische und verbale Tyrannei über mich erlebte.

Obwohl mir mittlerweile klar ist, dass diese Tyrannei aus Liebe geboren war, wehrte ich mich dennoch gegen seine Überzeugung, dass ich ihn zu fürchten habe – dass nur Angst mich auf den rechten Weg zurückführen und vor dem beschützen könne, was er selbst durchmachen musste.

Aber auch der dünnste Pfannkuchen hat zwei Seiten. Als mein Vater mich im Jenseits umarmte, erinnerte er mich wortlos daran, dass er mich nie wieder geschlagen hatte, dass er sich geändert hatte und dass diese Veränderungen bessere Menschen aus uns beiden gemacht hatten.

Weil meine Mutter darauf bestand, führten wir nämlich nach dieser letzten Prügelstrafe einen neuen Tagesablauf für mich ein. Er weckte mich jeden Morgen um 4.00 Uhr. Ich musste lesen und Matheaufgaben lösen, und mein Vater blieb dabei und achtete darauf, dass ich nicht wieder einschlief. Die Angst vor einer ähnlichen Tracht Prügel, wie ich sie gerade bezogen hatte, sorgte dafür, dass ich meine Nase wirklich in die Bücher steckte, und bald freute ich mich sogar auf meine Lernsitzungen vor Sonnenaufgang. Dieses Mal hatten meine Ängste eine Liebe zum Lernen hervorgebracht. Es dauerte nicht lange, bis ich mehr las, als ich musste. In einem unserer Geschichtsbücher wurden die griechischen Philosophen behandelt, und ich beschäftigte mich aus eigenem Antrieb damit. Bald stellte ich mir die großen Fragen der Menschheit: Was ist die Seele? Was ist Bewusstsein? Warum sind wir hier? Was ist der Sinn des Lebens?

Als ich diese Fragen meinem Vater gegenüber erwähnte, schüttelte er voller Verachtung den Kopf. Nachdem er aus der Region des heutigen Pakistans geflohen war, hasste er Religionen aller Art und hielt diese Fragen für den Kern allen religiösen Denkens. »Wende dich an die Bücher, die dir diese Fragen beantworten können«, sagte er. »Ich habe hier nichts Wertvolles beizusteuern.« Ich beschäftigte mich also allein mit der Bibel und dem Koran sowie mit der Gita und anderen heiligen Schriften des Hinduismus. Schließlich war ich so beeindruckt von diesen Werken, dass ich Mönch im Himalaja werden wollte.

* * *

Eines Tages fuhr ich ganz früh morgens mit dem Bus ins Himalaja-Gebirge und sprach in einem hinduistischen Kloster vor, beim Abt des Ramakrishna-Ashrams. »Ich möchte ein heiliger Mann werden«, sagte ich, »ein Mönch.«

Der Abt hörte mir aufmerksam zu und teilte mir dann mit, es sei für mich nicht der richtige Zeitpunkt, ein heiliger Mann zu werden. Als ich ihn anflehte, lachte er das freimütige Lachen eines Mönchs und bat seinen Sekretär, mir etwas zu essen und einen Platz zum Schlafen zu geben. Am nächsten Tag gab er mir die spirituelle Einweihung für Laien und schickte mich wieder zurück nach Delhi.

Als mein Vater herausfand, was ich getan hatte, war er wütend und verletzt.

»Ich verstehe dich nicht«, sagte er. »Um Mönch zu werden, müsstest du für deine Familie tot sein. Warum willst du für deine Familie tot sein?«

Das stimmte. Novizen bekommen einen neuen Namen und neue Habseligkeiten, und ihre alten Besitztümer werden auf einem Scheiterhaufen verbrannt. Das symbolisiert den Übergang in das neue Leben, das sie gewählt haben, und bedeutet, dass sie fortan keinen Kontakt mehr zu ihrer Ursprungsfamilie haben.

»Du würdest uns nie wiedersehen«, sagte mein Vater. »Was findest du daran gut?«

Ich konnte es meinem Vater nicht erklären. Es war ja nicht die Familie, von der ich weg wollte, nur er. Obwohl ich damals schon an der Medizinischen Hochschule studierte, wohnte ich immer noch zu Hause. Ich war es einfach leid, ständig einen solchen Eiertanz vollführen zu müssen aus Angst, er würde mich wieder mal anschreien. Ich hatte es satt, mich nach der Uni ins Haus schleichen und meine Mutter im Flüsterton fragen zu müssen, ob er gut oder schlecht gelaunt sei, bevor ich »Hallo Papa« sagte. Es gab aber noch einen anderen Grund, aus dem ich weg wollte: Ich hatte wirklich den Wunsch, etwas über die spirituellen Wahrheiten zu erfahren, einen Wunsch, den mein Vater nie verstehen würde. Da war ich mir ziemlich sicher.

* * *

Und jetzt das! Mein Vater sorgt für meine spirituelle Befreiung aus der Hölle!

Ich schaute ihn an, während ich das dachte – und sah Hoffnung. Er war immer noch derselbe und doch anders. Er sah aus wie ein von Liebe erleuchteter Mensch. Wie ein Mensch, der in die Augen Gottes geschaut hat. Mit dem umfassenden Wissen, das uns im Jenseits zur Verfügung steht, konnte ich ihn auf diese neue Weise sehen und spüren.

Ich schaute ihm in die Augen, und mein hartes Herz schmolz in Liebe dahin. Ich sah einen Mann, der wirklich mit sich selbst im Reinen war.

Aus seinem Mund kamen keine Worte. Eher wurden die Informationen blitzschnell telepathisch von ihm zu mir übermittelt.

Zum ersten Mal war mir klar, dass sein Vater ihn genauso misshandelt hatte wie mein Vater uns. Visionen von seinem Leid als Kind kamen mir in den Sinn, während ich den Schmerz spürte, den er empfunden hatte, als er brutal verprügelt worden war.

Das Bedürfnis, andere zu bestrafen, kommt mir so engstirnig vor, dachte ich.

Wut ist immer so, sagte mein Vater. Man ist in der Regel nicht wegen eines einzigen Ereignisses wütend. Die Wut wird vielmehr vom Vater an den Sohn weitergegeben. Wenn du das weißt, kannst du es beenden. Du kannst einfach beschließen, nicht wütend zu sein.

Ich sah seinen Vater neben ihm, jünger und stärker, als ich ihn aus meiner Kindheit in Erinnerung hatte. Auch er hatte den göttlichen Blick in den Augen. Er schaute meinen Vater keineswegs schief an, als er die Familientradition der Wut offenbarte. Er bestätigte sie mit einem Nicken, und einen Moment lang konnte ich auch den Schmerz in seinem Leben spüren. Ich wusste, dass hinter ihm eine ganze Reihe von Ahnen stand, deren Väter sie alle mit Wut erfüllt hatten. Auch ich spürte sie irgendwo in meiner Nähe. Sie strahlten Verständnis und Empathie für die Generation vor ihnen aus, die sie mit der Wutkrankheit angesteckt hatte.

Aber jetzt spürte ich, wie mein Vater mir sein Mitgefühl entgegenbrachte.

Gib die Wut nicht an deine Söhne weiter, teilte er mir mit.

Beschämt schaute ich meinen Vater an, und er erwiderte meinen Blick mit Liebe und Freundlichkeit. Ich bin noch schlimmer als mein Vater, und er war schlimmer als seiner. Dieser Gedanke traf mich wie ein Blitz, und mit ihm blitzten all die Momente auf, in denen ich wütend geworden war, statt mich vernünftig zu verhalten.

Werde ich zu den Lebenden zurückkehren? fragte ich mich. Wenn ja, dann muss ich mein Augenmerk auf die Liebe richten. Ich muss den Teufelskreis der Wut und des Zorns in meiner Familie durchbrechen.

Ich schaute meinen Vater an. Ohne die Lippen zu bewegen, sprach er eine Wahrheit aus, die ich nie vergessen werde, Worte, die ganz klar aus dem Reich des Göttlichen kamen: Mein Sohn, wenn du dir selbst gegenüber ehrlich und wahrhaftig bist, wird sich Gott, das Göttliche, das Universum um dich kümmern.

Ich erinnerte mich an das letzte Mal, dass ich ihn lebend auf Erden gesehen hatte, an diesen Tag vor Jahrzehnten in Kalifornien, als er nach einer Herzoperation im Sterben lag. Er rang nach Atem und hoffte so sehr, noch ein wenig länger am Leben bleiben zu können. Man hatte ihm Morphium gegeben, um seine Schmerzen in diesen letzten Momenten zu lindern. Den letzten Kontakt mit ihm hatte ich, als ich seine Füße berührte, während er im Sterben lag.

Nun stand ich ihm im Jenseits gegenüber, einem Mann, der Frieden mit sich selbst geschlossen hatte, einem Mann, der die universelle Wahrheit erfahren hatte: Alles ist Liebe. Er führte mich vom Rand des Höllenschlundes weg zu einem Tunnel, in dem es von Gesichtern aus meiner Vergangenheit wimmelte – nicht nur aus meiner jüngsten Vergangenheit, sondern auch aus einer Vergangenheit, in der es mich noch gar nicht gegeben hatte, aus der Vergangenheit meines Vaters und seines Vaters und dessen Vaters und so weiter. Ich war umgeben von einer Traube aus Ahnen, die mich willkommen hießen und einluden, mich mit ihnen in eine andere Sphäre zu begeben.

Ich wurde in den Tunnel gezogen, unterstützt von ihren einladenden Händen. Ich wandte mich meinem Vater zu, um ihm dafür zu danken, dass er mich hierher gebracht hatte, aber er war nicht mehr da.

6

Tunnel des Verstehens

Während ich mich durch den Tunnel bewegte und meine Ahnen mich berührten, erlebte ich telepathisch Teile ihres Lebens, die sie mir vermitteln wollten.

Die Informationen kamen über die Berührung. Es war, als würde man im Fernseher andauernd den Kanal wechseln. Ich sah einzelne Bilder, konnte aber keine Geschichten ausmachen.

Während ich mich auf ein sehr helles Licht zubewegte, griff jemand nach meinem Arm und hielt mich zurück. Es war mein Großvater väterlicherseits. Er schaute mir sehr freundlich in die Augen, aber die Bilder, die ich über seine Berührung empfing, waren alles andere als nett.

Der Vorfall, den er mir zeigte, hatte sich in der Nacht zugetragen, in der ich geboren wurde, denn meine Mutter hielt mich stolz im Arm. Ich sah, dass sie nur von Mitgliedern ihrer eigenen Familie umgeben war. Mein Vater, ihr Mann, war nicht da. Er war auf einer Schulungsreise, die er im Rahmen seiner Ausbildung zum Fluglotsen machen musste. Und mein Großvater, der Mann, der jetzt mit einem Lächeln auf dem Gesicht vor mir stand, war ebenfalls nicht da. Auch meine Großmutter war nicht da, genauso wenig wie irgendjemand sonst aus der Familie meines Vaters. Weil mein Großvater wütend auf meinen Vater war, hatte er jedem Mitglied seiner Familie verboten, meine Mutter im Krankenhaus zu besuchen. Wie kleinkariert, dachte ich.

Ich spürte, wie traurig meine Mutter darüber war, dass ihr Mann und seine Familie sie an ihrem glücklichen ersten Tag mit dem neugeborenen Sohn nicht besuchten. Ich spürte die kleinliche Wut, die mein Großvater an diesem Tag vor fast fünfzig Jahren auf meinen Vater hatte, und auch die Reue, die er jetzt empfand, weil er sich zu einer Zeit, die von so viel Freude hätte erfüllt sein sollen, so kleinkariert verhalten hatte.

Als ich meinem Großvater jetzt, hier im Tunnel, ins Gesicht schaute, konnte ich mir kaum vorstellen, dass er sich der Familie seines Sohnes gegenüber jemals in dieser Weise verhalten hatte. Er sah so jung aus, so frei von Wut oder Sorgen, wie man sich diejenigen, die ihr irdisches Leben hinter sich gelassen haben, eben vorstellt. Sein Blick verriet, wie leid es ihm tat, dass er so oft gemein zu meinem Vater gewesen war, aber gleichzeitig war da ehrliche Freude darüber, dass ihm seine Verfehlungen verziehen worden waren.

Nichts ist wichtiger als die Liebe, vermittelte mir mein Großvater. Ich bin so froh, dass ich dir diese einfache Wahrheit zu einer Zeit mitgeben kann, da du dein irdisches Leben noch verändern kannst.

Plötzlich tauchte mein Vater neben seinem Vater auf, ebenfalls mit einem glückseligen Gesichtsausdruck. Er legte seine Hand auf meine, und eine andere schmerzliche Szene aus meiner Kindheit erschien.

Es war Sonntag, der freie Tag meines Vaters, und ich bat ihn, mich für einen Besuch zu meinen Großeltern zu bringen. Er sagte, er habe Kopfschmerzen und könne mich daher nicht zu ihrem Haus fahren.

Weil ich nicht riskieren wollte, dass er wütend wurde, schlich ich mich durch die Hintertür aus dem Haus und ging die acht Kilometer zu ihrem Haus zu Fuß, was ein Achtjähriger nicht hätte tun sollen, besonders nicht im Indien der damaligen Zeit. Als ich dort ankam, saß mein Vater bereits auf dem Sofa und wartete auf mich. Er hatte seine Vespa genommen und war vor mir da.

Sein Gesicht lief rot an, als er mich sah, er packte mich am Arm, versohlte mich auf dem Rückweg zu seinem Roller und schalt mich wegen meiner Respektlosigkeit und meines Unge-horsams. Ich weiß noch, dass er sagte: »Tu das nie wieder. Dies ist eine gefährliche Stadt für einen kleinen Jungen!«

Dies schien zwar einer seiner üblichen Wutausbrüche zu sein, aber diesmal war es anders. Da ich die Gefühle meines Vaters wahrnehmen konnte, erkannte ich auch, wie besorgt er um meine Sicherheit gewesen war. Kaum hatte er bemerkt, dass ich das Haus verlassen und allein zu meinen Großeltern gegangen war, hatte er sich schnell auf seinen Roller gesetzt und die ganze Strecke nach mir abgesucht. Als er mich nicht finden konnte, fuhr er zu seinen Eltern und hoffte, ich würde dort auftauchen. Er hat sich wirklich Sorgen um mein Wohlergehen gemacht. Er hat es mir nur mit Wut statt mit Liebe gezeigt, dachte ich.

Mir dämmerte, warum mein Vater mir ausgerechnet dieses simple und doch bezeichnende Ereignis zeigen wollte. Er wollte deutlich machen, dass man ihm nie eine andere Emotion beige-bracht hatte als Wut und Zorn. Ich erinnerte mich, dass ich, als ich älter war, erfahren habe, dass mein Großvater meinen Vater oft körperlich gezüchtigt hatte. Mein Vater behauptete, weder seine Mutter noch sein Vater hätten ihm jemals ihre Zuneigung gezeigt, sondern ihn im Gegenteil immer wegen seiner dunklen Haut und seines unattraktiven Äußeren kritisiert.

Sie haben mir diese Wut beigebracht und sie akzeptiert, sagte er mir telepathisch. Aber du musst sie nicht weitergeben. Liebe ist das Wichtigste auf der Welt. Liebe ist die beste Disziplinie-rungsmaßnahme, denn Freundlichkeit beflügelt den Respekt.

Mein Vater und mein Großvater verschwanden wieder, und ich blieb zutiefst verwirrt zurück. Sie hatten mir gedankenlose, aus Wut begangene Taten gezeigt, die tiefe Wunden geschlagen hatten, doch jetzt lächelten sie und zeigten Reue, als wollten sie sich bei mir entschuldigen. Sie zeigten mir ihre größten Fehltrit-te und baten gleichzeitig um Vergebung, eine Haltung, die man selten sieht. Es war wunderschön.

Ich konnte alle Standpunkte einnehmen – meinen, die meines Vaters und Großvaters und den meiner Mutter. Das führte dazu, dass ich alle meine Emotionen spürte. Diese Erfahrung war anstrengend und doch erstaunlich heilsam.

Wie sollte ich diese Enthüllungen meines Vaters und Großvaters interpretieren? Die Antwort, die mein Vater mir übermittelte, war ganz einfach: Wir alle haben einen Grund, wütend zu sein – oder nicht. Wut ist etwas, wofür wir uns entscheiden.

Das war das zweite Mal, dass ich vor Wut gewarnt wurde. Beide Male dachte ich an meinen Sohn und unsere schwierige Beziehung. Werde ich eine Chance bekommen, das wieder in Ordnung zu bringen? Werde ich Gelegenheit haben zu verhindern, dass diese Wut auf meinen Sohn übergeht und dann auf seinen Sohn? Ich stellte diese Frage laut, bekam aber keine Antwort.

* * *

Ich hatte die Hände meiner Vorfahren hinter mir gelassen und befand mich jetzt etwa auf halbem Weg durch den Tunnel. Mein Vater und mein Großvater waren nicht mehr da, und als ich mich umschaute, weil ich sie hinter mir vermutete, sah ich dort die ganze Schar meiner Ahnen, die mir zuwinkten. Ich schaute nach vorn. Ohne den telepathischen Input meiner Ahnen nahm mein Lebensrückblick eine angenehme Wendung.

Ereignisse aus meiner Kindheit, die von Liebe und Freundlichkeit durchdrungen waren, tauchten vor mir auf. Ich durchlebte erneut Situationen, in denen ich mit meiner Mutter zusammen war und spürte, wie sehr sie mich liebte. Wir haben beide am 11. August Geburtstag. Und jedes Jahr fragte mein Vater sie an unserem Geburtstag scherzhaft: »Was möchtest du noch als Geburtstagsgeschenk, einen Sohn habe ich dir ja schon geschenkt?« Ihre Liebe führte manchmal dazu, dass sie mich ein bisschen verzog, und trotz der Scherze an ihrem Geburtstag könnte die Strenge, die mein Vater mir gegenüber an den Tag legte, teilweise auch von Eifersucht angefacht worden sein.

Aus dem Jenseits sah ich noch einmal, wie klug meine Mutter meine beiden jüngeren Schwestern und mich erzogen hatte, wie sie unsere Neugier auf die Welt dort draußen mit Ausflügen zu Jahrmärkten, zu Feiern im Bootsclub und zum Sapru House, wo wir uns Kinderfilme anschauten, weckte. Als meine Schwestern noch klein waren, teilten meine Mutter und ich manchmal ein noch größeres Abenteuer miteinander. Wir schlichen uns aus dem Haus, fuhren mit dem Bus Nummer 6 zum Regal Cinema im Zentrum von Neu-Delhi und schauten uns dort einen Film an. Der Höhepunkt vieler solcher Tage war das Eis, das es nach dem Film gab. So gefährlich Neu-Delhi auch war, ich erinnere mich, dass ich mich ganz sicher fühlte, wenn ich mit ihr durch die Stadt ging.

Jeden Abend setzte sie sich mit uns drei Kindern zum Abendgebet zusammen. Als lebendes Beispiel für Liebe, Mitgefühl und Freundlichkeit legte sie den Grundstein für unsere Träume und unseren Charakter und gab uns wertvolle Ratschläge für unser Verhalten zu Hause und in der Welt.

Als ältestes Kind von dreien und einziger Sohn einer indischen Familie wurde ich zugegebenermaßen von meinen Schwestern ebenso verhätschelt wie von meiner Mutter. Wenn ich kein Geld für Süßigkeiten mehr hatte, teilten meine Schwestern ihren Anteil mit mir, damit ich nicht leer ausging. Und obwohl ich es ihnen nie zurückzahlte, bezogen sie mich in ihre Spiele ein und ließen mich auch mit ihren Freunden spielen.

Ihr Mut und ihre Großzügigkeit kannten keine Grenzen. Sie schützen mich oft vor dem Zorn meines Vaters, indem sie die Schuld auf sich nahmen und die Konsequenzen dessen trugen, was ich vielleicht getan hatte. Weil sie fürchteten, ich müsse womöglich Hunger leiden, als ich meine Absicht bekundete, von zu Hause wegzulaufen und Mönch zu werden, kratzten meine

Schwestern wieder ihr ganzes Taschengeld zusammen, um mich auf der Reise zu unterstützen.

Es zogen weitere solcher kleinen Momente an mir vorbei, von der uneingeschränkten Freude am Spielen mit Freunden in der Kindheit bis zu meiner Begeisterung darüber, dass ich an der Medizinischen Hochschule wichtige Dinge lernen durfte, die später Leben retten würden.

Diese Momente waren die einfachen Wonnen meiner Jugend, die ich jetzt noch einmal erlebte in dem Wissen, wie sehr meine Mutter mich geliebt hatte. Die einfachen Momente sind die wichtigsten, lautete eine telepathische Botschaft, die jetzt von Gott kam. Ich empfing noch mehr Worte aus dem Universum: Die einfachen Momente sind die wichtigsten, weil sie nicht einfach nur Momente sind. Es sind wichtige Erinnerungen und Lektionen. Sie haben dich zu der Person gemacht, die du heute bist.

* * *

Noch eine sehr lebendige Erinnerung an eine freundliche Geste entfaltete sich in meinem Kopf. Wir schrieben das Jahr 1980, und ich war in München, um eine Prüfung abzulegen, die es mir erlauben würde, meine Facharztausbildung in den USA aufzunehmen. Nach der Prüfung schaute ich mir in der Innenstadt die Vorführung einiger Straßenkünstler an. Plötzlich merkte ich, dass mein Pass nicht mehr da war. Ohne ihn konnte ich weder Geld wechseln noch in einem Hotel einchecken. Es konnte sogar passieren, dass man mich festnahm oder gleich des Landes verwies. Ich hatte noch nicht einmal eine Kopie meines Passes gemacht und wusste nicht, was ich jetzt tun sollte.

Ich wandte mich an einen Mann, der so aussah wie ich, und fragte: »Mein Herr, sind Sie Inder?«

»Nein«, sagte er, »ich bin Pakistani.«

Ich trat unwillkürlich einen Schritt zurück. Wir Inder hatten seit der Unabhängigkeit drei Kriege gegen Pakistan geführt, den letzten erst vor ein paar Jahren, nämlich 1971. Das waren Religionskriege gewesen, die wir an unseren Grenzen immer noch führen. Die Geschichten meines Vaters über seine Flucht aus Pakistan hatten zusätzlich dazu beigetragen, dass ich auf Muslime nicht gut zu sprechen war. Das Letzte, was ich jetzt, nachdem ich meinen Pass verloren hatte, brauchen konnte, waren Schikanen von einem »Paki«.

Ich muss sehr verstört ausgesehen haben, denn der Mann fragte, was passiert sei und ob er mir helfen könne. Ich sagte kurzerhand Nein.

Ich ging weg, aber er kam hinterher. »Sie sehen aus, als seien Sie in Schwierigkeiten«, sagte er. »Sind Sie wirklich sicher, dass ich Ihnen nicht helfen kann?«

Ich hatte das Gefühl, keine Wahl zu haben, und er schien es ehrlich zu meinen. Also erklärte ich ihm meine Situation, und er nahm mich mit nach Hause, wo ich seine Familie kennenlernte.

Ich bekam etwas zu essen und ein Bett für die Nacht. Er war Ingenieur und machte ein paar Anrufe, während er mir sagte, er wisse, was im Fall eines Passverlustes zu tun sei. Dann nahm er sich den nächsten Tag frei und zeigte mir die Sehenswürdigkeiten von München. Ich erinnere mich gut, dass ich das Olympiastadion mit ihm zusammen angeschaut habe. Als wir zurückkamen, hatte die Polizei meinen Pass bereits gefunden, und ich war schon bald wieder unterwegs.

Diese Ereignisse veränderten meine Einstellung gegenüber Pakistanis und führten sogar dazu, dass ich in meiner Schmerzklinik in Bakersfield einen einstellte, den ich zuvor abgelehnt hatte, weil er Moslem war. Schau hinter die Fassade, sagte ich mir, nachdem ich in München von einem Fremden so gut behandelt worden war.

Ich durchlebte nun die Ereignisse von München erneut mit derselben Einstellung, die ich damals gehabt hatte. Doch darüber hinaus spürte ich die Herzensgüte meines pakistanischen Gastgebers, der einem verzweifelten Reisenden half, obwohl er genau wusste, dass der ihm zunächst nicht über den Weg traute.

Die Stimme in meinem Kopf meldete sich wieder: Wir sind alle nackt und gleich geboren. Stolz und Vorurteile entwickeln wir erst viel später ...

... und Wut und Abhängigkeit und Ego und Ängste, spann ich die Gedanken meines telepathischen Freundes weiter. Was ist eigentlich mit mir passiert? Warum bin ich so egozentrisch geworden? Warum sind mir Dinge wichtiger als Menschen? Es war doch mehr als körperlicher Schmerz, was mich von Schmerztabletten abhängig gemacht hat, aber was war es?

Mein Geist suchte plötzlich nach Antworten auf Fragen, die ich mir nie zuvor gestellt hatte; auf Fragen, die ich mir hätte stellen sollen, als ich noch in diesem Körper war, der jetzt auf dem Operationstisch lag. Warum habe ich so lange dafür gebraucht?

* * *

Ich sah das Licht am Ende des Tunnels. Es war strahlend und kraftvoll wie tausend Sonnen und doch so angenehm und einladend wie ein Leuchtfeuer, das mich ins Nirvana geleitete. Ich glitt auf dieses Licht zu, schwerelos wie ein Astronaut, der sich an der Außenseite eines Raumschiffs entlangbewegte. Das Ende des Tunnels war von einer überwältigenden Helligkeit, aber ich machte mir keine Sorgen. Da war etwas, das mich dorthin zog – ein Gefühl des Geheimnisvollen vielleicht oder der magnetische Sog reiner und wahrer Liebe. Ich fürchtete mich nicht vor dem Licht. Vielmehr war ich begeistert und bereit für all die guten Dinge, von denen ich wusste, dass sie im Inneren dieses Glanzes auf mich warteten.

Aber meine Vorwärtsbewegung verlangsamte sich und hörte schließlich ganz auf. Und plötzlich merkte ich, dass ich mich nicht mehr nach vorn, sondern zurück bewegte. Und damit meine ich nicht, dass ich mich körperlich zurückbewegte an einen anderen Ort, wo Ereignisse aus früheren Leben manche Dilemmas meines jetzigen Lebens erklärten.

7

Früheres Leben, künftiges Leben

Die Dunkelheit verschlang mich, und aus ihr kamen Visionen eines Lebens, das ich zunächst nicht erkannte, das sich dann aber als eines meiner früheren Leben entpuppte.

In der ersten Vision saß ich im Hof einer Königsburg im mittelalterlichen Indien und spürte die Macht meiner Position als Prinz der Region. Ich hatte die Szene sehr lebendig vor Augen. Das Gras war hellgrün, gut gepflegt und gesäumt von den großen Steinstatuen indischer Götter und Göttinnen. Vor diesen Statuen standen Bauern – die Bauern, die mein Land bestellten und die Feldfrüchte anbauten, die mich reich machten.

Ich war wütend, aber ich weiß nicht warum. Aus meiner Prinzenperspektive gesehen erhob ich mich von meinem Thron und ging auf die Bauern zu. Ich schwang eine Peitsche, während ich durch das kühle Gras ging. Ich musste nicht befürchten, dass die Bauern sich wehren oder es mir vergelten würden, denn ich hatte mehrere loyale Soldaten an meiner Seite, die ebenfalls Peitschen schwangen.

Ich konnte mich nicht erinnern, warum ich jene quälte, die so hart für mich arbeiteten. Vielleicht war ich der Ansicht, dass sie nicht hart genug arbeiteten, vielleicht wollte ich ihnen meine Macht demonstrieren und damit eine Lektion erteilen. Vielleicht hatte es für eine gute Ernte einfach nicht genug geregnet, und ich gab ihnen die Schuld daran, dass das Wetter nicht perfekt gewesen war. Vielleicht machte es mir einfach Spaß. Ich weiß es nicht. Ich weiß nur, dass ich den Bauern noch mit Vergnügen auf den Rücken schlug, als sie schon am Boden lagen.

Und ich weiß, dass mein Handgelenk furchtbar wehtat, als ich diese Schläge austeilte, so sehr, dass ich schrecklich darunter litt und die Hand nicht mehr ohne diese heftigen Schmerzen benutzen konnte.

Während ich diesem beschämenden Schauspiel zusah, blitzte plötzlich mein jetziges Leben auf, in dem ich mir einen Bänderriss im rechten Handgelenk zugezogen hatte. Die Schmerzen waren so stark geworden, dass ich Schmerztabletten nehmen musste, um meinen Alltag irgendwie zu bewältigen. Warum erinnerte ich mich gerade jetzt an den Schmerz in meinem Handgelenk?

War es, weil ich so gemein zu diesen Menschen gewesen bin, zu diesen Arbeitern, die Führung und Weisheit von mir erwartet hatten und nur die Peitsche bekamen? Das war keine Frage, die ich beantworten konnte. Ich konnte nur voller Scham zuschauen, wie ich diese Bauern mit ganzer Kraft verprügelte.

Ich glaube, mein mittelalterliches Ich war vollkommen außer Kontrolle und hörte nicht auf mein modernes Ich. Aber mein Geist verarbeitete das Gesehene mit seiner neuen Einsicht und war entsetzt. Ich hörte die Stimme, die telepathisch mit mir sprach. Sie forderte mich freundlich, aber bestimmt auf, die Bauern um Vergebung zu bitten. Das tat ich, ohne zu zögern, weil ich mich schämte angesichts dessen, was ich mich da tun sah.

Ich war schrecklich zu euch, sagte ich, während die Prügelszenen vor mir abliefen. Vergebt mir, was ich getan habe.

Die Bauern kamen einer nach dem anderen zu mir und nahmen meine Entschuldigung an. Manche berührten mich sogar als Zeichen dafür, dass wir als Menschen alle miteinander verbunden sind. Das hätten sie niemals getan, wenn sie der Ansicht gewesen wären, ich meinte es nicht aufrichtig. Als sie mir ihre Hände auflegten, spürte ich so etwas wie einen elektrischen Schlag, der mich bis auf die Knochen erschütterte. Ich bin sicher, dieser stetige Strom der liebevollen Erschütterungen hat den Bänderriss in meinem rechten Handgelenk geheilt, der mir seit Jahren Schmerzen bereitet hatte. Innerhalb einer Woche nach meiner Nahtoderfahrung klangen die Schmerzen ab und sind seitdem nie mehr so schlimm gewesen.

* * *

Während ich aus meinem Leben als mittelalterlicher Prinz verschwand, tauchten noch viele andere Leben vor mir auf wie Bilder in einem Buch, das man ganz schnell durchblättert. Diese Leben kamen mir irgendwie vertraut vor, aber sobald ich mich auf eines konzentrieren wollte, verlangte ein anderes nach meiner Aufmerksamkeit und dann noch eines. Dabei erkannte ich, dass die Zeit nicht linear ist. Die Zeit kann rückwärtsgehen und sich im Kreis bewegen. Sie kann Vergangenheit, Gegenwart und Zukunft zugleich sein. Zeit ist eine menschliche Erfindung, um mit unserer Lebensspanne zurechtzukommen, war mein Fazit. Aber die Zeit selbst existiert nicht, jedenfalls nicht so, wie wir denken. Unser Verstand ist es, der aus unserer Lebensspanne eine »Zeitlinie« macht.

Plötzlich kam dieser Schnelldurchgang durch andere Leben zum Stillstand, und ein Rückblick in ein ganz spezifisches Leben begann. Ich sah mich im Eingang eines großen Lehmhauses sitzen und auf ein grünes Feld blicken. Auf der anderen Seite des Feldes standen weitere Häuser, und ich kannte die Menschen, die dort lebten. Sie kamen aus ihren Lehmhäusern und gingen langsam auf die Felder, um dort ihre tägliche Arbeit zu verrichten. An diesem Punkt offenbarte sich mir, wer ich war und wo ich mich befand.

Ich war in einem Gebirgsstädtchen in Afghanistan im 19. Jahrhundert, und was da vor mir lag, war ein Mohnfeld. Die grünen Kapseln saßen auf den Stängeln wie Eis am Stiel. Ich hatte dieses

Mohnfeld von meinem verstorbenen Vater geerbt und war jetzt einer der führenden Opiumproduzenten der Region. Ich verdiente sehr viel Geld mit dem Verkauf dieses Mohns, aber meine finanzielle Lage war schon lange nicht mehr das, was mir im Leben am wichtigsten war. Ich hatte mich vielmehr in mein eigenes Produkt verliebt. Ich war opiumsüchtig geworden.

Mir wurden mehrere Szenen vor Augen geführt, in denen ich auf dem Feld stand und Mohnsaft direkt von den Pflanzen probierte. Auf den Feldern schnitten die Arbeiter die Mohnkapseln an, um sie für die Weiterverarbeitung vorzubereiten, und ich ging durch die Reihen, schmierte mir ein wenig von der harzigen Substanz auf die Finger und steckte diese in den Mund. Der berauschende Kick, den ich von dem Saft bekam, war gut, aber nichts im Vergleich dazu, wie das Endprodukt wirkte. Die Männer, die den harzigen Saft weiterverarbeiteten und die Droge produzierten, rollten das Zeug zu kleinen Kugeln, die ich am Abend rauchte.

Anfangs war es himmlisch, das Opium zu inhalieren. Es versetzte mein Gehirn in einen angenehmen Zustand, in dem ich das Gefühl hatte, in warmem Meerwasser zu treiben, völlig losgelöst von meiner Umgebung. Ganz durchdrungen von diesem unseligen Glücksgefühl beobachtete ich, wie das Mohnfeld im Licht der untergehenden Sonne seine Farbe wechselte und der Tag in die Nacht überging. Doch die Freuden des Opiumkonsums verwandelten sich in Höllenqualen, als ich immer mehr haben wollte. Schließlich »probierte« ich die Ernte Tag für Tag und sagte meinen Angestellten, ich müsse die Droge auf ihre Reinheit testen, bevor sie auf den Markt komme.

Ich wusste, dass sie die Wahrheit kannten, und ich wusste auch, dass sie mich irgendwann in eine Hütte bringen und dort rund um die Uhr high halten würden, während sie mich meiner Ernteerträge beraubten. Ich wusste, dass all das passieren würde, aber es war mir egal. Ich hing ganz fest am Haken des

Opiumrauschs, vor allem, weil er mir erlaubte, mich ganz auf mich und nur mich allein zu konzentrieren.

Diese Sucht ist mir wieder auferlegt worden, dachte ich, als ich sah, wie mein Ich aus dem 19. Jahrhundert hochgradig süchtig machende Opiate konsumierte. Meine Sucht nach modernen Drogen unterschied sich überhaupt nicht von jener Sucht, die ich mehr als ein Jahrhundert zuvor erlebt hatte. Vicodin oder Opium, alles das Gleiche. Der einzige Unterschied war, dass ich es in einem früheren Leben erlebte. Was bedeutet das? fragte ich mich.

Es bedeutet, du weißt jetzt, dass du immer wieder mit den Herausforderungen der Vergangenheit konfrontiert wirst, sagte die universelle Stimme, die telepathisch bei mir war. Du bekommst ein weiteres Leben und eine neue Chance, dein Suchtverhalten zu ändern und deine Abhängigkeiten zu heilen.

* * *

Ich erkannte, dass ich in meinem aktuellen Leben Verhaltensweisen aus meinen früheren Leben wiederholte, indem ich den Bedürftigen mit einem Mangel an Liebe und Fürsorge begegnete, meinen materiellen Wohlstand und sozialen Status missbrauchte und mich mit Schmerzmitteln und Antidepressiva gefühllos für das machte, was Leben wirklich bedeutet. Als mir diese Einsicht kam, wurde ich von einer weiteren Welle der Erkenntnis überflutet: Wenn ich nach dieser Operation noch am Leben war, musste ich diese Muster vollkommen durchbrechen und ein ganz anderes Leben führen. Vielleicht würde ich dann noch eine Chance bekommen, meine Fehler und Schwächen in den Griff zu bekommen.

Was bisher geschehen war, hatte mir Angst gemacht, aber auch Begeisterung in mir geweckt. Meinen Körper zu verlassen und jetzt durch diesen Tunnel zu reisen, war wie meine erste

Achterbahnfahrt: Ich hatte Angst vor dem ungewissen Ausgang, wollte aber dennoch mehr von dem Erlebnis selbst.

Meine früheren Lebensumstände lösten sich auf, und ich befand mich wieder im Tunnel. Vor mir war ein helles Licht und neben mir noch einmal mein Vater. Er nahm mich bei der Hand und führte mich auf das Licht zu. Und er wiederholte die Worte, die er mir schon einmal telepathisch übermittelt hatte: Wenn du dir selbst gegenüber ehrlich und wahrhaftig bist, wird sich das Universum, das Göttliche um dich kümmern.

Seine Worte durchfluteten mein ganzes Wesen. Ich war zutiefst beruhigt und verstand, dass mein Leben in diesem Moment, genau jetzt, einen Wendepunkt erreicht hatte.

8

Zukunftsschock

Mein Vater führte mich durch den Tunnel zum Licht, und wir schauten gemeinsam hinein. Seine Intensität war seltsam beruhigend. Ich bewegte mich vorwärts und ging dann schnell auf das Licht zu, angezogen von einem mächtigen Gefühl der Liebe, das dieser helle Glanz verströmte. Mein Vater ließ meine Hand los, und ich ging weiter vorwärts. Da tauchten zwei engelgleiche Gestalten im Tunnel auf. Von ihnen ging eine mächtige Kraft aus – ihr Charisma und ihre Energie hatten etwas Magnetisches. Ich näherte mich ihnen mit Ehrfurcht, wie sie da so über mir schwebten und mich mit Freude und Zuversicht anlächelten. Telepathisch stellen sie sich mir als Michael und Raphael vor, die Erzengel aus der Bibel.

Weil ich die Bibel gelesen hatte, fürchtete ich mich nicht vor diesen Engeln. Aber sie begegneten mir als mächtige spirituelle Wesen, und sie waren zweifellos Engel. Erst durch spätere Nachforschungen fand ich heraus, dass der Heilige Michael der Beschützer der Menschen ist und der Engel, der die Türen öffnet, und der Heilige Raphael ist der Engel der Heiler.

Sie verkündeten, sie seien meine Schutzengel, Helfer, die von der anderen Seite gekommen waren, um Menschen wie mich zu führen. Im Nu hoben sie mich hoch und begleiteten mich zu einem Lichtwesen, das in dem gleißenden Dunst aus Licht vor meinen Augen auftauchte. Während wir auf dieses Wesen zuschwebten, scherzten die Engel untereinander und mit mir und sprachen telepathisch über die Schönheit des Himmels und seine Wirkung auf die Sinne des Neuankömmlings.

Wenn wir dich jetzt loslassen würden, wüsstest du nicht, wie man sich vorwärts bewegt, sagte Michael, während wir uns durch diese schwerelose Atmosphäre bewegten. Es ist wie im Wasser – nur ohne eine Möglichkeit voranzukommen.

Du musst dich vorwärts denken, sagte Raphael. Treib dich mit deinen Gedanken an.

Manche Menschen sind sehr gut darin, mithilfe ihrer Gedanken voranzukommen, sagte Michael und kicherte.

Denk nach oder bleib zurück, lachte Raphael.

Das Licht war noch weit entfernt, und während wir uns ihm näherten, stiegen wir immer höher und kamen zu einer Wiese, grün wie Smaragde und übersät mit Rosenbüschen voll tiefroter Blüten. Das Gras und die Rosen dufteten so süß, dass ich überglücklich war vor Wonne. Ein kristallklarer Wasserlauf plätscherte rein und kühl durch die Wiese, und von den fernen Bergen wehte eine sanfte Brise. In der Sphäre um mich herum erklang ein tiefes »Om«, als würde es von der Natur selbst angestimmt und als sei es der uranfängliche Ton.

Ich schloss die Augen und ließ mich von meinen Sinnen leiten, die jetzt ganz wach waren. Ich habe keine Ahnung, wie lange meine Augen geschlossen waren, oder ich dachte, sie seien geschlossen, oder wie lange ich, um es mit anderen Worten zu sagen, in einem Zustand von Shanti, reinem Frieden, Glückseligkeit und Liebe verweilte. Die Engel lachten mich aus.

Manche Leute, die hierherkommen, sind so begeistert, dass sie ihren Körper verlassen würden, wenn sie nicht schon draußen wären, sagte Michael.

Sie fühlen etwas, was sie noch nie zuvor gefühlt haben, und finden etwas in sich selbst, von dem sie gar nicht wussten, dass es existiert, meinte Raphael. Es führt sie zu einem neuen Ort in ihrem Inneren.

Während wir uns auf eine höhere und dann eine noch höhere Ebene bewegten, wurde dieses himmlische Reich immer formloser, bis ich schließlich von einer Landschaft aus klarem Licht umgeben war.

Ich muss einen nervösen Eindruck gemacht haben, als ich in dieser formlosen, namenlosen Umgebung ankam, weil Michael mir beruhigend die Hand auf die Schulter legte und vermittelte: Je höher du in die geistigen Reiche aufsteigst, desto formloser werden sie.

Raphael berührte meine andere Schulter und gab mir weitere Informationen: Das stimmt. Du bist umgeben von einer mächtigen Entität aus Energie, aus reiner Liebe und Intelligenz, und diese reine Liebe ist die grundlegende Wirklichkeit, die dem ganzen Universum zugrunde liegende Struktur. Sie ist der Ursprung der gesamten Schöpfung, die schöpferische Kraft des Universums.

Ja, teilte Michael mit, diese reine Liebe ist der Ursprung von allem, was das Universum ausmacht. Sie ist in allem, was man sich vorstellen kann, und wird doch von so vielen irgendwie ignoriert. Erleuchtung kommt, wenn ein Mensch erkennt, dass die Liebe überall ist und dass sie das Einzige ist, was zählt. Und doch gelangen die meisten nicht zu dieser Erkenntnis, bis sie die Erde verlassen. Diejenigen, die zurückkommen, erinnern sich an die Aufgabe und die Anwesenheit der Liebe in allem. Und sie erinnern sich bis zu ihrem Lebensende daran.

Manchmal ändert sich ihre ganze Persönlichkeit, weil sie dem ausgesetzt waren, kommunizierte Raphael. Polizisten werden so etwas wie Sozialarbeiter, Lehrer werden spirituelle Meister, zynische Ärzte werden wahrhaft fürsorgliche Betreuer. Die Liebe gibt allem eine neue Dimension.

Sie wird zu einer neuen Währung, teilte Michael mit. Reiche Menschen wollen manchmal eher Liebe als Geld. Sie möchten mehr geben als empfangen.

Du wirst schon sehen, ließ mich Raphael wissen.

Die Erzengel sahen aus wie Menschen und waren gleichzeitig so weit von allem Menschlichen entfernt, wie es nur geht. Sie schimmerten vor Licht und besaßen eine Art dichter Transparenz, die sie durchscheinend und körperhaft zugleich wirken ließ. Michael hatte einen bläulichen Farbton und lange Haare. Raphael war grünlich und trug eine Mütze. Hier, in der Atmosphäre der reinen Liebe, strahlten sie eine Macht aus, die fast alles überwältigen konnte, wie mir klar wurde. Sie hatten die Oberhoheit über die Liebe und ein umfassendes Wissen darüber, wie sie wirkt. Für diese Engel und die anderen, die sicher auch anwesend waren, war die Atmosphäre der reinen Liebe ihr Lebensatem, die saubere Bergluft des Himmels.

* * *

Die Engel nahmen mich bei den Armen, und wir bewegten uns schnell nach oben, auf das Lichtwesen zu. Das Licht wurde heller, und wir bewegten uns schneller und immer schneller. Ich schaute die Engel an – sie waren in einem Zustand purer Aufmerksamkeit und Glückseligkeit. Während wir uns dem Lichtwesen näherten, wurden meine Schutzengel so durchsichtig, dass sie fast verschwanden.

Vor mir sah ich eine silberblaue Gestalt, der man nicht ansehen konnte, ob sie männlich oder weiblich war. Diese Gestalt war groß und strahlte eine gewisse Vertrautheit aus. Vielleicht war es ein Mitglied meiner Familie, das ich sehr liebte. Ich kannte dieses Lichtwesen sehr gut, aber gleichzeitig war es neu für mich. Dennoch, als es mich in seinen Raum aufnahm und mich in sein blaues Licht einhüllte, wusste ich, dass ich geliebt wurde und dass es mehr über mich wusste als ich über es. Ich war eingehüllt in sein umfassendes Wissen.

Es gab eine Menge aufzunehmen, viel Stoff zum Nachdenken. Aber das Lichtwesen ließ mir keine Zeit, das eine oder das andere zu tun. Es flüsterte mir sanft ins Ohr. Und mit den Worten wurde alles durchflutet von reiner Liebe – ich weiß nicht, wie ich es sonst nennen soll –, als würden meine fünf irdischen Sinne in allwissende, allmächtige Liebe getaucht. Je mehr ich von dem Lichtwesen umhüllt wurde, desto deutlicher war der Gesang des »Om« zu hören. Auf einmal kommunizierte ich mit und in dem Lichtwesen. Ich bin eins mit dem Universum, dachte ich.

Es schien, als würde das Universum sich um mich wickeln und mich eng umschließen. Ich war eingehüllt in dieses samtige Gefühl, behaglich und weich und warm, wie von einer lebendigen Decke aus liebevollem Licht, die mich mit Energie auflud.

Das Lichtwesen schloss die Tür zu meiner alten Welt und erschuf eine neue, eine Welt, die ich selbst nie hätte heraufbeschwören können, eine neue Welt, die sich immer noch weiter entfaltet, mit täglich neuen Aspekten und Entdeckungen, und die mich auch heute noch vorantreibt. Das Lichtwesen hat eine Büchse der Pandora geöffnet, die statt des Bösen alles Gute enthielt. Doch wie bei allem Neuen dauerte es seine Zeit, das Gute in die rechten Bahnen zu lenken.

Während ich sicher in eine Decke aus reiner Liebe eingehüllt war, teilte mir das Lichtwesen telepathisch mit: Du musst dir dein Leben noch einmal anschauen. Es ist wichtig, darüber nachzudenken, was du jetzt ändern solltest.

Das bescherte mir einen weiteren schmerzlichen Lebensrückblick, der mich an Dinge erinnerte, die ich getan oder gedacht hatte und auf die ich nicht stolz war.

Ein Vorfall hatte sich an meiner Medizinischen Hochschule in Indien abgespielt. Das Studium an dieser Hochschule war extrem schwer und dabei ein ständiger Konkurrenzkampf. Wir Studenten rivalisierten um Noten und versuchten, uns selbst in den Rankings höher zu pushen und die anderen mit allen möglichen Mitteln zu drücken.

Das galt auch für einen der Studenten in meinem Wohnheim. Er arbeitete so hart wie alle anderen für sein Studium und war außerdem von Natur aus klüger als die meisten. Diejenigen von uns, die schlechtere Noten hatten als er, waren überhaupt nicht glücklich darüber, ihn in unserer Klasse zu haben.

Er war offensichtlich auch nicht glücklich, aber aus emotionalen Gründen. Geplagt von Seelenqualen, die uns allen ein Rätsel waren, beging dieser junge Mann Selbstmord. Er sprang aus dem Fenster seines Zimmers im dritten Stock des Studentenwohnheims.

Jetzt, in meinem Lebensrückblick, erinnerte ich mich an diesen Vorfall so, wie er mir von einem Studenten und dann noch von einem anderen geschildert worden war, denn die ganze Geschichte kam nur nach und nach ans Licht. Was mich jetzt störte, war allerdings nicht so sehr, dass der junge Mann Selbstmord begangen hatte. Damit hatte ich nichts zu tun. Mich störte, dass sich so viele von uns gefreut hatten, jetzt einen Konkurrenten weniger zu haben.

Als dieser Lebensrückblick zu Ende ging, schämte ich mich. Obwohl dieser Rückblick keineswegs umfassend war, sickerte schmerzlich durch, wie egoistisch ich gewesen war, was ich andere hatte fühlen lassen und welche Gefühle ich anderen gegenüber gehabt hatte. Ich erkannte, dass ich nicht genug getan hatte, um den Schmerz anderer zu lindern, vor allem den Schmerz derer, denen ich mich überlegen fühlte. Und was das Schlimmste war, ich hatte die Bedürfnisse meines Sohnes nicht beachtet. Ich hatte ihn gezwungen, Medizin zu studieren, ohne mich darum zu kümmern, wie er selbst sein Leben gestalten wollte. In meinem Leben war es immer nur um mich gegangen. Ich hatte mich nicht genug um meine Mitmenschen gekümmert.

* * *

Ich fühlte mich klein und schämte mich und erwartete, dass das Lichtwesen etwas tun würde … doch was eigentlich? Meine Seele durchschütteln? Mich eindampfen? Mich zur Hölle schicken?

Ich hatte keine Ahnung, womit ich rechnen sollte. Doch statt etwas Schlimmes zu erleben, spürte ich ganz tief in mir die Liebe, die von dem Lichtwesen ausging, die Art von Liebe, die ich meinem Sohn hätte zeigen sollen.

Für dich wird alles gut werden, sagte das Lichtwesen und versicherte mir auch, dass ich bald in mein irdisches Leben zurückkehren würde. Doch dort würde es eine Veränderung geben, sagte das Wesen: Ab jetzt wirst du ein Heiler der Seele sein.

Ich wusste nicht recht, was es bedeuten sollte, ein »Heiler der Seele« zu werden, aber das Wesen klärte mich sogleich auf: Ich spreche von den Erkrankungen der Seele, sagte es. Von Problemen wie Sucht, Depression und chronischen Schmerzen.

Ich würde mein Leben von nun an ganz der Heilung von Krankheiten widmen, die ich selbst hatte und daher persönlich kannte.

Als Erstes kam der Krebs, sagte das Wesen, und mit ihm diese zunehmende Depression, ausgelöst durch eine überwältigende Furcht vor Invalidität und Tod. Chronische Schmerzen folgten auf die Krebsoperation und mit ihnen die Behinderung und Erschöpfung durch plötzliche Schmerzschübe bei jeder falschen Bewegung oder durch die quälenden Schmerzen, die verhindern, dass man sich jemals rundum wohlfühlt oder gut durchschläft. Du hast das alles durchgemacht, sagte das Wesen. Dies sind die Krankheiten, welche die Seele belasten. Weil du sie so gut kennst, wirst du anderen Menschen zeigen, wie man sie mit der Kraft des Geistes bewältigen kann.

Dann offenbarte mir das Lichtwesen meinen neuen Weg. Ich würde nicht länger Anästhesist sein. Stattdessen würde ich ein Arzt für spirituelle Medizin sein, ein Arzt für bewusstseinsbasiertes Heilen. Statt Menschen in einen künstlichen Schlaf zu versetzen, würde ich mich von nun an darauf konzentrieren, sie aufzuwecken.

Ich war weder schockiert noch erstaunt darüber, dass ich mein Leben verändern musste. Das Lichtwesen war mächtig und weise, und ich wusste, dass ich akzeptieren würde, was immer es mir als tragende Säule meines künftigen Lebens offenbarte. Aber da war etwas, das das Lichtwesen gesagt hatte, was mir Unbehagen bereitete. Was ist bewusstseinsbasiertes Heilen? fragte ich. Wie kann ich etwas praktizieren, von dem ich gar nicht weiß, was es ist?

Das Wesen war sehr geduldig. Es erklärte mir, dass es sich beim bewusstseinsbasierten Heilen um die Behandlung von Krankheiten mit geistigen Mitteln handelt. Geistige Zermürbung ist die Ursache vieler Krankheiten, und die betroffenen Menschen nehmen in dem fehlgeleiteten Bemühen, ihre geistige Stärke wiederzugewinnen, Zuflucht zu Drogen oder Alkohol oder schädlichen Verhaltensweisen.

Diese Substanzen und Verhaltensweisen funktionieren nicht, sagte das Wesen. Menschen versuchen immer wieder, sich geistig dadurch aufzubauen, dass sie alle möglichen Substanzen zu sich nehmen oder schlechte Verhaltensweisen an den Tag legen, etwa indem sie andere kontrollieren, ihre Wut austoben oder sich exzessivem Sex hingeben, der mit Liebe nichts zu tun hat.

Auch wenn sie ganz genau wissen, dass diese Substanzen und Verhaltensweisen nicht funktionieren, bleiben sie dabei, weil sie süchtig danach geworden sind. Dann kann es passieren, dass der Geist irgendwann ganz erschöpft ist.

Gleich und Gleich erkennt sich gut, sagte ich mir. Weil ich die Probleme selbst hatte, kann ich sie besser behandeln.

Das Lichtwesen lachte telepathisch, als es hörte, was ich dachte. Und es sagte, ja, wegen meiner eigenen Abhängigkeiten und der Erleuchtung sowie der Energieübertragung, die ich jetzt erhielt, sei ich bereit, mich in das Reich der spirituellen Medizin zu begeben.

Jetzt ist es an der Zeit, ein Heiler der Seele zu sein, besonders der Krankheiten der Seele wie Sucht, Depression und chronische Schmerzen.

* * *

Das Wesen wiederholte, was es bereits gesagt hatte – vielleicht, um noch einmal mit Nachdruck auf seinen Plan hinzuweisen, vielleicht aber auch, weil mir die Vorstellung, mein Leben zu ändern, so fremd war, dass ich mich noch nicht anfreunden konnte mit dieser neuen Art, die Heilkunst zu praktizieren, und mit dieser neuen Art zu leben.

Zeige mir, was du meinst, bat ich.

Das Lichtwesen wich für einen Moment zurück und hüllte mich dann ganz fest ein. Farben des gesamten Spektrums stiegen auf und versanken wieder, bis sich eine blaugraue Farbe zeigte. Ich sah einen Mann in tiefer Meditation, der offensichtlich wertvolles Wissen von den Erzengeln Michael und Raphael empfing. Licht und Dunkelheit zogen schnell über den Mann hinweg, als ginge die Sonne auf und wieder unter, was ich so verstand, dass er viele Stunden meditierend verbrachte und dass dies eine wertvolle, sinnvoll genutzte Zeit war. Als der Mann näher in mein Blickfeld rückte, sah ich, dass ich es selbst war.

Immer noch aus dieser Perspektive sah ich mit jeder Minute, die ich in Meditation verbrachte, meine spirituelle Weisheit wachsen. Es war, als erkundete ich neue Bereiche der Weisheit und lernte dabei immer mehr über die Herausforderungen, vor die sich alle Menschen auf dem Weg zur Erleuchtung gestellt sehen, und wie man ihnen begegnen kann. Ich sah meine eigenen Fehler und Schwächen in allen Einzelheiten, und in der Meditation sah ich, wie ich mich diesen Schwächen stellen und sie ohne Schuldgefühle und Schuldzuweisungen aus meinem

Leben tilgen konnte. Als ich die Meditation fortführte, sah ich, wie ich anderen beibringen konnte, was ich gerade selbst lernte.

Ich schlüpfte in die Vision und sah jetzt durch meine eigenen Augen, statt mich selbst in der dritten Person zu beobachten. Ich stand vor Hunderten von Menschen und erzählte ihnen von meinem Streifzug durch den Himmel und von dem, was ich auf meiner Reise zur Hölle und durch meine kurze Begegnung mit diesem wunderbaren Lichtwesen gelernt hatte. Dass ich mich nicht fürchtete, vor ihnen zu sprechen, überraschte mich. Allein der Gedanke, vor Hunderten von Menschen zu sprechen, hätte mich eigentlich in Angst und Schrecken versetzen müssen, wie es früher immer der Fall gewesen war. Ich bin Anästhesist. Ich spreche nicht gern vor Menschen! Die Wahrheit war, dass ich wie die meisten anderen Menschen lieber tot gewesen wäre, als in aller Öffentlichkeit eine Rede zu halten.

Alles wird gut, sagte das Lichtwesen. Dein Leben wird sich ändern. Du wirst dich ändern.

Als das Wesen dies verkündete, erschien ein anderes Bild. Ich war in einer Klinik, in der es keine Wände gab und helles Tageslicht durch die Fenster strömte. Auf dem Boden machten Patienten verschiedene Yogaübungen. In einem anderen Teil der Klinik saßen mehrere Reihen Menschen mit gekreuzten Beinen in Meditationshaltungen. Sie hatten alle einen glückseligen Ausdruck auf dem Gesicht, während sie sich darauf konzentrierten, spirituelle Informationen vom Universum zu empfangen.

Ich wusste, dass fast jeder in dieser Klinik schwer erkrankt gewesen war – wenn nicht an einer körperlichen Krankheit wie Krebs, dann an einer Drogen- oder Alkoholabhängigkeit. Die Menschen, die ich in dieser Klinik sah, hatten beschlossen, sich mit ihrer Krankheit auseinanderzusetzen und ihr Leid mit natürlichen Methoden zu lindern, hauptsächlich mit Meditation. Manchen fiel das offensichtlich schwerer als anderen, aber ich stellte mit Befriedigung fest, dass die meisten als Sieger aus dem

Kampf hervorgingen, und zwar mithilfe der ganzheitlichen Methoden, die ich sie lehrte.

Das ist bewusstseinsbasiertes Heilen, sagte das Lichtwesen. Das ist es, was du lernen und lehren musst. Das ist dein neues Leben.

Was genau ist bewusstseinsbasiertes Heilen? fragte ich. Gib mir das Wissen. Lehre es mich.

Du hast das Wissen, sagte das Lichtwesen. Du bist vom Schmerz gedemütigt worden. Daher verfügst du über das Wissen. Aber du musst dein eigener Lehrer werden. Das Wissen in dir selbst zu finden, ist die beste Art zu lernen. Was du nicht selbst herausfindest, wirst du nie ganz lernen.

Du hast uns. Wir werden dir helfen, sagte Raphael, der nun mit Michael hinter mir stand. Wir sind bei dir, wenn du uns bei dir haben willst. Wir können dich führen. Aber du hast jetzt auch die Gabe, heilende Energie zu lenken, und du verfügst über medizinische Intuition.

* * *

Ich weiß nicht, wie lange ich bei dem Lichtwesen war. Ich weiß, dass mir noch ein wenig Zeit zum Nachdenken blieb, nachdem ich von meiner neuen Lebensaufgabe gehört hatte. Ich weiß auch, dass das Wesen mir noch weitere Informationen gab, aber ich weiß nicht mehr, welche das waren, oder zumindest erinnerte ich mich zu der Zeit nicht mehr daran. Sie tauchten später wieder auf, als ich sie brauchte, und darüber war ich sehr froh, denn nichts gibt einem mehr das Gefühl, allein zu sein, als eine spirituelle Transformation. Ich kann jetzt sagen, dass mein Weg zur Erleuchtung ein einsamer war und ist, weil er einen ganz neuen Menschen aus mir gemacht hat.

Schließlich zog ich mich von dem Lichtwesen zurück. Ich hatte mich ihm vollkommen offenbart und fühlte mich nun unwohl in meiner emotionalen Nacktheit. Ich spürte den Schmerz der ehrlichen Selbstreflexion und rechnete, ehrlich gesagt, mit strengem Tadel und möglicherweise einer Drohung oder zwei seitens des Wesens.

Doch nichts dergleichen geschah. Vielmehr spürte ich eine Welle der Liebe, die von dem Lichtwesen kam und die ich brauchen würde, um die nächsten Jahre der Katharsis und Verwirrung zu überstehen. Ich spürte eine überwältigende Dankbarkeit für diese Liebe, die mich einhüllte. Das Wesen hatte offenbar für alles Verständnis, vor allem dafür, dass keiner von uns perfekt ist. Es gab mir eine zweite Chance, um mein Leben nun ein wenig besser zu gestalten als zuvor, sodass ich meinen Mitmenschen helfen konnte.

Im Nachhinein denke ich, das Lichtwesen könnte vielleicht Jesus gewesen sein, aber mit Sicherheit sagen kann ich es nicht. Ich weiß jedoch, dass es eine Art von kosmischem Bewusstsein war, das Verständnis für uns Menschen hat und positive Veränderungen in uns anstößt. Wenn es nicht Jesus war, war es irgendein anderes Wesen, das uns liebt, das Verständnis für unsere Schwächen hat und uns hilft, neue Ziele zu entwickeln. Das war vielleicht auch alles, was ich wissen musste.

Ich spürte, wie ich mich schnell von dem Lichtwesen entfernte und durch ein endlos weißes Feld fiel wie durch flaumige weiße Wolken. Ich fühlte mich neu belebt, wiedergeboren als ein Mann mit einem neuen Plan, ein Mann mit einer Mission! Ich würde die Welt verändern und meine Beziehung zu allem und jedem auf dieser Welt!

Liebend gern wäre ich in diesem himmlischen Reich geblieben, aber jetzt war ich bereit, zurückzukehren und der Welt den neuen Raj vorzustellen. Ich fühlte mich ein wenig beschwingt und gleichzeitig ein wenig ängstlich – als sei ich kurz davor, meinen ersten Tag auf der Erde zu verbringen.

9

Vom Karma kalt erwischt

Ich fühlte mich, als würde ich sehr schnell durch einen strahlend weißen Nebel auf einer Straße fahren, die ich nicht sehen konnte. Die Fahrt war schrecklich und beglückend zugleich. Schrecklich, weil ich fürchtete, in etwas hineinzurasen und irgendwann tot am Straßenrand zu liegen, und beglückend, weil ich wusste, dass ich das gar nicht selbst steuerte, sondern vom Universum beschleunigt wurde.

Rückblickend wird mir klar, dass es völlig egal war, wie ich mich fühlte. Ich hatte keinerlei Kontrolle über meine Reise, weder am Anfang, als ich meinen Körper im Operationssaal verließ, noch in der ganzen Zeit dazwischen und auch jetzt nicht, während ich zum nächsten Ziel sauste. Das Universum hatte das Kommando über alle Aspekte meines Lebens übernommen. Ich war nur Zuschauer.

War das eigentlich immer so?, fragte ich mich, als ich durch den Nebel sauste. Hatte das Universum immer das Kommando über mein Leben, und bildete ich mir die ganze Zeit nur ein, ich hätte alle Fäden in der Hand?

Während ich darüber nachdachte, was bisher passiert war, und mich fragte, was als Nächstes kommen würde, merkte ich, dass ich langsamer wurde. Der Nebel wurde immer heller, und meine Augen begannen zu schmerzen. Ich schloss die Augen, um sie vor der Helligkeit zu schützen. Als ich sie wieder öffnete, lag ich im Aufwachraum.

Mein Herz schlug heftig, und meine Lungen pumpten doppelt so schnell wie normal, während ich die kühle Luft in möglichst tiefen Zügen einzuatmen suchte. Ich hatte gerade mein Leben noch einmal erlebt – oder war ich gestorben? –, und das Ganze war in meinem Kopf noch sehr lebendig und wollte unbedingt hinaus.

»Wie geht es Ihnen?«

Ich schaute hoch und sah den Anästhesisten. Weil ich selbst einer war, wusste ich, dass er der erste Kollege des OP-Personals war, der mich besuchen kam. Er hatte noch seinen OP-Kittel an, und sein Mundschutz baumelte ganz dramatisch über seiner Schulter. Sein strahlendes Lächeln war hollywoodreif.

»Das war eine heftige Nummer«, sagte er und meinte meine Operation.

Ich sagte nichts, glaube aber nicht, dass ihm das auffiel. Er erzählte mir von den Komplikationen, die es während meiner Operation gab, und sagte, »gewisse Vorfälle« hätten sich als echte Herausforderung für die Chirurgen erwiesen und seien »zeitweise sehr beunruhigend« gewesen.

Ich muss irgendwie benommen gewirkt haben, denn als ich nicht antwortete, beugte er sich zu mir herunter.

»Sind Sie okay?«, fragte er.

»Ich habe Sie während meiner Operation gesehen«, sagte ich.

»Ach, wirklich?«, sagte er und das Lächeln verschwand aus seinem Gesicht.

»Ja, ich habe meinen Körper verlassen und Sie von der Decke aus beobachtet.«

»Natürlich«, sagte er und ließ seinen Blick durch meine Krankenakte schweifen, als sei darin irgendeine Antwort auf die Frage zu finden, warum ich meinen Körper verlassen hatte.

»Interessant«, meinte er, während seine Stimme reines Desinteresse verriet.

»Nicht wirklich. Ich habe Sie beobachtet, während Sie mir die Narkose gegeben haben und sogar gehört, wie Sie einen Witz erzählt haben.«

»Ach, wirklich? Und welcher Witz war das?«

Ich rief ihn mir noch einmal ins Gedächtnis, diesen derben Witz, über den das gesamte OP-Personal gelacht hatte. Der Anästhesist wurde rot, als ich ihn erzählte.

»Da habe ich Ihnen wohl nicht genug Anästhetikum gegeben«, sagte er und blickte dabei noch intensiver in die Krankenakte, um mich nicht anschauen zu müssen.

»Nein, Sie haben mir ziemlich viel gegeben«, antwortete ich und sagte auch etwas über die genaue Menge des Narkosemittels, denn ich hatte ja gesehen, wie er es mir verabreicht hatte.

Der Arzt hüstelte etwas verkrampft, wie man es manchmal bei lästigen Gesprächsthemen tut. Mir war klar, dass ihm das Ganze höchst unangenehm war.

»Ich habe noch viel mehr gesehen, als ich außerhalb meines Körpers war«, sagte ich.

Ich erzählte ihm, dass ich in Indien gewesen sei und dort gesehen hatte, wie meine Mutter und meine Schwester ihr Abendessen planten, und wie mein verstorbener Vater mich auf der Schwelle zur Hölle gerettet hatte. Ich wollte ihm noch viel mehr erzählen, aber er schaute auf seine Uhr und klappte meine Krankenakte zu.

»Sehr interessant«, sagte er. »Ich komme später wieder. Dann können Sie mir mehr davon erzählen.«

Ich sah ihn nie wieder.

Er war nicht der Einzige. Als der Chirurg mich besuchen kam, erzählte ich auch ihm von meiner außerkörperlichen Reise. Wir kamen bis zum Eingang des Tunnels. Dann griff er nach seinem Handy (das nicht klingelte) und entschuldigte sich damit, dass er ein »wichtiges Telefongespräch« führen müsse. Ein Assistenzarzt kam herein, und ich bedrängte ihn mit Fragen über bewusstseinsbasiertes Heilen. Er gab sich alle Mühe, es zu definieren, aber als ich ihm erzählte, zwei christliche Engel und ein Lichtwesen, die ich getroffen hatte, während ich auf dem

Operationstisch lag, hätten mir das Konzept vorgestellt, verlor er die Lust daran, die Unterhaltung fortzusetzen. Hätte ich ihm weisgemacht, es handle sich dabei um eine ganz neue Form der Heilkunst, die von einer wichtigen medizinischen Institution entwickelt worden sei, hätte er sicher sehr viel länger mit mir darüber diskutiert.

Deutlich aufgeschlossener reagierten die Krankenschwestern auf das Thema. Sie verbringen viel Zeit mit den Patienten und hören sich Berichte über Erfahrungen wie meine in »Echtzeit« an, wie sich eine Schwester ausdrückte. Es ist keineswegs ungewöhnlich, dass Patienten aus der Narkose erwachen und den Krankenschwestern von Begegnungen mit verstorbenen Angehörigen oder geheimnisvollen Lichtwesen erzählen. Wenn das geschehe, sagte eine Schwester, ergebe eine einfache Prüfung der Krankenakten oft, dass die Patienten auf dem Operationstisch einen Herzstillstand hatten oder auf irgendeine andere Weise mit dem Tod in Berührung gekommen seien.

»Sie hatten das, was man als Nahtoderlebnis bezeichnet«, sagte die Schwester und beschrieb das Phänomen als »die Phase, in der einer Person bewusst wird, dass sie gestorben ist, weil sie ihren Körper verlassen hat«.

* * *

Ich wusste natürlich, was ein Nahtoderlebnis ist. Die wenigen medizinischen Bücher, in denen das Phänomen erwähnt wird, beschreiben es als eine subjektive Erfahrung, von der Menschen berichten, nachdem sie fast gestorben sind oder tatsächlich »tot waren«. Nahtoderlebnisse beinhalten in der Regel das Verlassen des eigenen Körpers, die Begegnung mit verstorbenen Verwandten, einen Lebensrückblick, die Begegnung mit Engeln und/oder Lichtwesen und so weiter. Und ich als Anästhesist bin normalerweise der Erste des OP-Teams, dem ein Patient davon erzählt. Aber bislang war ich auch der Erste des OP-Teams, der das Erlebnis des Patienten einfach ignorierte. So war es bei dem »eingefrorenen Mann«, von dem ich in der Einleitung zu diesem Buch berichtet habe, und so war es bei all den anderen Patienten, die über »persönliche Anomalien« berichteten.

Jetzt im Aufwachraum fielen mir andere Vorfälle ein, die ich einfach ignoriert hatte. In einem Fall wachte ein Patient auf und erzählte mir, er habe zuvor nur ganz kurz seinen Körper verlassen und sei durch den Flur zu einem Wartezimmer geschwebt, wo er gesehen habe, wie eine sehr gestresste Frau wütend auf ihr Kind eingeredet und ein Mann in einem knallorangefarbenen Hemd Zeitung gelesen habe. Der Patient hatte ganz aufgeregt von diesem vermeintlich außerkörperlichen Abenteuer erzählt, und mich hätte es weniger als eine Minute gekostet, den Flur entlang in dieses Wartezimmer zu gehen, um nachzuschauen, ob wirklich passiert war, was er glaubte, dort gesehen zu haben. Warum war ich nicht hingegangen, um nachzuschauen, ob eine solche Szene wirklich existierte? Andere Patienten berichteten von »überirdischen Lichtern« und »seltsamen Träumen«, in denen verstorbene Angehörige vorkamen. War ich wirklich zu beschäftigt gewesen, um weitere Fragen zu stellen? Oder war es mir einfach egal gewesen?

Jetzt war es mir definitiv nicht mehr egal. Ich war nicht glücklich mit den Ärzten, die meine Erfahrung ignorierten und sich sogar darüber lustig machten. Ich bin selbst Arzt und verdiene mehr Respekt, sagte ich mir. Ich war ein erfahrener Arzt und bestens darin geschult, medizinische Beobachtungen zu machen. Ich wusste, was ich erlebt hatte. Ich war mir ganz sicher, was diese Ereignisse anging, weil ich sie selbst erlebt hatte. Warum werde ich hier überhaupt nicht ernst genommen? An diesem Punkt erkannte ich, dass ich bisher derjenige gewesen war, der Patienten nicht ernst nahm, wenn sie versucht hatten, über ihre Nahtoderlebnisse zu sprechen. Jetzt saß der Handschuh an einer anderen Hand, und wie sich das anfühlte, gefiel mir überhaupt nicht.

Jetzt wünschte ich, ich hätte mich mehr für dieses Phänomen interessiert, wäre mehr auf die Patienten eingegangen, hätte mit ihnen mehr über ihre Erfahrungen gesprochen und sogar die einfache Beinarbeit auf mich genommen, um zu sehen, ob das wirklich wahr sein konnte, was sie glaubten, gesehen zu haben, während sie sich außerhalb ihres Körpers befanden.

Obwohl ich mit der Art, wie mich meine Kollegen behandelten, höchst unzufrieden war, wusste ich, was passiert war. Ich war ein Opfer meines eigenen Karmas. Mit anderen Worten: Man erntet, was man säht.

Eins war sicher, nämlich dass ich hier mein eigenes Karma erntete. Dennoch glaubte ich überraschenderweise, dass ich genau das verdient hatte und am Ende etwas daraus lernen würde. Ein altes indisches Sprichwort schien hier ebenso passend wie witzig: »Es geht nichts über einen richtigen Kopfstoß, der einem die Augen für die Ziege öffnet.« Ich lachte, als es mir einfiel. Ich weiß, was ich gesehen habe. Ich habe von der Wahrheit nichts zu befürchten.

10

Frohe Weihnachten!

Ich lag schon seit etwa zwei Stunden im Aufwachraum, als Arpana hereinkam. Sie wusste, dass ich eine sehr schwere Operation hinter mir hatte, da sie im Warteraum von einem Chirurgen informiert worden war. Daher wunderte sie sich darüber, mich in einer angeregten Unterhaltung mit einer der Krankenschwestern anzutreffen.

Kaum sah ich Arpana, wandte ich mich ihr zu und erzählte ihr so schnell, wie ich konnte, von meinem Erlebnis. Ich spuckte die Ereignisse regelrecht aus, als fürchtete ich, sie würde mich für verrückt erklären, wenn sie erfuhr, was passiert war.

Sie hörte geduldig zu, als ich ihr die einzelnen Szenen meines Nahtoderlebnisses beschrieb. Sie wirkte beunruhigt, als ich ihr erzählte, wie ich meinen Körper verlassen hatte, und erschrocken, als ich meinen vorübergehenden Aufenthalt auf der Schwelle zur Hölle beschrieb. Aber sie fing fast an zu lachen, als sie hörte, wie froh ich war, meinen Vater zu sehen, weil sie genau wusste, dass unser Verhältnis früher alles andere als herzlich gewesen war.

Die Erlebnisse aus früheren Leben quittierte sie mit einem Kopfnicken, denn frühere Leben sind ein wichtiger Pfeiler der Hindu-Religion. Aber als ich ihr erzählte, ich sei von zwei christlichen Heiligen, Michael und Raphael, begrüßt worden, fiel sie mir ins Wort.

»Moment mal. Du bist Hindu. Was ist denn mit den fünfzigtausend Göttern und Göttinnen unserer Religion?« fragte sie. »Warum waren sie nicht da, um dir zu helfen?«

Ich hielt einen Moment inne und zuckte mit den Achseln. Ich war kein gläubiger Hindu gewesen, außer in der kurzen Zeit, in der ich Mönch hatte werden wollen. Warum hatten mir nun die Heiligen einer anderen Religion geholfen? Diese Frage machte mich ratlos und warf eine andere Frage auf, die beantwortet werden musste.

Der besorgte Ausdruck auf Arpanas Gesicht sagte mir, dass auch sie noch viele Fragen hatte, die beantwortet werden mussten. Ihr war offensichtlich unbehaglich zumute angesichts dessen, was ich ihr erzählte. Manchmal wirkte sie verlegen, an anderen Stellen zuckte sie nervös mit den Achseln. Als ich endlich aufhörte zu sprechen, schien sie den Mann, mit dem sie seit zweiundzwanzig Jahren verheiratet war, nicht mehr zu erkennen.

»Was hat das alles zu bedeuten?« Sie brachte nur ein Flüstern zustande.

»Es bedeutet große Veränderungen für uns«, sagte ich.

»Zum Beispiel …?«

»Raphael sagt, ich soll von jetzt an mit den Patienten über die Heilung ihres Geistes sprechen«, sagte ich.

Arpana lachte. »Raja, du sprichst nicht gern mit den Patienten. Deswegen bist du Anästhesist geworden. Wie willst du das ändern?«

Diese Frage war mir unangenehm, also ignorierte ich sie. Es stimmte, dass ich nicht gern mit Patienten sprach. Ich hielt es oft für Zeitverschwendung und war der Ansicht, dass die meisten Patienten ohnehin nicht zuhörten. Wie sollte ich meine Einstellung ändern?

»Die Engel haben mir gesagt, ich solle von nun an eine neue Form der Heilkunst praktizieren, etwas, was sie bewusstseinsbasiertes Heilen nennen.«

»Was ist das?« fragte Arpana geduldig.

»Ich weiß es nicht«, gab ich zu. »Ich denke, es ist eine Methode, die den Geist heilt, eine sanftere Form der Medizin, die den

Patienten ohne den Einsatz allzu vieler Medikamente heilt. Vielleicht sollen auch Yoga oder Meditation oder andere Methoden zur Bewusstseinssteigerung integriert werden. Vielleicht ist es auch mehr als das. Ich weiß es einfach noch nicht. Ich weiß nur, dass es viele Veränderungen geben wird. Ich werde einen anderen Weg gehen. Die Engel haben es mir gesagt.«

»Welchen Weg?«, fragte Arpana. Ihre Fragen waren jetzt so direkt und fokussiert wie ihre Augen, denen ich auszuweichen versuchte.

»Ich muss meine Arbeit als Anästhesist aufgeben und mich auf die Suche nach meinem Weg machen. Er ist da draußen. Ich muss ihn nur finden.«

Ich sah eine Mischung aus Besorgnis und Begeisterung in Arpanas Augen, den Blick von jemandem, der an der Grenze zu einem neuen, unerforschten Gebiet voller Herausforderungen und Aufregung steht. Sah ich das wirklich? Ich schaute noch einmal hin und blickte jetzt in das Gesicht einer verschreckten Frau, die erkannte, dass dieser Mann im Bett definitiv nicht der war, den sie erst gestern zur Operation hierher gebracht hatte.

»Welchen Tag haben wir heute?«, fragte ich sie.

»Gestern war Weihnachten«, antwortete sie.

»Frohe Weihnachten!«, sagte ich.

Wir machten ein paar Minuten Smalltalk und vermieden jedes weitere Gespräch über das, was sich während meines Nahtoderlebnisses ereignet hatte, und vor allem über das neue Leben, das die Engel für uns vorgezeichnet hatten. An einer Stelle fragte Arpana, wie mein Vater ausgesehen habe. Ich hielt meine Gefühle zurück und erzählte ihr nur, er habe etwa dreißig Jahre jünger ausgesehen als an seinem Todestag, und vor allem sei er frei von jeder Wut gewesen. Sie lächelte und nickte, brachte aber kein Wort heraus.

* * *

Die Operationswunden in meiner Bauchdecke waren offen, sodass das Sekret der restlichen Infektion nach außen in die Bandagen abfließen konnte. In solchen Fällen muss man die Operationsstelle offen lassen, damit die Infektion nicht im Körper verbleibt und wieder zu eitern beginnt. Der Nachteil ist, dass die Nervenenden frei liegen und dadurch sehr empfindlich sind. Jedes Mal, wenn ich mich bewegte, wurden die Nervenenden von der Gaze über der Wunde gereizt, und mich durchzuckte ein unerträglicher Schmerz.

Ich versuchte zu lächeln und den Schmerz durch Gespräche zu vertreiben, aber der diensthabenden Krankenschwester war bald klar, dass ich mehr Betäubungsmittel brauchte. Sie injizierte mehr Morphin in den intravenösen Zugang an meinem Arm, und schon bald spürte ich, wie sich der Schleier des Schlafes über meine Augen legte.

11

Die Leiter zur Erleuchtung

Viele Patienten, die ein Nahtoderlebnis hatten, vergessen es kurz danach wieder. Dies ist oft eine Folge der Narkose, vor allem der Art von Narkosemitteln, bei denen Vergesslichkeit ein Teil des (Neben-)Wirkungsspektrums ist.

Das habe ich selbst bei Patienten gesehen, denen man im Zuge einer Herzoperation einen Anästhetika-Cocktail gegeben hat, um das Ganze für sie so schmerzlos wie möglich zu machen. Ein Mann kam im Aufwachraum wieder zu Bewusstsein und erzählte mir und mehreren Familienmitgliedern, die sich um sein Bett versammelt hatten, er sei von seinem verstorbenen Vater begrüßt worden. Dieser habe ihn während der langen Operation beruhigt, indem er mit ihm durch eine grüne Landschaft gewandert sei, die er Himmel genannt habe. Seine Familie hörte voller Ehrfurcht zu, wie er diesen Spaziergang beschrieb und alles, was er unterwegs gesehen hatte. Ich hörte mit höflicher Geduld zu und hoffte, er würde seine Geschichte schnell beenden, damit ich mit meiner Visite weitermachen konnte. Schließlich war ich des Wartens müde und ordnete an, man solle ihm eine Dosis Haldol geben, weil ich dachte, er habe Wahnvorstellungen. Als ich ihn einen Tag später auf seinen Spaziergang im Himmel ansprach, konnte er sich überhaupt nicht mehr daran erinnern.

Irgendwie hoffte ich, die Narkotika würden auch mich alles vergessen lassen, und ich würde die Verwandlung, die nun mein Schicksal zu sein schien, nicht durchmachen müssen. Doch das geschah nicht. Als ich ein paar Stunden später wieder aufwachte, lag ich in einem Einzelzimmer. Der Infusionsbeutel hing immer noch über mir, und der stechende Schmerz der Operationswunde pochte in meinem Unterleib. Arpana schlief auf einem unbequemen Stuhl in einer Ecke des Zimmers, und die Ereignisse meines Nahtoderlebnisses standen immer noch so klar und deutlich vor meinen inneren Augen, als seien sie gerade erst passiert.

Angesichts der Beharrlichkeit meiner Erinnerung war ich im Zwiespalt. Ich wollte mein Leben nicht verändern, denn es wäre einfacher, auf meinem bisherigen Weg zu bleiben, selbst wenn ich weiter überarbeitet und gestresst sein und unter meiner Krankheit und Sucht leiden würde. Doch die Tür war geöffnet worden, und Wesen, die ich bis zum heutigen Tag nur als Engel bezeichnen kann, hatten mir Einblick gegeben in eine neue Art zu leben. Dieses Erlebnis einfach zu vergessen wäre eine einfache Lösung gewesen. Doch jetzt erkannte ich, dass die Erinnerung daran von Dauer war und dass ich aus diesem Grund von nun an einen neuen Weg gehen würde, einen Weg mit vielen Hindernissen, die es zu überwinden, und vielen Rätseln, die es zu lösen galt. Seltsamerweise freute ich mich darüber.

* * *

Ich beobachtete Arpana, die zusammengekauert auf dem unbequemen Stuhl hockte, mit dem Gesicht auf den Knien. Ihre langsame, regelmäßige Atmung schien anzuzeigen, dass sie tief schlief, aber als ich ihr in die Augen schaute, merkte ich, dass sie mich ansah.

Ich versuchte, witzig zu sein.

»Ich habe noch andere Geschenke von den Engeln bekommen, die ich mit dir teilen will«, sagte ich.

Sie hob den Kopf, stellte die Beine aber nicht auf den Boden. Vielmehr schlang sie die Arme um die Schienbeine, verschanzte sich dahinter und sah aus, wie Teenager manchmal aussehen, wenn sie sich vor den Worten ihrer Eltern schützen wollen.

Sie sagte nichts.

»Ich habe mein Leben betrachtet, wie ich es noch nie zuvor gesehen habe«, sagte ich. »Als ich am Rand der Hölle stand, erkannte ich, dass ich bisher ein egozentrisches und materialistisches Leben geführt habe. Es hat sich alles immer nur um Besitz gedreht, Arpana. Mein ganzes Leben war der Anschaffung und dem Erhalt materieller Dinge gewidmet – das Haus, Autos, Urlaubsreisen. Auch mein medizinisches Fachgebiet habe ich entsprechend gewählt.«

Ich erinnerte mich, dass ich, als ich in die Vereinigten Staaten kam, zunächst zum Kinderarzt ausgebildet wurde. Ich habe sogar die Pädiatrie-Zulassung der Ärztekammer bekommen. Aber ich war nicht glücklich mit dem Honorar eines Kinderarztes. Es ist das niedrigste Facharzthonorar in der amerikanischen Medizin. Also fand ich heraus, auf welchem medizinischen Fachgebiet man am meisten verdient, und machte eine weitere Facharztausbildung in Anästhesiologie, denn Anästhesisten gehören zu den Topverdienern unter den Fachärzten. Später eröffnete ich dann die Schmerzklinik, um mein Einkommen weiter aufzustocken. Im Krankenhaus und in dieser Klinik habe ich 60 bis 80 Stunden pro Woche gearbeitet.

»Und was ist mit uns?«, unterbrach sie mich. »Was ist mit deiner Familie?«

»Ich bin stolz auf meine Familie, aber ich kann es nicht genießen, weil mein ganzes Leben ein einziger Kampf um den Erhalt materieller Dinge ist. Ich wäre nie auf die Idee gekommen, dass ich es anders haben möchte, aber jetzt weiß ich, dass ich auf dem falschen Weg war.«

»Ich würde nicht sagen, dass du es noch nie anders haben wolltest«, sagte sie. Sie ließ ihre Unterschenkel los und stellte die

Füße fest auf den Boden. Sie lehnte sich vor und sagte nichts, aber ihrem verletzten und wütenden Blick konnte ich ganz genau entnehmen, was sie meinte. Mein Leben war voll von materialistisch motivierten Fehlern.

* * *

Alles lief gut, bis es nicht mehr gut lief. Im Nachhinein kann ich nur sagen, dass der Aktienmarkt insofern wie das Leben ist, als er von Kräften gesteuert wird, die wir oft nicht unter Kontrolle haben und die wir weder vorhersehen noch verstehen können. Was ein Riesenberg an Gewinn hätte werden sollen, verwandelte sich in ein tiefes Tal der Schulden und Depression, als die Börsenkurse in den Keller krachten und mit ihnen das ganze Geld, das ich investiert hatte. Alles. Am Ende meiner katastrophalen Investitionskarriere hatte ich mein ganzes investiertes Geld verloren und noch mehr. Ich war mehr als pleite. Ich war ruiniert.

Ich machte mich Schritt für Schritt an den Wiederaufbau, kam aber nur sehr langsam voran. Zu langsam. Ich entschuldigte mich bei allen Familienmitgliedern, von denen ich mir Geld geliehen hatte, aber die Demütigung war immens. Ich erkannte, was ich von Anfang an hätte wissen müssen: Nur weil ich ein guter Arzt war, war ich noch lange kein guter Investor. Ich erkannte aber noch etwas anderes: Gier ist nicht gut.

Die Depression, die auf dieses Scheitern folgte, war bestürzend. Und darauf spielte meine Frau jetzt an. Als ich ihren Blick sah, fiel mir ein schrecklicher Vorfall wieder ein, der sich ein paar Monate nach dem Verlust meiner Investition ereignet hatte.

Ich war damals immer noch tief deprimiert über den Verlust, und sie gab ihr Bestes, mich mit einem fröhlichen Thema auf andere Gedanken zu bringen.

»Was wünschst du dir zum Geburtstag, Raja?«, fragte sie.

Ich platzte mit dem einzigen Wunsch heraus, der mir in den Sinn kam.

»Ich wünsche mir, dass du mich gehen lässt, dass du mit mir Schluss machst. Ich hätte gern die Erlaubnis zu sterben und möchte, dass ihr – du und unsere Familie – ohne mich weitermacht.«

Ich hatte mir sogar überlegt, wie ich Selbstmord begehen würde. Als Anästhesist hatte ich Zugang zu sämtlichen Medikamenten, die einen sauberen Abgang aus dieser Welt ermöglichen. Aber der Blick in Arpanas Augen sagte mir, dass ich nicht das Recht hatte, über einen »sauberen Abgang« aus dieser Welt nachzudenken. Sie war tief verletzt durch das, was ich gesagt hatte.

»Du solltest dich was schämen!«, sagte sie. »Wie kannst du auch nur daran denken, so etwas Selbstsüchtiges und Egozentrisches zu tun? Ist dir deine Familie denn völlig egal? Du willst uns ganz allein zurückzulassen, ohne dich? Diesen Verlust würden wir nie verschmerzen!«

* * *

Sie hatte diesen Moment nie vergessen. Und jetzt, wo sie auf diesem Krankenhausstuhl saß und mich mit demselben Blick anschaute wie an jenem Tag, erinnerte sie sich daran.

Plötzlich wurde mir klar, was sie dachte. Sie denkt, ich will sterben! Sie denkt, ich will auf die andere Seite gehen und die Familie im Stich lassen!

»Nein, Arpana!«, sagte ich. »Ich will nicht sterben! Ich will leben! Ich möchte, dass wir alle leben!«

Sie lehnte sich auf ihrem Stuhl zurück, und ich versuchte, mich in dem Krankenhausbett ein wenig aufzurichten.

»Ich muss dir so viel erzählen«, sagte ich. »Es geht um unser Leben und darum, wie man dem Dasein mehr Sinn geben kann.«

Ich begann mit den Engeln, mit Michael und Raphael, und was sie mir über die Ebenen des Bewusstseins und der Heilung erzählt hatten, als wir auf dem Weg zu dem Lichtwesen waren.

»Ich befinde mich derzeit auf der untersten Ebene«, erzählte ich Arpana. »Michael hat diese Ebene als sehr materialistisch und unerleuchtet beschrieben.«

»Was haben sie gesagt?«, fragte Arpana.

Ich erinnerte mich so klar und deutlich, dass ich das Gespräch, das wir auf dem Weg zu dem Lichtwesen geführt hatten, fast wörtlich wiedergeben konnte.

»Das Meiste von dem, was ihr in der materiellen Welt erwerbt, ist nichts anderes als ein Werkzeug, das euer Leben leichter oder angenehmer machen soll«, zitierte ich Michael.

»Ja, Dinge wie Häuser und Autos sind Werkzeuge für ein besseres Leben«, hatte Raphael gesagt. »So sollten sie verwendet werden. Aber eure Werkzeuge sind chic und groß, lächerlich geradezu, und sie kosten so viel, dass ihr sie nicht einfach benutzt. Im Gegenteil, sie benutzen euch. Ihretwegen habt ihr ein krankes Ego. Und was das Schlimmste ist: Eure Besitztümer gehören nicht euch, ihr gehört ihnen!«

»Richtig«, hat Michael gesagt. »Und das Traurige daran ist, dass sich niemand wirklich für deine materiellen Besitztümer interessiert. Jeder kümmert sich nur um seine eigenen. Nur dein Ego interessiert sich dafür, und nichts quält einen Menschen auf niedrigem Bewusstseinsniveau mehr als ein krankes Ego.«

»Die Fesseln des Materialismus abzustreifen, wird dich auf eine höhere Ebene bringen«, hat Michael gesagt. »Und dann wirst du dich dadurch, dass du ein liebender Mensch bist und anderen hilfst, immer weiter nach oben bewegen, eine Ebene nach der anderen. Je mehr du anderen hilfst, desto mehr hilfst du dir selbst.«

»Ja, das nennt man die Leiter zur Erleuchtung«, hat Raphael gesagt. »Je mehr du anderen hilfst, desto höher steigst du auf dieser Leiter. Liebende Güte gegenüber anderen trägt zu deiner Erleuchtung bei.«

Arpanas Gesichtszüge entspannten sich. Ich konnte zwar nicht sagen, ob sie dem Glauben schenkte, was ich von meinen Nahtoderlebnissen erzählte, aber die Vorstellung, einen erleuchteten Mann zu haben, gefiel ihr mit Sicherheit.

»Als ich sie fragte, wie man auf die höchste Ebene gelangen könne, zeigten beide Engel auf das Lichtwesen über uns«, erzählte ich Arpana.

»Die Erfahrung der höchsten Ebene wirst du in dem Moment machen, indem du das Licht erreichst«, hat Michael gesagt. »Es ist alles und nichts. Und du wirst es nie vergessen.«

»Es ist wie ein schwarzes Loch.« Über diesen Kommentar von Raphael mussten beide Engel so lachen, als hätte jemand einen sehr lustigen Witz erzählt.

»Ich kann gar nicht sagen, ob das Lichtwesen männlich oder weiblich war oder ob es überhaupt ein Geschlecht hatte«, erzählte ich Arpana. Das Licht war so hell, dass ich überhaupt nicht sehen konnte, ob es da wirklich »etwas« zu sehen gab. Ich wurde vielmehr von diesem Licht absorbiert und fühlte mich rundum wohl in seiner Helligkeit und dem Gefühl, als würde alles prickeln vor Energie.

»Ich wollte ein Teil dieses Lichtwesens werden«, erzählte ich Arpana. »Ich wollte nicht in mein Leben zurückkehren, aber mir wurde sofort klargemacht, dass ich zurückkehren würde, dass für mich alles gut werden würde, aber dass sich auch eine Menge ändern würde.«

»Was zum Beispiel?« fragte sie.

»Lass es mich mal so sagen: Das Lichtwesen hat mich auseinandergenommen und wieder zusammengesetzt. Es hat einen neuen Menschen aus mir gemacht, der gestorben ist, um wieder aufzuwachen«, sagte ich. »Es hat mir beigebracht, wie gefährlich es ist, ein seelenloses und materialistisches Leben zu führen. Es hat mir gesagt, dass ich meinen Patienten gegenüber sehr gleichgültig war und dass ich über meine hervorragenden technischen Fähigkeiten hinaus auch entsprechende menschliche Fähigkeiten entwickeln müsse. Dafür müsse ich die Anästhesie aufgeben und ein Heiler der Seele werden. Es sagte, mein eigenes Leiden sei bereits ein Training gewesen und habe mir gezeigt, wie man Menschen mit seelischen Erkrankungen helfen kann. Wenn ich erst einmal gelernt hätte, die Depressionen, die chronischen Schmerzen und die Sucht in meinem eigenen Leben zu behandeln, sei ich bestens geeignet, auch anderen zu helfen. Es sagte, dass ich diese Dinge in meinem eigenen Leben erleiden musste, damit ich Mitgefühl für diese Probleme entwickeln und ein Heiler der Seele werden könne. Es sagte, ich solle nach der Bedeutung dieses Satzes suchen: Die Heilung dieser Erkrankungen ist nur über das Bewusstsein möglich. Wenn ich diesen Satz verstehe, kann ich bewusstseinsbasiertes Heilen praktizieren«, sagte ich.

»Hat das Lichtwesen dir das gesagt?«, fragte sie.

»Ja«, sagte ich.

»Wie hat es sich angehört?«, fragte sie.

»Da bin ich mir nicht ganz sicher. Es könnte eine männliche oder ein weibliche Stimme gewesen sein«, sagte ich. »Ich weiß nicht, wie ich es erklären soll, weil es irgendwie beides gleichzeitig war. Eigentlich hat es gar nicht laut mit mir gesprochen, sondern die Informationen telepathisch mitgeteilt. Es hat Gedanken an meinen Geist übermittelt«, sagte ich.

Arpana bedachte mich mit einem skeptischen Blick.

»Telepathisch«, wiederholte sie, schüttelte den Kopf und lächelte.

Ich wusste, wir hatten noch einen weiten Weg vor uns.

12

Auf offener Strecke

Fairerweise sei gesagt, dass Arpana noch nie wirklich etwas von einer Nahtoderfahrung gehört hatte. Als Zahnärztin kannte sie zwar Fälle von überdosierten Narkosemitteln oder einem Herzstillstand im Behandlungsstuhl, aber sie hatte noch nie von jemandem gehört, der seinen Körper verlassen hatte, durch einen Tunnel gegangen oder verstorbenen Verwandten in einem himmlischen Reich begegnet war. Der Gedanke, dass so etwas passieren kann, war neu für sie und die Vorstellung unfassbar, dass ihr Mann dies erlebt hatte.

Meine Nahtoderfahrung ließ sich jedoch nicht einfach ignorieren und war immer präsent. Wir wollten zwar nicht darüber sprechen, aber die zusammenhanglose Art unserer Gespräche sagte ihr, dass mir diese Erfahrung ständig im Kopf herumging. Sie vermied das Thema eine Zeit lang, aber schließlich erkannte sie, dass sie ihr Schweigen brechen musste.

»Es tut mir leid, dass ich mich so verhalte, Raja, aber mir kommt das wie ein Traum vor – ein sehr lebendiger Traum, aber eben doch nur ein Traum«, sagte sie.

»Aber das ist es ja gerade: Es war kein Traum! Ich war außerhalb meines Körpers. Ich war dort und habe Informationen bekommen, die mein Leben verändern können«, sagte ich. »Glaubst du, ich würde auch nur in Erwägung ziehen, derart große Veränderungen in unserem Leben vorzunehmen, wenn das kein echtes Erlebnis gewesen wäre?«

»Das sind gewaltige Veränderungen, mein Raja«, sagte sie und benutzte ihren liebevollen Spitznamen für mich (Raja heißt

»König«; Anm. d. Übers.). »Aber ich kann nicht anders, als sie infrage zu stellen. Unser ganzes Leben wird sich von Grund auf ändern. Werden wir eine solche Veränderung überleben?«

Ich verstand genau, was sie meinte. Würde ich meinen Job als Chef der Anästhesiologie kündigen, würden unsere Freunde denken, ich sei schwer krank und würde vielleicht bald sterben. Würden wir unser Haus verkaufen und uns von unseren teuren Autos trennen, würden sie denken, wir hätten uns getrennt und wollten uns möglicherweise sogar scheiden lassen. Würde ich anfangen, über Engel und bewusstseinsbasiertes Heilen zu sprechen, würden sie denken, ich sei verrückt geworden. Sie stellte das, was ich vorhatte, mit Recht infrage. In unserer Welt – in fast jeder Welt – waren massive Veränderungen wie jene, um die man mich gebeten hatte, eher Anzeichen für eine schwierige Lebenslage als für einen geistigen Wandel. Ein geistiger Wandel wäre wohl das Letzte, woran die meisten Menschen denken und was sie am wenigsten glauben würden, wenn man ihn als Erklärung lieferte. Und dann auch noch, dass ich von Engeln und einem Lichtwesen, die ich in der geistigen Welt getroffen hatte, gebeten worden war, diese Veränderungen vorzunehmen. Bin ich verrückt?, dachte ich.

»Ich weiß nicht, ob wir eine solche Veränderung überleben«, sagte ich, und mir wurde angst und bange bei dem Gedanken an so etwas. »Aber ich muss tun, was die Engel und das Lichtwesen mir aufgetragen haben. Sie haben mich nicht wirklich gebeten. Sie haben darüber gesprochen, als sei diese Veränderung beschlossene Sache!«

»Sie haben also unsere Zukunft gesehen«, sagte Arpana ein wenig sarkastisch.

»Ich denke schon«, sagte ich. »Sie wissen, was wir tun müssen, um meine Bestimmung zu erfüllen.«

Ich konnte kaum glauben, dass ich so etwas sagte. Ich war immer fest davon überzeugt gewesen, mein Leben unter Kontrolle zu haben. Was auch immer geschah – ich war derjenige gewesen, der über mein Schicksal, unser Schicksal, bestimmte. Und nun, da ich die Kontrolle an einen Engel abgab, musste das jedem außer mir wie der absolute Wahnsinn vorkommen. Und doch war ich an diesem Punkt angekommen, an dem ich die Kontrolle über unser Leben gern aufgab, nur weil man mir spirituelle Erleuchtung versprochen hatte.

»Ich muss einen Spaziergang machen«, sagte Arpana.

»Ich muss ein paar Schmerzmittel nehmen«, antwortete ich, weil ich spürte, dass sich die Nerven um die offene Wunde wieder meldeten.

Ich drückte den Rufknopf für die Schwester. Bevor sie ankam, war Arpana schon weg.

* * *

Am nächsten Tag kam der Chirurg und erkundigte sich nach meinem Befinden. Meine Operationswunde war immer noch offen, aber sie nässte nicht mehr so stark wie am Tag zuvor. Der Chirurg sagte sogar, sie heile sehr schnell. »Beachtlicher Fortschritt«, meinte er und drückte mit der behandschuhten Hand auf die Wundränder. »Ich denke, wir können Sie heute entlassen.«

Später, am Nachmittag, kam ein Assistenzarzt vorbei und schaute sich die Wunde ebenfalls an. Er drückte darauf herum, bis ich mich vor Schmerzen krümmte. »Sorry, Doc«, sagte er, »aber wenn es nicht weh täte, würde da auch nichts heilen.«

Er schrieb ein paar Notizen in meine Krankenakte und kündigte an, dass ich das Krankenhaus in den nächsten paar Stunden verlassen dürfte.

»Sehen wir mal zu, dass wir Sie hier rauskriegen, bevor Sie sich eine Staphylokokkeninfektion einfangen«, sagte er lässig unter Kollegen und sprach damit ein ernstes Problem an, das so viele Krankenhäuser haben.

Wenige Stunden später waren die Entlassungspapiere unterschrieben, und ich wurde in einem Rollstuhl an den Straßenrand gefahren, wo Arpanas BMW-Cabrio parkte. Kurz darauf machte ich es mir auf dem Beifahrersitz bequem, und wir fuhren nach Hause.

Wir waren diese Straße schon oft entlanggefahren, aber jetzt hatte ich das Gefühl, dass sie ins große Unbekannte führte.

Für die zweistündige Heimfahrt hatte mir der Assistenzarzt ein Fläschchen Schmerztabletten mitgegeben. Er sagte, ich sei zwar bereits »ziemlich ruhiggestellt«, aber falls ich noch mehr Schmerzlinderung brauche, sollte das mit diesen Tabletten funktionieren. Normalerweise hätte ich die Extraration gern genommen, weil meine Schmerzmittelabhängigkeit verlangte, dass ich mehrmals am Tag eine Tablette nahm, um nicht depressiv oder wütend zu werden. Doch zu meiner Überraschung legte ich die Tabletten ins Handschuhfach und dachte während der ganzen Fahrt nicht mehr daran.

Meine Wunde, die selbst unter Schmerzmitteln wehgetan hatte, fühlte sich viel besser an, als es meiner Ansicht nach der Fall hätte sein dürfen. Ich berührte sie sogar ein paar Mal, bis es schmerzte, nur um sicherzugehen, dass kein Wundbrand eingesetzt hatte oder irgendein anderes unvorhergesehenes Monster für Taubheit sorgte und derweil das Gewebe abtötete. Der Schmerz war auszuhalten.

Etwas verändert sich, sagte ich zu mir selbst.

Das Gleiche hätte ich über Arpana sagen können. Gestern hatte sie sich offensichtlich noch über die Veränderung aufgeregt, die in mir stattgefunden hatte, aber jetzt wirkte ihr Gesicht entspannt und fast meditativ. Sie lächelte nicht, machte aber einen glücklichen Eindruck.

Sobald wir den dichten Verkehr von Los Angeles hinter uns gelassen hatten und auf offener Strecke fuhren, begann Arpana, über die Veränderungen in unserer Zukunft zu sprechen.

»Es kommt mir vor wie diese Regenwolken«, sagte sie und zeigte auf die Ansammlung von bedrohlich dunklen Wolken am Horizont. »Es ist offensichtlich, dass es heute noch irgendwann regnet, aber ich kann nicht sagen, ob es ein wirklich schlimmes Gewitter geben wird oder einfach nur eine angenehme Regendusche. Ich habe einfach nicht genug Informationen, um beurteilen zu können, wie schlimm die Veränderung sein wird oder ob sie überhaupt schlimm wird.«

»Ich weiß, was du meinst«, sagte ich. »Aber für mich ist es leichter, weil ich dort gewesen bin und weiß, wie real alles war. Für dich muss es sich anhören wie ein Bericht über einen Traum.«

»Ein Traum«, sagte Arpana. »Es ist, als wollten wir unsere Zukunft auf einem Traum aufbauen.«

Traum. Ich schaute aus dem Fenster und dachte über dieses Wort nach: Traum. Mein Kopf sank auf die Brust, und ich schlief ein. Einen Moment später träumte ich. Doch ich träumte nicht von noch mehr Männerspielzeugen wie so oft oder davon, dass ich endlos durch die Wüste renne, wie es häufig vorkam, wenn ich vor dem Fernseher einschlief. Diesmal träumte ich von der Eröffnung einer eigenen Praxis, spezialisiert auf bewusstseinsbasiertes Heilen. Ich sah alles ganz genau vor mir. In meinem Traum war ich ein wenig verwirrt und wusste noch nicht so ganz genau, was ich da tat, wohl aber, dass ich etwas tat. Dann wachte ich plötzlich auf.

* * *

Arpana sagte etwas.

»Wie kann man eine Karriere auf bewusstseinsbasiertem Heilen aufbauen?« fragte sie. »Was ist das überhaupt?«

»Ich weiß es noch nicht genau, nicht komplett«, sagte ich. »Es geht darum, wie eine nichtpharmakologische Therapie in

Kombination mit Arzneimitteln Beschwerden wie Depressionen und Sucht und andere Krankheiten heilen kann. Es geht darum, die eigene Seele zu suchen, um gegen die innere Leere anzukämpfen, die durch Pharmazeutika oder Alkohol und illegale Drogen nicht gefüllt werden kann oder sogar erst entsteht. Weißt du, was sie sagen? Sucht kann die Folge einer unerfüllten spirituellen Suche sein.«

»Wer sagt das?«, fragte Arpana.

Ich holte tief Luft und antwortete: »die Engel«.

»Aber Raja, du hast doch vielleicht eigene Probleme«, sagte sie und schaute mich in dem Wissen an, dass ich in der Tat eigene Probleme hatte. »Wie kannst du anderen diese Heilungsprinzipien nahebringen?«

Ich errötete vor Scham, denn ich wusste genau, wovon Arpana sprach. Wenn ich nicht genug Schmerzmittel hatte, um meine Sucht zu befriedigen, war ich schnell ärgerlich und ungenießbar.

»Ich weiß, dass ich Drogenprobleme hatte, aber jetzt ist die Zeit, sie zu heilen und anderen die Geheimnisse dieser Heilung zu vermitteln«, sagte ich. »Ich weiß, dass es an der Zeit ist, dies zu lehren. Ich muss zwar selbst noch viel über bewusstseinsbasiertes Heilen lernen, aber sie sagen, dass ich es lernen werde. Das muss ich einfach glauben.«

* * *

Ich döste noch einmal ein. Nach ein paar Meilen wurde ich von Arpana, die an meiner Schulter rüttelte, wieder geweckt.

»Ich habe nachgedacht«, sagte sie mit einem kleinen Glitzern in den Augen. »Ich habe dieses ganze Zeug nie gewollt. Du warst derjenige, der es haben wollte.«

»Was meinst du damit?«, fragte ich und schüttelte den Kopf, um ganz aufzuwachen.

»Du wolltest das alles. Du wolltest das größere Haus, den Hummer, den Mercedes, die Partys und das ganze andere Spielzeug.«

Bevor ich etwas zu meiner Verteidigung sagen konnte, erzählte sie mir von meinem Wunsch, »einen Volltreffer zu landen«. Ich wusste sofort, was sie meinte. Das Baugebiet, in dem unser Haus stand, war ringförmig angelegt. Um den äußeren Ring standen hochwertige Häuser mit einer Wohnfläche von ca. 400 bis 500 Quadratmetern, zwei Stockwerken, Doppelgaragen sowie einer Terrasse und einem Pool, beides groß genug für eine Gruppe von vierzig bis fünfzig Gästen. Am inneren Ring sah es ähnlich aus, außer dass die Häuser hier noch einmal etwa 100 Quadratmeter größer waren, drei Autos in die Garage passten und die Terrasse eine wahre Freude für jeden Gastgeber war. Oh, und um zum inneren Ring zu gelangen, brauchte man einen Gatter-Code. Der innere Ring war der Volltreffer. Die Häuser konnten sich in Größe und Ausstattung mit vielen in Beverly Hills messen. Ein kleines Haus in diesem Ring war etwa 600 Quadratmeter groß und das größte, das kaum verkleinerte Abbild des Weißen Hauses, etwa 900 Quadratmeter. Das, in dem wir wohnten, hatte freie Sicht auf den Golfplatz und einen See, eine Garage für vier Autos und jede Menge Flure, die in jede Menge Zimmer führten. Hinter dem Haus gab es einen Swimmingpool, einen Whirlpool, einen Springbrunnen und genügend Rasen, um einen Gärtner einen halben Tag pro Woche zu beschäftigen.

»Oh, der Volltreffer«, sagte ich. »Wie hätte ich wissen können, dass meine Probleme damit erst anfangen würden und nicht ein für allemal gelöst waren?«

»Wie hättest du das wissen können? Du hättest mal darüber nachdenken können!«, sagte sie mit gespielter Verärgerung. »Schau uns jetzt mal an! Es ist schwerer, aus dieser Lage wieder herauszukommen, als da hineinzugeraten.«

Moment mal, dachte ich. Ich habe diese Entscheidungen nicht allein getroffen.

»Arpana, ich war nicht der Einzige, der diese Dinge gekauft hat. Du warst da ganz bei mir«, sagte ich. »Du wolltest sie genauso haben wie ich.«

Arpana seufzte. »Ich weiß, Raja, ich weiß. Aber das Problem ist, dass wir alle mehr haben wollen, als wir uns leisten können. Wir sind Menschen. Wir wissen nicht, wann wir aufhören müssen.«

13

Wahre Heilung

Meine Augen öffneten sich, als ein schwacher Lichtstrahl ins Schlafzimmer fiel. Die Sonne ging gerade am Horizont auf. Etwas hatte mich geweckt. War es ein Geräusch im Erdgeschoss? Hatte ich Stimmen gehört?

Ich drehte mich langsam und unter Schmerzen um und schaute in Arpanas Gesicht. Sie hatte die Augen geöffnet und schien hellwach zu sein. Ihr Gesicht wirkte so jung wie an dem Tag vor fast zweiundzwanzig Jahren, an dem ich sie kennengelernt hatte.

»Ich habe mit dir gesprochen. Entschuldige, dass ich dich geweckt habe«, sagte sie. »Ich habe darüber nachgedacht, was passiert ist, und denke, wir sollten die Ereignisse über unseren Kurs entscheiden lassen. Wie sich die Dinge entfalten, soll darüber entscheiden, ob das alles wirklich passiert ist.«

Ich war noch ganz benommen. »Wie meinst du das?«, fragte ich.

»Wenn das, was da mit dir geschehen ist, nur ein Traum war, wird gar nichts passieren. Wenn es aber göttlich war, werden sich die Engel wieder zeigen, und dann folgen wir ihnen einfach.«

»Was für eine kluge Frau ich doch habe«, sagte ich. »Wir sollten schauen, welche Anweisungen sie uns geben, und uns dann entsprechend verhalten.«

»Und wenn sie uns Anweisungen geben, glaube ich auch, dass das, was du erlebt hast, kein Traum war, sondern Wirklichkeit«, sagte Arpana.

»Da bin ich aber froh«, sagte ich.

Eines war mir klar: Sie war keineswegs überzeugt, dass mein Nahtoderlebnis wirklich stattgefunden hatte, aber sie war durchaus bereit, eine Zeit lang abzuwarten, ob die Engel, von denen ich immer sprach, ihren Worten alle Ehre machen würden. Sollte dies der Fall sein, und die Dinge würden sich in unerklärlicher Weise entwickeln, dann wäre das in ihren Augen ein Beweis dafür, dass ein übernatürliches Ereignis stattgefunden hatte.

* * *

In den ersten paar Tagen nach meiner Operation merkte ich, dass sich Arpana nicht ausschließlich auf meine Informationen über Nahtoderlebnisse verließ. Sie surfte im Internet, um Informationen über meine Erfahrung zu finden. Dabei stieß sie auf die Near Death Experience Research Foundation, eine großartige Stiftung, gegründet von dem Ehepaar Jeff und Jody Long, das mit viel Elan Nahtoderfahrungen untersucht. Auf ihrer Website[1] finden sich mehr als 3500 Fallstudien von Nahtoderlebnissen aus der ganzen Welt, was Arpana die Möglichkeit gab, diese Art der Erfahrung aus Patientensicht zu studieren. Dabei stellte sie viele Ähnlichkeiten zwischen meiner Nahtoderfahrung und den Nahtoderfahrungen anderer fest.

Sie kaufte sich auch Bücher von Dr. Raymond Moody, dem Wissenschaftler, der mit seiner Arbeit in den 1970er-Jahren das Gebiet der Nahtodforschung begründet und der »Nahtoderfahrung« ihren Namen gegeben hat.

In seiner Autobiografie Paranormal: My Life in Pursuit of the Afterlife erzählt er die Geschichte der Forschung, die das definiert, was man als Nahtoderfahrung oder Nahtoderlebnis (NTE) bezeichnet. Zu den interessantesten Teilen des Buches gehören die Analyse der NTE-Fallstudien und die Aufstellung der Gemeinsamkeiten, die Moody dabei entdeckte.

Indem sie sich mit den Elementen beschäftigte, die ein Nahtoderlebnis kennzeichnen, gelang es Arpana zu verstehen, was ich durchgemacht hatte und was mir vielleicht noch bevorstand. Die folgenden Elemente, die Moody entdeckt und in Paranormal (sowie u. a. auch in seinem Buch Leben nach dem Tod – Anm. d. Übers.) veröffentlicht hat, definieren demnach eine Nahtoderfahrung:

1. Unbeschreiblichkeit: Diese Erfahrungen sind praktisch unbeschreibbar oder »unaussprechlich«, weil es keine Worte in unserer Sprachengemeinschaft gibt, mit denen man das Bewusstsein am Todespunkt zum Ausdruck bringen könnte. Deshalb sagen viele Menschen, die eine Nahtoderfahrung gemacht haben, Dinge wie: »Es gibt einfach keine Worte, die ausdrücken, was ich wirklich sagen will.« Dies stellt natürlich ein Problem dar, denn wenn man nicht beschreiben kann, was passiert ist, kann man von anderen auch nicht verstanden werden.

2. Die Todesnachricht: Viele Menschen haben im Laufe der Untersuchungen davon berichtet, dass sie gehört haben, wie ihre Ärzte sie für tot erklärten.

3. Gefühle des Friedens und der Ruhe: Viele Menschen haben angenehme Gefühle und Empfindungen während ihres Nahtoderlebnisses, selbst nachdem sie für tot erklärt wurden. Ein Mann mit einer schweren Kopfverletzung und nicht mehr erkennbaren Vitalfunktionen sagte, dass alle Schmerzen verschwanden, während er in einem dunklen Raum schwebte und erkannte: »Ich muss tot sein.«

4. Das Geräusch: In vielen dieser Fälle berichteten Menschen von ungewöhnlichen akustischen Eindrücken, etwa von

einem lauten, surrenden Geräusch oder einem lauten Klingeln. Manche fanden dieses Geräusch recht angenehm, für andere war es extrem störend.

5. Der dunkle Tunnel: Menschen berichteten von dem Gefühl, sehr schnell durch einen dunklen Raum gezogen zu werden, der sehr oft als Tunnel beschrieben wird. Beispielsweise sagte ein Mann, der infolge von Verbrennungen und Verletzungen durch einen Sturz mehrmals »gestorben« war, er sei in eine »dunkle Leere« entkommen, in der er durch den Raum schwebte und taumelte.

6. Außerhalb des Körpers: Bei diesen Erlebnissen, die zeitlich in der Regel nach denen im Tunnel liegen, hatten die Menschen das Gefühl, ihre Körper zu verlassen und sich selbst von einem physischen Punkt außerhalb davon zu betrachten. Manche beschrieben sich dabei als »eine weitere im Raum anwesende Person« oder »in einem Theaterstück auf einer Bühne«. Die Erfahrungen, die sie außerhalb ihres Körpers machten, waren ziemlich detailliert und schlossen oft die Einsicht mit ein, dass sie zwar tot waren, aber doch ihren physischen Körper beobachten konnten. Viele dieser Menschen beschrieben die medizinischen Verfahren und Eingriffe so detailliert, dass seitens der beteiligten Ärzte, die später dazu befragt wurden, kein Zweifel daran bestand, dass der komatöse Patient die Ereignisse auf irgendeine Art tatsächlich beobachtet hatte.

7. Anderen begegnen: Außerkörperliche Erfahrungen, die in der Regel auf Erfahrungen in einer Art Tunnel folgen, wurden häufig von Begegnungen mit anderen »spirituellen Wesen« in der Nähe abgelöst – Begegnungen mit Wesen, die gekommen waren, um den Übergang zum Tod zu

erleichtern oder um mitzuteilen, dass die Zeit zu sterben noch nicht gekommen sei.

8. Das Lichtwesen: Das erstaunlichste gemeinsame Element, das ich gefunden habe und das den größten Eindruck auf jeden Einzelnen gemacht hatte, ist die Begegnung mit einem sehr hellen Licht, das meistens als »Lichtwesen« bezeichnet wird. Dieses Wesen trat zunächst als gedämpftes Licht in Erscheinung und wurde dann schnell immer heller, bis es von überirdischer Leuchtkraft war. Dieses Licht, das von Menschen mit religiösem Hintergrund oft als »Jesus«, »Gott« oder »Engel« bezeichnet wird, kommuniziert mit den Einzelnen (häufig in einer Sprache, die sie noch nie gehört haben) und fragt oft, ob sie »bereit sind zu sterben« oder was sie bisher erreicht haben.

Das Lichtwesen stellt diese Fragen nicht etwa in be- oder verurteilender Weise. Vielmehr stellt es sokratische Fragen – Fragen, die darauf abzielen, Informationen zu bekommen, welche die Person auf ihrem Weg zu Wahrheit und Selbstverwirklichung weiterbringen können.

Das Lichtwesen oder (einfach) Licht wird als »unvorstellbar« oder »unbeschreiblich«, aber auch als »heiter«, »angenehm« oder »sicher« beschrieben.

9. Die Rückschau: Die prüfenden Fragen des Lichtwesens führten oft zu einer Rückschau auf das eigene Leben, zu einem Moment von verblüffender Kraft, in dem das ganze Leben des Betreffenden in panoramaartiger Intensität vor ihm ausgebreitet wurde. Die Rückschau läuft außerordentlich schnell und in chronologischer Reihenfolge ab und ist unglaublich lebendig und real. Manchmal wird sie sogar als »dreidimensional« beschrieben. Andere beschreiben sie als »hochgradig aufgeladen« mit Emotionen und sogar

multidimensional, und zwar insofern, als der Einzelne die Gedanken von jedem, der in dieser Rückschau vorkommt, lesen und verstehen kann.

Die Rückschau wird oft als eine erzieherische Maßnahme seitens des Lichtwesens beschrieben, die darauf abzielt, dass sich das Individuum letztlich selbst besser versteht.

10. Die Grenze oder Schranke: In einigen dieser Fälle beschreibt die Person, wie sie sich einer »Grenze« oder »Schranke« nähert, nach der es kein Zurück mehr gibt. Diese Grenze wird unterschiedlich beschrieben: als Gewässer, als grauer Nebel, als Tür, als durch ein Feld verlaufender Zaun oder auch nur als Linie oder imaginäre Linie. In einem dieser Fälle wurde die Person von dem Lichtwesen zu dieser Linie geleitet und gefragt, ob sie sterben wolle. Als sie sagte, sie kenne den Tod nicht, sagte das Wesen: »Tritt über diese Linie, und du wirst ihn kennenlernen.« Als sie das tat, nahm »ein unvorstellbar wohltuendes Gefühl« der Ruhe und des Friedens von ihr Besitz, und alle Sorgen verschwanden.

11. Die Rückkehr: Offensichtlich sind diejenigen, mit denen ich gesprochen habe, in ihr physisches Leben zurückgekehrt. Manche haben sich gegen ihre Rückkehr gesträubt und wollten lieber in diesem jenseitigen Zustand verweilen. Manche berichteten von ihrer Rückreise durch den Tunnel und in ihren physischen Körper. Doch als sie dann zurückgekehrt waren, hatten sie Stimmungen und Gefühle, die lange Zeit nachhallten. Manche waren wie verwandelt und berichteten, sie seien »bessere« Menschen geworden.

12. Mitteilungsversuche: Die Menschen, mit denen ich gesprochen habe, waren ganz normale Leute, funktionierende, ausgeglichene Persönlichkeiten. Doch weil sie fürchteten,

als wahnhaft oder geistesgestört abgestempelt zu werden, beschlossen sie häufig, Stillschweigen über ihr Erlebnis zu bewahren oder es nur jemandem anzuvertrauen, der ihnen sehr nahestand. Weil es keine gemeinsame Sprache gab, in der sie ihre Erfahrung hätten schildern können, beschlossen sie, diese für sich zu behalten, damit niemand auf den Gedanken kommen konnte, sie hätten den Verstand verloren, weil sie dem Tod so knapp entronnen waren.

Erst nachdem viele von meinen Forschungen gehört hatten, fühlten sie sich sicher genug, anderen von ihrer Erfahrung zu erzählen. Häufig dankten mir diese Menschen, die ihr Nahtoderlebnis lange verschwiegen hatten, mit den Worten: »Danke für Ihre Arbeit. Jetzt weiß ich, dass ich nicht verrückt bin.«

13. Folgen für das weitere Leben: Obwohl die meisten dieser Menschen Stillschweigen über ihre Erfahrung wahren wollten, waren die Folgen für ihr weiteres Leben tief greifend und klar erkennbar. Viele erzählten mir, ihr Leben habe sich durch diese Erfahrung erweitert und vertieft, sie seien nachdenklicher geworden und sanftmütiger gegenüber ihren Mitmenschen. Ihre Vision hatte ihnen neue Ziele, neue moralische Prinzipien und eine neuerliche Entschlossenheit gegeben, in Einklang damit zu leben.

14. Neue Sicht auf den Tod: Am Ende berichteten alle, dass sie den Tod nun mit anderen Augen sahen. Sie fürchteten ihn nicht mehr, und doch hatten viele das Gefühl, noch einen großen persönlichen Wachstumsprozess vor sich zu haben, bevor sie ihr physisches Leben hinter sich lassen konnten. Sie gelangten zu der Einsicht, dass es das »Belohnungs- und Bestrafungsmodell« des Jenseits nicht gibt. Vielmehr hatte ihnen das Lichtwesen ihre sündigen Taten vor Augen

geführt und klargemacht, dass das Leben ein Lernprozess ist und nicht etwa die Grundlage für eine spätere Beurteilung.

Moody bezeichnete diese Elemente als »Nahtoderfahrung«, weil eine Person, die diese Erfahrung macht, nicht wirklich tot, sondern dem Tod nur nah ist, manchmal so nah wie irgend möglich. Er wies auch darauf hin, dass nur wenige der Menschen in seinen Fallstudien alle diese Elemente erlebt hatten. Manchmal erlebten sie nur ein oder zwei davon, manchmal aber auch fast alle. Er sagte, dass in der Regel diejenigen, die dem echten Tod besonders nahe kommen, mehr von diesen Elementen erleben.

Moody ging in seiner Definition einer Nahtoderfahrung noch weiter, indem er die Nahtodepisode als eine beschrieb, in der eine Person klinisch tot oder dem Tod sehr nah ist oder sich in einer Situation befindet, in welcher der Tod wahrscheinlich ist. In all diesen Fällen ist die Person faktisch nicht tot, sondern dem Tod nur nah. Daher die Bezeichnung »Nahtoderfahrung«.

Moodys Buch war ein schneller Einstieg und gab Arpana den philosophischen und medizinischen Unterbau, um die scheinbar übernatürlichen Ereignisse zu verstehen, die durch unser Leben gefegt waren. Als sie Moodys Buch las, erkannte sie, dass kaum jemand eine so tief greifende Nahtoderfahrung gemacht hat wie ich. Moody schreibt, dass er nur selten von einem Nahtoderlebnis gehört habe, in dem alle von ihm skizzierten Elemente vorhanden waren. Doch Arpana konnte sehen, dass ich sie alle durchlaufen hatte und mich infolge dessen mitten in einer sehr kraftvollen Umwandlungsphase befand. Später sagte sie, Moodys Buch zu lesen habe ihr sehr geholfen, das Phänomen Nahtoderfahrung zu verstehen, es habe sie aber auch veranlasst, sich vor meiner Nahtoderfahrung zu fürchten, eben weil Moody sagte, er habe selten einen einzelnen Menschen kennengelernt, dessen Nahtoderfahrung alle diese Merkmale aufgewiesen habe.

Sie sagte es so: »Ein seltener Patient zu sein bedeutet, dass sie nicht viel über die Tragweite deines Falles wissen und dass du zum Experiment wirst.«

Ich teilte ihre Einschätzung. Ehrlich gesagt fühlte ich mich bereits wie ein Versuchskaninchen.

* * *

Ich war nun seit drei Tagen aus dem Krankenhaus zurück.

Wenn ich nicht gerade schlief, sprachen wir ständig über Materialismus und darüber, wie man mit weniger leben kann. Ich muss zugeben, dass ich vom Materialismus geradezu besessen war, denn diesen Dämon zu überwinden war die erste Veränderung in meinem Leben, zu der die Engel mir geraten hatten. Ich wusste, dass ich das tun musste, um ihnen zu zeigen, dass ich sie ernst nahm.

Manchmal waren meine Gespräche mit Arpana sehr verkrampft, nämlich immer dann, wenn wir unsere Ausgabegewohnheiten verglichen und den anderen für das finanzielle Loch verantwortlich machten, das wir uns selbst gegraben hatten. Aber größtenteils kannte ich die Wahrheit: Ich war in unserer Familie derjenige, der es nötig hatte und der ganzen Welt seinen Reichtum zeigen wollte.

Als ich in dieser Nacht zu Bett ging, gab ich Arpana gegenüber zu, dass ich unsere Familie in eine Welt des Materialismus eingesperrt hatte. »Ich bin das Problem, ich weiß das«, sagte ich. »Ich bin derjenige, dem das Lichtwesen gesagt hat, dass ich mich ändern muss.«

»Okay«, sagte Arpana. »Wenn sie uns auf gute Weise führen, glaube ich, dass das, was du erlebt hast, kein Traum war, sondern Realität.«

Ich war ihr dankbar für ihr Vertrauen in mein Erlebnis.

* * *

Ich machte die Augen zu, aber der Schlaf wollte nicht kommen. Stattdessen wurde ich von einer Flut von Erinnerungen überrollt, Erinnerungen an meine erste Begegnung mit Arpana.

Unsere Ehe war arrangiert. In der indischen Kultur ist es traditionell üblich, dass sich Eltern mit ihren Freunden treffen und bei der Gelegenheit ihre heiratsfähigen Kinder zusammenbringen.

Ich war von Neu-Delhi nach New York City gezogen und absolvierte gerade meine Prüfungen bei der US-Ärztekammer sowie meine Assistenzarztzeit in der Kinderheilkunde, als mein Vater mir mitteilte, er sei jetzt so weit, mich den Vätern mehrerer infrage kommender Töchter vorzustellen.

Ich erklärte mich bereit, für diesen traditionellen, aber auch nervenaufreibenden Prozess nach Indien zurückzukehren. Meinem Vater hatte ich gesagt, ich würde mich nur unter einer Bedingung dieser Tradition beugen: dass ich eine Frau wählen durfte, die mir gefiel und die ihrerseits Gefallen an mir fand. Bevor er sich auf die Suche nach meiner potenziellen Partnerin machte, hatte ich ihm drei Dinge mit auf den Weg gegeben: Sie sollte schön sein, klug und daran interessiert, selbst Karriere zu machen.

Als ich in Indien ankam, hatte er fünfzehn Frauen für mich in petto, samt ihren nervösen Vätern im Schlepptau.

Eine Woche lang folgte ein Treffen dem anderen, doch am Ende hatte ich keine einzige Frau gefunden, die mir gefiel.

Mein Vater versuchte, seinen wählerischen Sohn zu decken und gleichzeitig die anderen Väter nicht in Verlegenheit zu bringen. Jedem der unglücklichen Väter erzählte er, dass mir seine Tochter zwar sehr gut gefalle, aber ein Astrologe habe sie abgelehnt, weil unsere Horoskope nicht wirklich zusammenpassten.

»Sie könnten sauer auf mich sein, wenn ich ihnen sage, dass du ihre Tochter nicht heiraten willst«, erklärte mir mein Vater. »Aber niemand würde sich mit dem Universum anlegen.«

Ein paar Monate später reiste ich noch einmal nach Indien, um ein weiteres Dutzend Frauen zu treffen, die von meinem beharrlichen Vater eingeladen worden waren. Die fünfte Frau, die ich kennenlernte, war Arpana. Ich war eine halbe Stunde mit ihr zusammen, und wir verliebten uns ineinander. Wir waren alles, was der andere wollte: Mediziner mit dem Wunsch nach einer Familie, wir hatten beide Sinn für Humor und waren ernsthaft daran interessiert, wirtschaftlich voranzukommen. Wir beschlossen zu heiraten.

Da mir mein Krankenhaus nur zwei Wochen Urlaub gegeben hatte, mussten wir schnell heiraten. Am 29. Januar habe ich sie zum ersten Mal gesehen. Zwei Tage später verlobten wir uns. Am 12. Februar heirateten wir. In Amerika würde man so etwas vielleicht als Zwangsheirat bezeichnen. In Indien spricht man davon, dass man sein Leben dem Universum anvertraut.

Ich kehrte in die Vereinigten Staaten zurück und ließ Arpana in Indien, wo sie auf ihr Visum wartete. Meine Mutter rief mich an und tat ihre Bedürfnisse kund.

»Ich möchte bald Großmutter sein«, forderte sie.

»Mama«, sagte ich, »keine Sorge, ich habe vor, hart daran zu arbeiten.«

Acht Monate später kam Arpana in die Vereinigten Staaten, und innerhalb eines Monats war sie mit unserem ersten Kind schwanger.

Meine Karriere hat uns durch das ganze Land geführt. Wir zogen nach Nashville und dann nach Shreveport, Louisiana, wo ich als Assistenzarzt in der Anästhesiologie am Louisiana State University Hospital arbeitete. Dann ergab sich die Gelegenheit, einen Monat in Bakersfield, Kalifornien, zu arbeiten, im Städtischen Krankenhaus von San Joaquin. Ich mochte Kalifornien mit seinem warmen Klima und der freien Art zu denken. Als das Krankenhaus mir eine feste Stelle anbot, sagte ich sofort zu und blieb mehrere Jahre, bis mir die anspruchsvollste Position angeboten wurde, die es für einen Anästhesisten gibt: Kardio-Anästhesist in einer führenden Herzklinik. Meine Aufgabe würde die umfassende anästhesiologische Betreuung von Risikoherzpatienten sein. Am Ende leitete ich die Abteilung Anästhesiologie.

In vieler Hinsicht hatte ich alles erreicht, was in meinem Beruf möglich ist, und noch einiges mehr. Auch Arpana hatte ihre Ziele erreicht. Wir hatten drei Kinder – ein Mädchen und zwei Jungen –, und Arpana hatte irgendwie noch Zeit gefunden, die zahnärztlichen Zulassungsprüfungen des Staates Kalifornien abzulegen und eine erfolgreiche Praxis zu eröffnen.

Warum bin ich trotz all unserer Erfolge nicht wirklich glücklich gewesen?, fragte ich mich. Warum musste ich so materialistisch sein, um mir zu beweisen, dass ich jemand war?

Mir fiel ein berühmtes Zitat ein, das ich bisher nicht recht verstanden hatte: »Man weiß nie, was genug ist, bis man weiß, was mehr als genug ist.«[2] Jetzt, da ich an diesem frühen Morgen neben Arpana im Bett lag, wusste ich plötzlich ganz genau, was es bedeutete.

Ich wusste, dass meine wahre Heilung beginnen konnte.

14

Verwandelt vom Licht

Ich war gerade erst ein paar Tage zu Hause, als einer unserer Freunde zu Besuch kam, ein Schönheitschirurg, der im ersten Ring unserer Wohnanlage lebte. Er hörte sich schweigend und mit großer Betroffenheit an, was ich über mein Erlebnis zu erzählen hatte. Offensichtlich war er begeistert und nickte ab und zu wie ein Kind, dem man eine spannende Abenteuergeschichte erzählt.

»Sie erinnern mich an Scrooge«, sagte er und bezog sich dabei auf die Hauptfigur von Charles Dickens' Weihnachtsgeschichte. Drei Geister führen dem alten Mann seine Vergangenheit, seine Gegenwart und seine Zukunft in jeder bestürzenden Einzelheit vor Augen. Viele Literaturkenner betrachten die Ereignisse dieser Geschichte als eine Nahtoderfahrung, und das ist gut möglich, wenn man bedenkt, dass Ebenezer Scrooge durch seinen Lebensrückblick zu einem neuen Menschen wird. Er verwandelt sich von einem geldgierigen Griesgram in einen humorvollen und großzügigen Menschen, und das alles in einer einzigen Nacht und durch die Begegnung mit drei übernatürlichen Wesen.

Arpana lachte über diesen Vergleich. Genau genommen lachten wir alle darüber, sogar ich. Nach meinem Nahtoderlebnis mit Scrooge verglichen zu werden bedeutete ja, dass ich nun der gute Scrooge war – der von dem Lichtwesen verwandelte – und nicht der, der in der Dunkelheit der Gewissensbisse, des Materialismus und der Paranoia lebte.

Doch ganz so einfach ist das nicht mit der Verwandlung. Ich bin sicher, dass auch Scrooge seine Schwierigkeiten damit hatte.

Ich weiß, dass er sie hatte. Obwohl ein großer Teil meines neuen Lebens davon abhing, dass ich den Materialismus überwand, war ich nicht sicher, wie ich das bewerkstelligen sollte. Wir führten ernsthafte Gespräch darüber, unser Haus zum Verkauf anzubieten, aber keiner von uns griff zum Telefon und rief einen Immobilienmakler an. Ein »Zu verkaufen«-Schild im Vorgarten stehen zu haben, kam uns wie ein unwiederbringlicher Statusverlust vor.

»Was werden die Nachbarn denken, wenn wir das tun?«, fragte Arpana.

Wir saßen nachmittags auf der Terrasse und tranken Tee, als sie diese Frage stellte. Das goldene Licht der untergehenden Sonne glitt über das grüne Gras und ließ die bunt gekleideten Golfspieler wie Figuren in einem lebenden Gemälde aussehen. Es war ein perfekter Tag.

»Sie werden denken, dass wir verrückt sind oder pleite«, sagte ich.

Irgendwie dachten wir, dass sich die Nachbarn wirklich für uns interessierten. Wir dachten, sie würden hinter unserem Rücken über uns herziehen, wenn wir ihnen von unserem Plan erzählten, in ein bezahlbareres Haus zu ziehen. Immerhin würden wir uns damit und mit weniger tollen Autos in unserer Einfahrt zum Gesprächsthema Nummer eins im inneren Kreis machen – oder etwa nicht? Keiner von uns wollte auf diese Art gedemütigt werden, und so machten wir uns Sorgen über unser gesellschaftliches Image in der Nachbarschaft, während wir vor der atemberaubenden Kulisse dieses künstlichen Stücks Natur namens Golfplatz unseren Tee schlürften.

Ich gebe es nicht gern zu, aber für einen Moment stellte ich sogar die wahre Botschaft der Engel infrage.

Am nächsten Tag kam der Schönheitschirurg wieder vorbei, diesmal in Begleitung seiner Freundin. Er machte uns ein unerwartetes Angebot.

»Wir könnten die Häuser tauschen«, sagte er.

Innerhalb einer Stunde waren wir uns handelseinig. Am Ende des Tages hatten wir ein Haus, für das wir etwa ein Viertel weniger abzahlen mussten als für das, in dem wir derzeit lebten – und ja, ein Haus, das halb so groß war wie unser jetziges. Ohne dass es irgendjemand in der Nachbarschaft mitbekam, hatten wir gerade unser Haus verkauft.

»Sobald es mir etwas besser geht, ziehen wir um«, sagte ich zu dem Chirurgen.

»Lassen Sie sich Zeit, und tun Sie nichts, was Ihren Zustand verschlimmert«, sagte er. »Ich will mal so tun, als ob ich es nicht eilig hätte.«

Ich wusste es zu schätzen, dass er sich Sorgen um meine Genesung machte, aber das war nicht nötig. Seltsamerweise ging es mir überhaupt nicht schlecht. Für meine Operation war mein Bauch an fünf Stellen geöffnet worden, damit der Eiter aus der Bauchhöhle gesaugt werden konnte, und zwar mit einem Gerät, das aussieht wie eine Bratenspritze. Und dann wurde mein Bauchhöhle auf die gleiche Weise gesäubert, wie man eine Pfanne sauber schrubben würde. Und doch war ich nach 72 Stunden entlassen worden. Jetzt, nicht einmal zwei Wochen nach der Operation, fing ich an, mein Nahtoderlebnis genauer zu untersuchen. Würde ich zulassen, dass es mein Leben veränderte?

Ich war mein eigenes Experiment, mein erster Studienpatient zur Erforschung der bewusstseinsbasierten Heilung. Kurz, ich war das Versuchskaninchen bei der Erforschung einer Erkrankung der Seele. Welche heilende Kraft mir das Lichtwesen auch immer übertragen hatte, ihre Wirkung auf mich war groß. Mir ging es nun darum herauszufinden, wie ich ein Kanal für diese universelle Heilenergie sein und das Leid anderer lindern konnte.

* * *

In den nächsten paar Tagen las ich noch mehr über Nahtoderfahrungen aus unterschiedlichen Quellen, vor allem Berichte von Menschen, die wie ich von einem Lichtwesen oder aus einer anderen mystischen Lichtquelle Heilung erfahren und nach dieser Begegnung heilende Kräfte entwickelt hatten. Ich suchte auch nach Menschen, die Erfahrungen mit Licht oder Lichtwesen gemacht hatten.

Diese Lichterscheinungen oder Lichtwesen wurden von den Menschen mit Nahtoderfahrung sehr vielfältig beschrieben. Einer sagte, sie seien wie Menschen, »nur ohne die äußere Hülle«, oder »Engel von einer höheren Ebene«. Andere sagten, sie seien als »blendende Lichter« erschienen, so hell, dass man sie gar nicht anschauen konnte. In fast allen Fällen berichteten die Betroffenen, diese mystischen Lichter oder Lichtwesen hätten ihnen etwas mitgegeben: Worte der Weisheit; ein höheres Ziel, das es nun zu erreichen gelte; eine nie zuvor erlebte Gelassenheit, eine Erkenntnis, eine neue Richtung oder sogar einen neu entdeckten Sinn für Humor. Die Liste der möglichen spirituellen Schätze aus dieser mystischen Lichtquelle ließe sich beliebig fortsetzen.

In medizinischen Studien hat sich gezeigt, dass es diese Begegnungen mit dem mystischen Licht oder Lichtwesen sind, die der Nahtoderfahrung eine besonders transformierende Kraft geben. Beispielsweise hat eine Befragung, die im Rahmen von Fallstudien der International Association of Near Death Studies (IANDS) von Nancy Evans Bush durchgeführt wurde, Folgendes ergeben: Mehrere der Befragten, die eine Begegnung mit dem mystischen Licht hatten, empfanden dies als eine Neugeburt in einem spirituellen Reich. Eine kurze Fallgeschichte, die dies verdeutlicht, stammt von einem 39-jährigen Grafiker, der im Alter von fünf Jahren durch einen Stromschlag einen Herzstillstand erlitten hatte:

»Ich fiel durch einen Tunnel mit farbigen Rippen oder Leisten, die nach unten auf ein helles Licht zu führten. Zunächst fiel ich ganz langsam, aber dann immer schneller. Je schneller ich wurde, desto besser fühlte ich mich. Ich wollte das Licht erreichen, aber es gelang mir nicht. Doch auch wenn ich das Licht nie erreicht habe, glaube ich, dass es meine Einstellung zum Leben und zum Tod verändert hat. Es hat mich mit Sicherheit spiritueller und liebevoller gemacht.«

Eine weitere Fallgeschichte aus dem IANDS-Archiv ist die eines 14-jährigen Jungen, der während einer Sturmflut von einer Brücke gespült worden war. Er konnte gerettet werden und schrieb Jahre später über den Vorfall:

»Ich wusste, dass ich entweder schon tot war oder sterben würde. Doch dann passierte etwas. Es war so gewaltig, so mächtig, dass ich bereit war, mein Leben aufzugeben, um zu sehen, was es war. Ich wollte diese Erfahrung wagen, die mit dem Abgleiten in etwas begann, das ich nur als langen, rechteckigen Lichttunnel beschreiben kann. Aber es war nicht einfach nur Licht, es war ein schützender Durchgang aus Energie mit einer intensiven Helligkeit am Ende, in die ich schauen, die ich berühren wollte.

… Als ich die Quelle dieses Lichts erreichte, konnte ich hineinschauen. Die Gefühle, die ich angesichts dessen hatte, was sich da vor mir auftat, kann ich nicht einmal annähernd in menschlichen Begriffen beschreiben. Es war eine riesige, unendliche Welt der Ruhe und Liebe und Energie und Schönheit. … Es war das ganze Dasein, alle Schönheit, die ganze Bedeutung der gesamten Existenz. Es war die gesamte Energie des Universums auf ewig an einem Ort.

Als ich die Hand danach ausstreckte, überwältigte mich eine beglückende Vorfreude. Ich brauchte meinen Körper nicht mehr. Ich wollte ihn hinter mir lassen und zu meinem Gott in diese neue Welt gehen.«

Wie bei vielen anderen, die Erfahrungen mit Lichtwesen gemacht haben, ergab die Welt dieses jungen Mannes nun mehr Sinn, und alles passte auf schlüssige Weise zusammen. Und was das Wichtigste war: Das Leben schien einen höheren Zweck zu haben.

* * *

In Closer to the Light (dt.: Zum Licht), seinem Klassiker über die Nahtoderlebnisse von Kindern, beschreibt Melvin Morse das mystische Licht als eine treibende Kraft für die Spiritualität eines Individuums. Als Beweis führt er viele spirituelle Leitfiguren an, deren Leben sich nach einer Begegnung mit einem Licht oder Lichtwesen grundlegend verändert hat.

Eine von ihnen war der indische Guru Paramahansa Yogananda, der in seiner Autobiografie eines Yogi ein Nahtoderlebnis beschreibt, das er im Alter von acht Jahren hatte und das seine lebenslange Hingabe an die Religion verstärkte. Er schreibt: »Ein blendendes Licht hüllte meinen Körper und den ganzen Raum ein. Meine Übelkeit und andere unkontrollierbare Symptome verschwanden. Mir ging es gut.« Dieses Licht begleitete Yogananda für den Rest seines Lebens. Er war nicht nur in der Lage, sich dem Licht auszusetzen, wenn er meditierte, er konnte es auch rufen, damit es andere erleuchte. Ich merkte bald, dass ich diese Fähigkeit, »dem Licht erneut zu begegnen«, wie ich sie nenne, auch hatte, was zu weiteren Veränderungen in meinem Leben führte.

Jonathan Edwards, der Erweckungstheologe des 18. Jahrhunderts, hatte viel über das Licht am Ende des Tunnels zu sagen. In seiner Kindheit war er fast an einer Lungenentzündung gestorben. Später, als Prediger in New York und Neuengland, schrieb Edwards aus eigener Erfahrung über das »geistige und göttliche Licht«: »Es gibt so etwas wie ein geistiges und göttliches Licht, das der Seele von Gott unmittelbar verliehen wird. Es ist von anderer Art als alles, was mit natürlichen Mitteln erlangt wird.« Das Licht, so schrieb er, kann bezeichnet werden als »eine geistige und rettende Überzeugung von der Wahrheit und Wirklichkeit der göttlichen Herrlichkeit. Es ist süß und angenehm für die Seele … [und ermöglicht es uns], die wechselseitigen Beziehungen zwischen Dingen und Gelegenheiten zu sehen und sie mehr zu beachten.«

Was genau ist das göttliche Licht, und wo hält es sich auf? Morse sagt nichts darüber. Vielmehr erklärt er, dass diese Begegnungen mit dem Licht eine religiöse Qualität haben, die es dem Menschen erlaubt, eine göttliche Welt zu erleben, die auf einer anderen Ebene existiert als der, auf der wir uns befinden. Er sagte es so: »Ich bin schon seit Langem davon überzeugt, dass viele große Religionsführer dieser Welt von einem tief greifenden Nahtoderlebnis und anderen visionären Erfahrungen, zu denen auch eine Begegnung mit dem mystischen Licht gehört, angetrieben wurden. Es gibt viele Beispiele – große und kleine – für Menschen, die durch das Licht zu einem Leben voller Hingabe bekehrt wurden.«

Einer dieser Menschen war Bill Wilson, einer der großen Heiler der modernen Geschichte, der sich infolge einer Nahtoderfahrung das vielleicht wirkungsvollste Mittel zur geistigen Heilung ausgedacht hat.

* * *

Wilson, auch bekannt als »Bill W.«, war Mitbegründer der Anonymen Alkoholiker, jener weltweiten Organisation, die mit einer Reihe von spirituellen Richtlinien arbeitet, nämlich den zwölf Schritten zum Sieg über die Abhängigkeit. Wilson war Hauptautor des Buches Alcoholics Anonymous, das seit seiner Veröffentlichung im Jahr 1938 die Anleitung zur Heilung für Millionen von Alkoholikern und Drogenabhängigen wurde.

Wilson entwickelte sein spirituelles Genesungsprogramm, nachdem er im Jahr 1934 einem Lichtwesen begegnet war. In jenem Jahr hatte er sich selbst in eine Spezialklinik zu Behandlung von Alkoholabhängigkeit eingewiesen. Er war in diese Klinik gegangen, um zu verhindern, dass er sich zu Tode trank. Man verabreichte ihm dort Belladonna, eine Pflanze, die damals häufig zur Behandlung von Alkoholismus eingesetzt wurde.

Nach dieser Behandlung wurde Wilson von Dr. William Silkworth, dem Direktor der Klinik, gefragt, ob er sich Jesus anvertrauen wolle, um festzustellen, ob ihm das helfen würde, sich von seinem Alkoholismus zu befreien. Niedergeschlagen und völlig verzweifelt fing Wilson an zu weinen. »Ich mache alles! Absolut alles! Falls es einen Gott geben sollte, dann soll er sich zeigen!«, rief er.

Bill beschrieb das dann folgende Erlebnis so:

»Die Wirkung stellte sich sofort ein, elektrisch geradezu. Plötzlich war das ganze Zimmer von einem unglaublich weißen Licht erfüllt. Ich wurde von einer Ekstase erfasst, die sich nicht beschreiben lässt. Ich habe einfach keine Worte dafür.

Jede Freude, die ich bisher empfunden hatte, verblasste daneben.

Das Licht, die Ekstase. Eine Weile nahm ich nichts anderes wahr.

Dann tauchte vor meinen inneren Augen ein Berg auf. Ich stand auf dem Gipfel, wo ein starker Wind wehte. Kein Wind aus Luft, sondern ein Wind des Geistes. Mit großer reinigender Kraft blies er einfach durch mich hindurch. Dann durchzuckte mich ein Gedanke wie ein Blitz: ›Du bist ein freier Mann.‹

Ich habe keine Ahnung, wie lange ich in diesem Zustand blieb, aber schließlich flauten das Licht und die Ekstase ab. … Während ich immer ruhiger wurde, überkam mich ein großer Frieden, begleitet von einem Gefühl, das schwer zu beschreiben ist. Sehr intensiv wurde ich mir einer Präsenz bewusst, die wie ein wahres Meer des lebendigen Geistes wirkte. Ich lag an den Ufern einer neuen Welt. ›Dies‹, dachte ich, ›muss die große Wirklichkeit sein. Der Gott der Prediger.‹«

Später, als er Dr. Silkworth erzählte, was passiert war, reagierte der Arzt perplex, aber glücklich, und beschrieb das Ereignis als »ein großes übernatürliches Vorkommnis, etwas, das ich nicht verstehe. Ich habe von solchen Dingen in Büchern gelesen, aber ich habe dergleichen noch nie gesehen. Sie hatten eine Art Bekehrungserlebnis. … Sie sind bereits ein anderer Mensch. Irgendetwas ist mit Ihnen geschehen, das ich nicht verstehe. Aber Sie sollten dranbleiben.«

Wilson blieb für den Rest seines Lebens dran und trank nie wieder einen Tropfen. Er erzählte Dr. Bob Smith, einem Alkoholiker in Akron, Ohio, von seinem Erlebnis, und der Doktor begann mit einer »spirituellen Heilbehandlung« seines eigenen Alkoholismus. Abgesehen von einem kurzen Rückfall trank auch Dr. Smith nie wieder. Die beiden Männer, Bill W. und Dr. Bob, gründeten gemeinsam die Anonymen Alkoholiker (AA).

Sein ganzes Leben lang bestand Bill Wilson darauf, nur ein ganz gewöhnlicher Mensch zu sein. Diese Einschätzung wurde von sehr wenigen geteilt. Seine Biografin Susan Cheever beschrieb Wilson als einen »Verknüpfer« von Ideen, einen Mann, der verschiedene Fäden aus Psychologie, Theologie und Demokratie zu einem praktikablen und lebensrettenden System verwob. Der Autor Aldous Huxley bezeichnete ihn als »den größten sozialen Architekten unseres Jahrhunderts«, und die Zeitschrift Time schrieb, er sei ein »Heiler« und nahm ihn 1993 in ihre Liste der 100 wichtigsten Menschen des 20. Jahrhunderts auf. Wilson selbst war bescheidener. Er bezeichnete sich als einen Mann, der »aufgrund seiner bitteren Erfahrungen und durch ein Bekehrungserlebnis allmählich ein System von Verhaltensweisen entdeckte sowie eine Reihe von Maßnahmen, die bei Alkoholikern, die mit dem Trinken aufhören wollen, funktionieren.«

Die zwölf Schritte, die für die Anonymen Alkoholiker entwickelt wurden, sind ein Meisterstück der geistigen Führung. Egal ob man an Nahtoderfahrungen, an spirituelle Transformation oder sogar an Gott glaubt, das AA-Programm berücksichtigt all das. Ein Süchtiger, der an einem AA-Programm teilnimmt, wird nicht aufgefordert, an einen oder alle Grundsätze der zwölf Schritte zu glauben. Er wird lediglich gebeten, eine Zeit lang an dem Programm teilzunehmen. In dieser Zeit beginnen viele der neuen Mitglieder, die Vorteile eines spirituellen Lösungswegs zu spüren – in der Regel mithilfe eines Sponsors, der schon länger an dem Programm teilnimmt.

Im Rahmen des AA-Programms, schrieb der französische Philosoph Michel Foucault, merke man, dass Praktiken wie Beichte, Buße, Meditation und das Schreiben einer moralischen Bestandsaufnahme »wesenhafte Veränderungen in der Person« hervorrufen, »sie entlasten, erlösen und reinigen, ihnen die Bürde des Falschen abnehmen, sie befreien und ihnen Erlösung versprechen«.

Man kann die Anonymen Alkoholiker leicht mit einer religiösen Organisation verwechseln, vor allem, wenn man sich das Zwölf-Schritte-Programm anschaut. Doch die Anonymen Alkoholiker erklären, dass das Wort Spiritualität nicht die gleiche Bedeutung hat wie das Wort Religion. Für viele in einem AA-Programm bedeutet »spirituell«, die Realität des Lebens zu leben und in Kontakt mit den eigenen Gefühlen, »Charakterfehlern« und »Gaben« zu sein.

Durch dieses spirituelle Erwachen kommt man vielleicht in Kontakt mit Gott. Oder auch nicht. Das Ziel des Zwölf-Schritte-Programms ist kein religiöses. Vielmehr handelt es sich um einen Prozess, in dem man lernt, den Alkohol- und Drogenkonsum einzustellen, und dadurch erlebt man vielleicht die höhere Macht dessen, was viele von uns Gott nennen.

Die zwölf Schritte sind die folgenden:

1. Wir gestehen uns ein, dass wir dem Alkohol gegenüber machtlos sind – dass wir unser Leben nicht mehr im Griff haben.

2. Wir sind überzeugt, dass eine Macht, die größer ist als wir selbst, unsere geistige Gesundheit wiederherstellen kann.

3. Wir sind entschlossen, unseren Willen und unser Leben in die Obhut Gottes – wie wir ihn verstehen – zu geben.

4. Wir machen eine gründliche und furchtlose moralische Bestandsaufnahme unserer selbst.

5. Wir geben Gott, uns selbst und anderen Menschen gegenüber unser Fehlverhalten zu.

6. Wir sind voll und ganz bereit, alle diese Charakterfehler von Gott beseitigen zu lassen.

7. Demütig bitten wir Ihn, alle unsere Mängel von uns zu nehmen.

8. Wir machen eine Liste aller Personen, denen wir Schaden zugefügt haben, und sind bereit, alles wiedergutzumachen.

9. Wir leisten überall dort direkte Wiedergutmachung, wo es möglich ist, es sei denn, dies würde die betreffenden Menschen oder andere verletzen.

10. Wir setzen unsere innere Bestandsaufnahme fort. Und wenn wir im Unrecht sind, geben wir es zu.

11. Im Gebet und in der Meditation streben wir danach, unsere bewusste Verbindung zu Gott – wie wir ihn verstehen – zu verbessern. Wir bitten Ihn nur um die Erkenntnis Seines Willens und um die Kraft, entsprechend zu leben.

12. Nachdem wir durch diese Schritte ein geistiges Erwachen erlebt haben, versuchen wir diese Botschaft an Alkoholiker weiterzugeben und diese Prinzipien in unserem Alltag umzusetzen.

Wenn ich mir diese zwölf Schritte anschaue, komme ich nicht umhin zu denken, dass Wilsons Begegnung mit dem Licht meiner eigenen Begegnung mit dem Lichtwesen sehr ähnlich war. Auch drängt sich mir der Gedanke auf, dass man ihn ebenfalls aufgefordert hat, eine Methode zur geistigen Heilung zu entwickeln – ganz ähnlich wie mich.

Obwohl Wilson nicht von einem Gespräch mit dem Licht berichtete, scheint es offensichtlich, dass er im Laufe seines Erlebnisses irgendeine Art von Information bekommen hat, die es ihm erlaubte, die zwölf Schritte zu erarbeiten und eine der größten internationalen Heilorganisationen ins Leben zu rufen. Seine Begegnung mit dem Licht beendete auch seine eigene Abhängigkeit und bescherte ihm eine wichtige Erkenntnis: »Ich musste immer der Erste in allem sein, denn in meinem irregeleiteten Herzen fühlte ich mich wie das Geringste von Gottes Geschöpfen.«

Meine Begegnung mit dem Licht hatte Ähnliches mit mir gemacht, und es war, ehrlich gesagt, ziemlich beängstigend. Nach meiner Operation stellte ich fest, dass meine Schmerzmittelabhängigkeit weg war. Das war keine Kleinigkeit. Ich hatte fast mein ganzes Leben lang Schmerzmittel und Antidepressiva genommen.

Ein Arzt in der Suchtpsychiatrie, den ich einmal konsultierte, hat mir damals gesagt, es würde Wochen in der Reha dauern, eine »schwere Abhängigkeit« zu überwinden. Monatelang hatte ich mich gefragt, wie ich es wohl schaffen sollte, meine Sucht zu überwinden und dabei meine Arbeitsstelle zu behalten. Doch jetzt wollte ich keine einzige Tablette mehr als die verordneten nehmen. Meine Lust auf einen Drogenkick war schlagartig verschwunden. Die verordnete Schmerzmitteldosierung reichte aus und war manchmal gar nicht nötig. Bald nahm ich weniger als verordnet und nur noch, was ich gegen die Schmerzen im Beckenbereich brauchte. Ich sehnte mich danach, das Gleiche mit den Antidepressiva zu tun. Ich war mir sicher, dass mich das Lichtwesen genauso heilen würde wie andere, die eine ähnliche spirituelle Transformation erfahren hatten.

Ich wollte frei sein!

15

Glücklicher Rajiv oder armer Rajiv

Es gibt grundsätzlich zwei Arten von Psychiatern: diejenigen, die mit einem sprechen, und diejenigen, die es nicht tun.

Diejenigen, die »Gesprächsheilung« praktizieren, verlassen sich nicht nur auf Medikamente und sind davon überzeugt, dass gut formulierte Fragen und echtes Interesse an den Patienten heilsame Lösungen für Probleme bieten können, die den menschlichen Geist quälen. Dies gilt natürlich ganz besonders für Ärzte wie C. G. Jung, den Vater der Analytischen Psychologie, der selbst ein Nahtoderlebnis hatte. Vor dem Hintergrund dieser Erfahrung konnte er eine ganz persönliche Verständnisebene in die Gesprächstherapie einbringen, die so tief greifend war, dass Menschen, die selbst eine Nahtoderfahrung gemacht hatten, genau wussten, dass sie beim richtigen Arzt waren, wenn er beispielsweise so etwas sagte wie: »Das, was jenseits des Todes sich ereignet, ist so unaussprechlich großartig, dass unsere Imagination und unser Gefühl nicht ausreichen, um (es) auch nur einigermaßen richtig aufzufassen.«[3]

Dann gibt es die Ärzte, die nicht reden. Sie stellen ein paar Fragen und verschreiben Medikamente, in der Regel etwas gegen Depressionen oder zum Schlafen.

Die meisten Patienten möchten einen Arzt, der nicht redet.

Ja, auch in dieser selbstbezogenen Zeit, wo wir uns so gern in diverse Internetseiten einloggen und ohne Ende zu völlig fremden Menschen über uns selbst und unsere tiefsten persönlichen Gefühle reden, gibt es nur relativ wenige Menschen, die ausdrücklich eine Gesprächstherapie einer medikamentösen

Therapie vorziehen. Der Grund dafür ist, dass die meisten Menschen die medizinische Lösung bevorzugen. Deshalb und seit Einführung von Managed Care (Steuerungsmodell im amerikanischen Gesundheitswesen; Anm. d. Übers.) verbringen nur etwa zehn Prozent aller Psychiater mehr als 15 Minuten pro Termin mit ihrem jeweiligen Patienten.

Ich war auch ein solcher Arzt. Wenn ein Patient bereit war, seine Beschwerden kurz zusammenzufassen, stellte ich ein Rezept aus und entließ den Patienten schon nach weniger Zeit, als man für eine durchschnittliche Kaffeepause gebraucht hätte.

Wenn das erste Medikament nicht funktioniert, sind viele Ärzte bereit, ein zweites zu verordnen, das die Wirkung des ersten verstärken soll. Und wenn die ersten beiden Medikamente Nebenwirkungen haben, ist es vielleicht möglich, diese Nebenwirkungen mit einer dritten Wunderpille abzumildern. Wenn Pillen und Tabletten nicht mehr wirken, überweist derselbe Arzt den Patienten vielleicht zu einem Psychologen, der dann Gespräche mit ihm führt. Das ist das genaue Gegenteil des bewusstseinsbasierten Heilens, wie ich es jetzt zu praktizieren lerne. Aber es ist auch eine typische Vorgehensweise, die in der westlichen Welt sowohl bei Suchterkrankungen als auch bei körperlichen und seelischen Schmerzen angewandt wird.

Auch wenn sich Suchtpatienten ernsthaft auf die Suche nach anderen Möglichkeiten machen, ihren Medikamentenkonsum zu reduzieren, ist die Rückfallquote bei denen, die regelmäßig Schmerzmittel und Antidepressiva nehmen, leider extrem hoch.

Die Abhängigkeit bis unterhalb der Suchtschwelle zu senken, wie ich es getan habe, wird oft mit kaltem Entzug verglichen. Hier sind langwierige und teure Aufenthalte in Rehakliniken oder die Begleitung durch einen Arzt von entscheidender Bedeutung. Ohne die richtige medizinische Begleitung geht ein

Patient das Risiko schwerer Entzugserscheinungen ein, zu denen auch Anfälle oder Halluzinationen gehören können.

Erstaunlicherweise passierte mir nichts davon in den sechs Monaten, die ich brauchte, um meine Abhängigkeit von Schmerztabletten und Stimmungsaufhellern zu reduzieren. Vielleicht lag es an meinem medizinischen Wissen; ich weiß es nicht. Was ich allerdings weiß, ist, dass ich nach meinem Nahtoderlebnis mein altes Leben verließ und in eine Welt ging, in der es keine Sucht gab.

Damit will ich nicht sagen, dass die Veränderungen in meinem Leben ohne Anstrengungen vonstattengingen, aber meine Begegnung mit den Engeln und dem Lichtwesen gab mir das Wissen und die Einsicht, die ich brauchte, um mein Leben von Grund auf zu ändern.

Es gab viel zu verändern. Vor meinem Nahtoderlebnis hatte ich an einer Langzeitdepression gelitten, die nach der Prostatakrebs-Diagnose noch schlimmer geworden war. Eines meiner größten Probleme in der realen Welt war das Geld, das ich auf dem Aktienmarkt verloren hatte – mehr als 3,5 Millionen US-Dollar, von denen ein Großteil anderen Familienmitgliedern gehörte. Ich stellte mir auch existenzielle Fragen. Warum habe ich Krebs? Warum sind während der ersten sechs Operationen so viele Komplikationen aufgetreten? Eine Operation macht eine Sucht in der Regel noch schlimmer. Ich wollte nicht nur Schmerztabletten, ich brauchte sie auch. Dieser ganze Schmerz war so stark, dass ich mich mehrfach arbeitsunfähig melden musste. Doch wie hatte ich die Kontrolle über meine Behandlung verlieren können? Wie lange noch konnte ich Überstunden in der anstrengenden Welt der hochriskanten Herzoperationen machen? War es richtig für mich, eine Schmerzklinik zu betreiben, wenn ich die gleichen Suchtprobleme hatte wie einige meiner Patienten? Warum war ich so hoffnungslos materialistisch und so unnötig konkurrenzorientiert?

Wie konnte ich die Beziehung zu meinem Sohn, meinem Vater und meinem Gott wieder in Ordnung bringen?

Nach meinem Nahtoderlebnis wurde mir klar, dass mich meine Engel zu den Antworten führen konnten.

* * *

Nach meiner Rückkehr aus dem Krankenhaus hatte ich mich mehr oder weniger zum Meditieren genötigt gefühlt. Dann meditierte ich täglich, manchmal sogar mehrmals am Tag. Ich richtete mir dafür eigens einen Raum im ersten Stock unseres neuen Hauses ein. Diese kleine Höhle stattete ich mit ein paar Statuen von hinduistischen Göttern und Göttinnen aus sowie mit den Bildern der christlichen Erzengel Michael und Raphael, die mir erschienen waren. Es war eine seltsame Mischung der Religionen, die noch seltsamer wurde durch den blauen Rauch, der den Raum erfüllte, wenn ich Räucherstäbchen anzündete. Doch ich liebte diesen Mix. Eine Erkenntnis, die ich neben vielen anderen durch den Kontakt mit den Engeln und dem Lichtwesen gewonnen hatte, war, wie ähnlich sich die Menschen und die Religionen doch sind. All das wurde mir durch eine Begegnung mit Michael während einer Meditation offenbart.

»Egal, was unsere Religion predigt, die Wahrheit ist, dass wir alle dasselbe wollen«, hatte Michael gesagt, und seine Stimme hatte meinen Kopf erfüllt, noch bevor er mir erschienen war. »Wir alle wollen Gesundheit, Glück, Freiheit von Angst und Gemeinschaft. Wir alle möchten einfach nur gut klarkommen.«

Es gab noch andere Begegnungen mit den Engeln. In der Tat kamen sie oft zu mir, wenn ich meditierte, obwohl ich nicht vorhersagen konnte, wann sie wohl erscheinen würden. Manchmal waren sie einfach da. Zu anderen Zeiten waren sie wie

Lehrer in einem Klassenzimmer. Wenn ich in der Meditation beispielsweise über eine Frage sinnierte, kamen sie ins Bild und halfen mir, sie zu beantworten.

Eines Tages überkam mich beim Meditieren eine tiefe Traurigkeit, weil die gleichen Sorgen auftauchten, die mich in die Depression getrieben hatten. Ich fing an, über das Geld nachzudenken, das ich 1999 an der Börse verloren hatte, und fragte mich, warum ich mein ganzes Kapital aufs Spiel gesetzt hatte, nur um noch mehr Geld zu bekommen – obwohl doch das, was ich bereits hatte, schon viel mehr war, als ich jemals erwartet hätte. Ich dachte an die Freunde, die ein Vielfaches dessen gewannen, was ich später verlor, weil sie meinen Rat befolgt hatten. Warum hatte ich nicht auch rechtzeitig aufgehört, mit Aktienoptionen zu handeln, und meine Aktien zu Geld gemacht, als ich ihnen riet, dies zu tun?

Dann begann ich mich zu fragen, warum ich Prostatakrebs bekommen hatte. Hatte Gott ihn mir auferlegt? Und warum war ich dann immer wieder erkrankt und hatte so viele Operationen gebraucht? War das die Rache des Karma für etwas, das ich getan hatte? Würde das aufhören? Würde ich mich jemals wieder wohlfühlen?

Ich gab mir alle Mühe, in einem positiven meditativen Zustand zu bleiben, was in der Regel bedeutet, dass man die Gedanken kommen und gehen lässt, sie als einen Teil des Lebens akzeptiert und dann im mentalen Kosmos verschwinden lässt. Aber meine Gedanken wollten nicht verschwinden. Sie blieben bei mir und drohten meine Meditationssitzung zu ruinieren.

Dann erschienen Michael und Raphael gleichzeitig. In ihrer angenehmen Art beruhigten sie mich und versicherten mir, es sei üblich, während der Meditation »aus der Spur zu geraten«.

»Wenn man meditiert, sollte man Gedanken auftauchen lassen, sich aber von ihnen lösen und sie im Strom des Lebens flussabwärts treiben lassen«, sagte Raphael.

»Ja, so sollte es sein«, stimmte Michael zu. »Aber das passiert bei den meisten Menschen nicht, zumindest nicht am Anfang.«

»Ja, Gedanken haben Stacheln wie ein Kaktus«, sagte Raphael. »Sie heften sich an dich und tun dir weh. Manchmal lösen sie sich nicht so schnell, wie du es gern hättest, und tun sogar noch beim Loslassen weh.«

Es gebe einfache Wege, diese deprimierenden Gedanken zu besiegen, sagte Michael. Alles sei eine Frage der Perspektive, die verändert werden müsse. Zu diesem Zweck empfahl mir Michael, zwei gegensätzliche Persönlichkeiten zu entwickeln: den armen Rajiv und den glücklichen Rajiv. Der arme Rajiv ist der Mann, der unter Stress steht, weil er auf dem Aktienmarkt Geld verloren hat, und der nicht akzeptieren kann, dass er diesen Verlust mit seiner Gier selbst verursacht hat. Dann hat er Krebs bekommen und musste sich mehreren Operationen unterziehen, bei denen es zu Komplikationen kam. Jetzt macht er Gott für seine Probleme verantwortlich, statt über sein eigenes Karma nachzudenken. Der glückliche Rajiv ist der Typ, der eine Chance hat, seinem Dharma zu folgen, seiner Bestimmung, und der keine riesige Hypothek hat. Sein Leben ist einfacher. Er kann einen neuen Lebenssinn entdecken, vielleicht sogar die Welt verändern.

Diese beiden Versionen meines Selbst sollten mein neuer Bezugsrahmen werden. Die Engel rieten mir, dies in der Meditation abzuwägen: Welcher von beiden möchte ich heute sein? Der glückliche Rajiv oder der arme Rajiv?

Mir wurde klar, dass ich die Geschichte über meine Lebensumstände ändern konnte. Wie Raphael sagte: »Du kannst den Schmerz nicht verhindern, aber zu leiden ist deine Wahl.«

Ich musste lediglich die Perspektive ändern, wenn ich nicht leiden wollte. Es war so einfach. Ich konnte die Vergangenheit nicht ändern. Ich musste sie akzeptieren. Und damit wurde mir klar, dass ich wählen konnte, ob ich glücklich oder unglücklich sein wollte. Mit anderen Worten: Ich kann nichts gegen den Schmerz der Vergangenheit tun, aber ich kann aufhören, deswegen zu leiden, und aus der Zukunft kann ich machen, was ich will.

16

Die Geschichte, die er noch nicht kannte

Natürlich bin ich nicht der erste Mediziner, der einen spirituellen Weg geht. Es hat viele andere gegeben, deren Leben sich durch mystische Erfahrungen verändert hat. C. J. Jung, einer der Väter der Psychotherapie, ist vielleicht die bekannteste Persönlichkeit aus der Medizin, die diese Abzweigung genommen hat. Jung war Schüler und guter Freund von Sigmund Freud. Die beiden waren einander so nah, dass Freud Jung oft als seinen »legitimen Nachfolger« bezeichnete. und Jung charakterisierte Freud als »scharfsinnig und äußerst bemerkenswert«. 1913 zerbrach diese Freundschaft allerdings wegen inhaltlicher Differenzen.

1944, im Alter von achtundsechzig Jahren, kam Jung nach einer Verletzung ins Krankenhaus, wo er zusätzlich einen Herzinfarkt erlitt. Während dieses Herzinfarkts machte Jung eine außerkörperliche Erfahrung beziehungsweise das, was später als Nahtoderfahrung bezeichnet wurde.

Jung sagte, er sei, nachdem er schreckliche Schmerzen in der Brust gehabt und das Bewusstsein verloren habe, ganz weit über der Erde geschwebt und habe alles sehen können: das tiefblaue Meer, die rotgelbe Wüste Arabiens und den schneebedeckten Himalaja.

Während er so um die Erde kreiste, tauchte plötzlich ein gigantischer schwarzer Tempel auf, vor dessen Eingang ein Yogi im Lotossitz saß. Millionen von Kerzen flackerten, und Jung hatte das unangenehme Gefühl, als falle sein irdisches Dasein von ihm ab. Ihm blieb nur der Kern seiner Erfahrungen, sein wahres Wesen.

Er war sich sicher, dass der Tempel seine Bestimmung bewahrte, und schob sich vorsichtig an dem Mann im Lotossitz vorbei zur Tempeltür, um den Sinn seines Lebens zu finden. Es gelang ihm nicht. Als er sich dem Eingang näherte, tauchte sein Arzt von unten, von Europa her auf, und zwar in Gestalt des antiken Arztes Basileus von Kos aus dem Tempel des Äskulap, des Gottes der Medizin. Der Arzt teilte Jung mit, es sei noch nicht Zeit zu sterben und dass viele auf der Erde seine Rückkehr forderten. Als Jung sich der Rückkehr widersetzte, sagte der Arzt, er sei in diese himmlischen Gefilde geschickt worden, um ihn zurückzubringen.

Ein paar Tage nach seinem Nahtoderlebnis saß Jung aufrecht im Bett und erzählte allen Anwesenden davon. Wie er selbst sagte, war seine größte Sorge, dass sein Arzt, der geschickt worden war, um ihn ins Leben zurückzuholen, dafür nun sein eigenes Leben opfern müsse. Jung sagte zwar nicht, warum es ein solches Opfer geben müsse, aber ein paar Tage später (am 4. April 1944 oder am 4.4.44 für die numerologisch Interessierten) starb Jungs Arzt an Blutvergiftung.

Jungs Erkenntnisse, die er aus seinem Nahtoderlebnis zog, standen im Widerspruch zur Weltanschauung Sigmund Freuds, der spirituelle Erfahrungen für Fantasien hielt. Jung hingegen betrachtete Spiritualität als einen wichtigen Teil unseres Wohlbefindens und sagte, das Leben habe einen Sinn jenseits materieller Ziele, und es sei unsere Hauptaufgabe, den Weg zu gehen, der uns mit dem Universum verbindet.

Auch über Religion hatte Jung andere Ansichten als Freud. Während Freud die Religion mit den Augen eines Atheisten sah und als eine »kollektive Neurose« bezeichnete, die von einer »Sehnsucht nach dem Vater« verursacht wird, glaubte Jung

aufgrund seines Studiums der großen Religionen, dass Selbster-
kenntnis und Transformation das Kernstück aller Religionen
sind. Jung schreibt:

»Die entscheidende Frage für den Menschen ist: Bist du auf
Unendliches bezogen oder nicht? Das ist das Kriterium seines
Lebens. Nur wenn ich weiß, dass das Grenzenlose das Wesentli-
che ist, verlege ich mein Interesse nicht auf Futilitäten und auf
Dinge, die nicht von entscheidender Bedeutung sind. ... Je mehr
der Mensch auf falschem Besitz insistiert und je weniger das
Wesentliche für ihn spürbar ist, desto unbefriedigender ist sein
Leben. ... Wenn man versteht und fühlt, dass man schon in die-
sem Leben an das Grenzenlose angeschlossen ist, ändern sich
Wünsche und Einstellung. Letzten Endes gilt man nur wegen
des Wesentlichen, und wenn man das nicht hat, ist das Leben
vertan.«[4]

Der spirituelle Weg, den Jung nach seinem Nahtoderlebnis
ging, ist nicht immer leicht zu verstehen. Er bestritt, an Gott zu
glauben, weil er Gott kennengelernt habe. Wissen triumphiere
über den Glauben, sagte er, und wenn man etwas wisse, müsse
man nicht mehr daran glauben. Er hatte das Gefühl, dass wir in
einer Kultur leben, die alle Dinge ihres Mysteriums und der Gegenwart Gottes beraube, sodass letztlich nichts mehr heilig sei.
Für Jung war Religion »die besondere Einstellung eines Bewusstseins, welches durch die Erfahrung des *Numinosum (des
Geistes Gottes)* verändert worden ist«[5].

Ich musste seine spirituelle Philosophie oder seinen Glauben
(oder das Fehlen seines Glaubens) an Gott nicht voll und ganz
verstehen. Wenn es um Jung ging, waren zwei Zitate alles, was
ich als Inspiration brauchte. In dem einen geht es um die Rolle,
die wir spielen, wenn wir sind, wer wir sind:

»Es ist oft tragisch zu sehen, auf wie durchsichtige Weise ein
Mensch sich selber und anderen das Leben verpfuscht, aber um
alles in der Welt nicht einsehen kann, inwiefern die ganze

Tragödie von ihm selber ausgeht und von ihm selber immer wieder aufs Neue genährt und unterhalten wird.«[6]

In dem anderen Zitat geht es um die Rolle der Spiritualität in der Medizin:

»Mit dieser Erkenntnis (dass der Grund des Leidens der geistige Stillstand, die seelische Unfruchtbarkeit ist) betritt der Arzt nunmehr ein Gebiet, dem er sich nur mit größtem Zögern naht. Hier nämlich tritt die Notwendigkeit an ihn heran, die heilende Fiktion, die geistige Bedeutung zu übermitteln, denn das ist es ja, wonach der Kranke verlangt, jenseits alles dessen, was Vernunft und Wissenschaft ihm geben können.«[7]

* * *

Viele meiner Freunde verstanden nicht, warum ich bereit war, meine angesehene Stelle als Chef der Anästhesiologie aufzugeben und ein »New-Age-Guru« zu werden, wie manche es nannten.

Einer der ersten Kollegen, der von meinem Erlebnis hörte, war allein bei der Vorstellung einer Nahtoderfahrung entsetzt. Ich hatte ihn eine Weile nicht gesehen, und wir nahmen gemeinsam an einer Ärztetagung in der Nähe von San Francisco teil. Er freute sich, mich zu sehen, und fragte, wie es mir nach meiner Operation gehe. Ich hatte eigentlich nicht vorgehabt, ihm etwas von meiner Nahtoderfahrung zu erzählen, aber als ich anfing, von den Ereignissen zu berichten, die zu der Notoperation geführt hatten, kam ich auch auf Einzelheiten meines Nahtoderlebnisses zu sprechen. Er hörte geduldig zu, als ich ihm davon erzählte, wurde aber ungehalten, als er hörte, dass mein Vater mich aus der Hölle gerettet hatte.

In seiner Religion, sagte er, habe man ihm beigebracht, dass Nahtoderfahrungen das Werk des Satans seien und dass sich jeder, der an sie glaube, mit dem Teufel einlasse.

»Aber ich habe nicht das Gefühl, dass dies das Werk des Teufels ist«, sagte ich.

»Verstehe«, meinte er. »Und genau so arbeitet der Teufel. Du kannst nicht sagen, ob er hinter so etwas steckt, weil er dich in die Irre führt.«

Dieses Gespräch machte mich sprachlos und verlegen. Der Mann tat mir leid. Ich wüsste nicht, wie man mein Nahtoderlebnis als Werk des Teufels betrachten sollte. Es mochte Gottes harte Lektion in Erlösung sein. Aber ein Akt der Täuschung durch ein böses Wesen? Sicher nicht.

Aufgrund dieser Begegnung beschloss ich, eine Weile nichts mehr von meinem Erlebnis zu erzählen und erst einmal zu verdauen, was passiert war. Bis ich die Erfahrung nicht selbst voll und ganz verstanden hatte, wollte ich mir sehr genau überlegen, wem ich diese Geschichte erzählen würde.

Der Nächste, dem ich von meinem Nahtoderlebnis erzählte, war mein bester Freund, Naresh. Ich kannte ihn nicht aus Indien, sondern hatte ihn vor mehr als zwei Jahrzehnten in Bakersfield kennengelernt. Wir pflegten regelmäßig miteinander in einem italienischen Restaurant zu Mittag zu essen und uns über unsere Familien, die Arbeit und Sport zu unterhalten.

Im Laufe des letzten Jahres hatten unsere Gespräche eine traurige Wendung genommen. Bei Naresh war Krebs diagnostiziert worden, und die Ärzte hatten festgestellt, dass dieser schon sehr weit fortgeschritten war. Mein Freund war operiert worden und hatte Chemotherapie bekommen, aber der Krebs bildete bereits Metastasen in anderen Teilen seines Körpers. Erst kürzlich hatten die Ärzte Läsionen in seiner Leber entdeckt.

Wir wussten beide, dass sein Zustand sehr ernst war. Er hatte Krebs im Stadium IV, was bedeutete, dass sich seine Krankheit mittlerweile in seinem Körper ausgebreitet hatte. Wir sprachen so positiv wie möglich über seine Prognose, aber wir wussten beide, dass sie düster war. Dennoch taten wir, was die meisten Menschen tun: Wir klammerten das Thema Sterblichkeit einfach aus. Stattdessen sprachen wir eher oberflächlich über seine Erkrankung und befassten uns kaum damit, wie diese schreckliche Krankheit vermutlich enden würde.

Normalerweise begannen unsere gemeinsamen Mahlzeiten damit, dass ich ihn fragte, wie es ihm gehe, und er »gut« antwortete. Dann verbrachten wir den Rest unseres Restaurantbesuchs damit, um dieses ungeheuerliche Thema herumzureden. Wenn wir es ignorieren, geht es vielleicht weg, dachten wir. Oder vielleicht wollen wir einfach nicht spüren, wie unangenehm es ist, über den Tod zu reden. Aber ihn zu ignorieren, erwies sich als unmöglich, und bald waren unsere Treffen eine traurige Sache, weil wir wussten, dass Naresh nicht mehr lange am Leben sein würde.

Eines Tages kam Naresh in das Restaurant und verkündete, er werde sich einer experimentellen Operation unterziehen, in deren Verlauf der Chirurg versuchen würde, die Leberläsionen durch Hitzezufuhr zu zerstören. Naresh wusste, dass eine solche Operation mit ziemlicher Sicherheit nicht funktionieren konnte. Dennoch sagte er, er müsse es versuchen. »Ich habe keine andere Wahl«, meinte er.

Ich war ganz seiner Meinung. Selbst wenn ich wüsste, dass die Operation nur eine geringe Chance auf Besserung bieten kann, würde ich alles in meiner Macht Stehende versuchen, um am Leben zu bleiben – nicht nur um meiner selbst willen, sondern auch für meine Familie. Andererseits fürchtete ich mich nicht mehr vor dem Tod, denn von meinem Nahtoderlebnis brachte ich nur gute Nachrichten über das Leben nach dem Tod mit.

Ich würde traurig sein, wenn mein Freund starb, aber jetzt wusste ich, dass der Tod unseres physischen Körpers nicht der Tod unseres Bewusstseins ist. Ich wusste nicht, wohin wir gehen, wenn unser irdisches Leben zu Ende ist – zumindest nicht ganz genau –, aber meine Erfahrung sagte mir, dass wir nach dem Tod irgendwo im Kosmos weiterleben, in einer anderen und wunderschönen Existenz.

* * *

Bis zu diesem Zeitpunkt hatte ich Naresh noch nichts von meiner Nahtoderfahrung erzählt. Weil es nicht so gut gelaufen war, als ich mich dem Freund auf der Ärztetagung offenbarte, hatte ich ja beschlossen, die Geschichte eine Weile für mich zu behalten. Aber als mir klar wurde, dass Naresh nur noch wenig Zeit zu leben blieb, beschloss ich, dass ich ihm vielleicht damit helfen könnte. Und wenn ich ihn mit meiner spirituellen Erfahrung schon nicht trösten konnte, würde ich ihn vielleicht wenigstens dadurch aufheitern, dass ich über eine Erfahrung sprach, die er möglicherweise absolut lächerlich fand.

Ich erinnere mich genau an den Moment, in dem ich ihm meine Geschichte erzählte. Er sprach über seine bevorstehende Operation und darüber, wie der Chirurg seinen Tumor ausbrennen würde. Er war über die Risiken der Operation informiert, auch über die Möglichkeit einer unkontrollierten Blutung. Es war ihm offensichtlich unangenehm, darüber zu sprechen, und seine Stimme brach, als er mir von seiner Angst vor der Operation erzählte. »Mir bleibt gar nichts anderes übrig«, sagte er, während seine Hände mit dem Besteck neben seinem unberührten Teller spielten. »Es gibt keine andere Möglichkeit, und ich habe Angst.«

Er sprach über seine Ängste – um seine Familie und um sich selbst – und darüber, dass er glaube, sein Bewusstsein werde zum Zeitpunkt seines Todes ausgelöscht. Er sprach aus, was er über die Kürze des Lebens und die Ungerechtigkeit von Krankheit dachte, und er fragte sich, wie die Zukunft wohl für seine Frau und seine Kinder aussehen würde.

»Ich will nicht sterben«, sagte er. »Aber ich fürchte, ich habe keine Wahl.«

»Das mag sein«, begann ich langsam und unbeholfen. »Das Leben kann einem so grausam vorkommen. Aber ich habe dir noch nicht erzählt, was passiert ist, während ich operiert wurde. Ich hatte das, was man als Nahtoderfahrung kennt. Ich kann dir sagen, was nach dem Tod passiert.«

Dann erzählte ich ihm die Geschichte, die er noch nicht kannte: mein Nahtoderlebnis.

Ich glaube, Naresh war überrascht. Er hatte natürlich von meiner Operation gehört, aber nicht von dem Teil, der eigentlich in der undurchdringlichen Dunkelheit der Narkose hätte liegen sollen. Also erzählte ich ihm die ganze Geschichte. Von dem Moment an, in dem ich erzählte, wie ich meinen Körper verlassen hatte, bis zur Geschichte von dem Anästhesisten im Aufwachraum und dem Witz, den ich nicht hätte hören sollen, war Naresh gefesselt.

»Du wirst für deine Familie da sein, aber in geistiger Form«, versicherte ich ihm.

Nachdem meine Geschichte erzählt war, veränderte sich die Art unserer Konversation. Er gab zu, dass seine Frau und er schon angefangen hatten, mich als den »armen Rajiv« zu betrachten. Sie dachten, ich hätte keinen Lebensmut mehr und keine Lust mehr auf meine Arbeit. Sie hatten sogar vermutet, mein Prostatakrebs sei zurückgekehrt.

Nun, nachdem ich ihm von meiner Erfahrung erzählt hatte, erkannte er, was passiert war: Ich hatte einen anderen Weg eingeschlagen. Er sah mich jetzt als den »glücklichen Rajiv«, einen Menschen, der seine wahre Berufung gefunden hatte; einen Menschen, dem sein eigentlicher Lebensweg gezeigt worden war und der beschlossen hatte, ihm zu folgen.

Von diesem Tag an wendeten sich unsere Treffen zum Besseren. Wir sprachen offener über unsere Gefühle, über den Sinn des Lebens und das Mysterium des Todes. Und während wir uns offener und ehrlicher austauschten, verringerte sich die Kluft zwischen uns. Es gab keine Themen mehr, die wir vermeiden mussten. Dadurch, dass wir frei über meine mystische Erfahrung sprachen, öffnete sich eine neue Welt der Freundschaft zwischen uns – eine Welt, in der wir ehrlich, mutig und bereit waren, die Möglichkeiten des spirituellen Universums zu erforschen.

Bald erkannte ich einige Wahrheiten über das Leben nach dem Tod: Jeder Mensch macht sich Gedanken darüber, und die Schlussfolgerungen, die er daraus zieht, haben eine tief greifende Wirkung auf den Lebensweg, den er wählt. Als Folge seiner Nahtoderfahrung entdeckte C. G. Jung, was für eine wichtige Rolle die Spiritualität für die geistige Entwicklung eines Menschen spielt. Diese Entdeckung führte ihn auf einen Weg, den nur wenige Psychologen bewusst gewählt hätten.

Auch ich wählte unter dem Einfluss meiner Nahtoderfahrung einen spirituellen Weg, den ich anderenfalls niemals bewusst gewählt hätte. Und nun ging auch mein Freund Naresh diesen Weg. Wie Millionen andere, die mystische Erfahrungen gemacht haben, wurden wir alle angeleitet, einem Dharma zu folgen, der uns in eine neue und überraschende Richtung führen würde.

Jung sagte über die Geschenke des Lebens, die wir für selbstverständlich halten: »Im Leben sind wir in eine Unzahl von sich stoßenden, bedrückenden Dingen eingezwängt, wo man schon gar nicht mehr dazukommt – vor lauter ›Gegebenheiten‹ –, daran zu denken, wer eigentlich ›gegeben‹ hat. Aus diesen Gegebenheiten befreit sich der Tote, und die Belehrung bezweckt, seine Befreiung zu unterstützen.«[8]

Ich würde sagen, dass unsere veränderte Beziehung und der neue Schwerpunkt unserer Gespräche eine echte Befreiung für Naresh waren, und irgendwie bedeutete das für uns beide eine Erleichterung.

* * *

Ein paar Tage vor Nareshs Operation trafen wir uns zum Mittagessen. Ihm ging es nicht gut. Seine Haut und seine Augen waren gelblich wie bei jemandem mit ernsten Leberproblemen. Er hatte Gewicht verloren und nur noch wenig Energie. Und doch saß er hier beim Mittagessen und wollte reden.

Ich erinnere mich nicht an die Einzelheiten unseres Gesprächs, außer dass es um die ähnlichen Sichtweisen des Jenseits ging, die offenbar in allen Religionen existieren, vom Christentum über den Hinduismus bis zum Islam. Alle diese Religionen haben eine sehr ähnliche Grundüberzeugung vom Leben nach dem Tod. Ich weiß noch, dass wir uns fragten, wie das sein könne, und dass wir auf die Idee kamen, dass Menschen aus allen Kulturen ähnliche mystische Erfahrungen machen, die sie auf dem Weg der spirituellen Entdeckung leiten.

An diesem Tag bedankte sich Naresh dafür, dass ich mit ihm so offen über mein Nahtoderlebnis gesprochen hatte. Es wäre maßlos übertrieben zu behaupten, dass ich ihn mit meiner Geschichte von seinen Ängsten befreit habe. Das wäre gar nicht möglich gewesen. Naresh stand eine lebensbedrohliche Krebsoperation bevor, und selbst wenn er sie überlebte, würde es eine Weile dauern, bis man sagen konnte, ob er dadurch den Krebs losgeworden war. Naresh hatte viel zu befürchten. Und doch war er dankbar für die Geschichte, die ich mit ihm geteilt hatte.

»Du hast mir Trost gegeben«, sagte er. »Ich hoffe, ich kann eines Tages das Gleiche für dich tun.«

Das wünschte ich mir auch. Doch woher sollte ich wissen, dass genau das tatsächlich passieren würde?

17

Führung

Mittlerweile hatte die Nachricht von meiner Nahtoderfahrung im Krankenhaus die Runde gemacht. Obwohl viele ihre ganze Reichweite nicht verstanden, war bekannt, dass ich während meiner Operation irgendeine Art von transzendenter Erfahrung gemacht hatte und jetzt mit dem Gedanken spielte, meine Stelle als Chefanästhesist aufzugeben, um mich »anderen Interessen zu widmen«. Auch wenn nur ganz wenige wussten, was es mit diesen »anderen Interessen« auf sich hatte, führte die Vorstellung, dass ein Arzt seine leitende Position aus mystischen Gründen aufgab, zu ein paar erstaunlichen Reaktionen.

»Ich habe gehört, Sie hängen Ihren OP-Kittel an den Nagel«, meldete sich einer der leitenden OP-Pfleger zu Wort.

»Vielleicht«, sagte ich, von seiner Offenheit überrascht. »Ich denke darüber nach.«

»Ja, also, ich habe gehört, was passiert ist«, sagte er. »So etwas sollte mehr Ärzten passieren, denn etwas mehr Empathie könnte hier nicht schaden.«

Dann erzählte er mir von einigen Patienten, mit denen er nach ihrer Nahtoderfahrung in unserem Krankenhaus gesprochen hatte. Als er den Ärzten von ihnen erzählte, ignorierten diese, dass Nahtoderfahrungen eine positive Wirkung auf die Patienten haben konnten, und schlugen stattdessen vor, sie sollten mit einem Psychologen oder dem Krankenhausseelsorger sprechen oder Medikamente bekommen, die verhindern würden, dass sie sich an das Erlebte erinnerten.

»Warum werden Sie kein Seelsorger?«, fragte eine Kranken-schwester. Als ich ihr erzählte, ich sei Hindu und es gäbe wohl nicht genug Bedarf für meine Dienste, zuckte sie nur mit den Schultern. »Wir gehen alle an denselben Ort, soweit ich das be-urteilen kann. Es sollte wirklich keine Rolle spielen, welcher Re-ligion man angehört.«

Ähnlich wie diese erfahrenen Pflegekräfte unterstützten mich viele meiner Kollegen und enthielten sich aller Urteile. Als ich dem Verwaltungsdirektor des Krankenhauses von meinem Er-lebnis erzählte, hörte er gespannt zu und brachte sein Mitgefühl zum Ausdruck, als ich ihm von meinem Plan erzählte, das Krankenhaus zu verlassen und den Rat der Engel zu befolgen.

»Wer man auch ist, es spricht nichts dagegen, mit dem eige-nen Leben zu experimentieren«, sagte er. »Ich möchte nur, dass Sie eins wissen: Sie können zu uns zurückkommen, wann im-mer Sie möchten.«

Es gab auch negative Kommentare, die in der Rückschau wohl gar nicht negativ gemeint waren, sondern eher als »gute Rat-schläge«. Einer meiner Kollegen sagte glattweg, ich solle »mich am Riemen reißen« und meine visionäre Begegnung »überwin-den«. Ein anderer behauptete, ich sei gerade dabei, »meine gan-ze Ausbildung das Klo runterzuspülen«. Ein dritter sprach das Undenkbare aus: Ich treibe meine Familie in den Ruin.

* * *

Dieser letzte Kommentar rührte an eine meiner größten Ängste. Ich machte mir große Sorgen um die Reaktion meiner Familie. Alles andere würde ich verkraften können, aber nicht das Ausei-nanderbrechen meiner Familie. Und, ehrlich gesagt, es gab si-chere Anzeichen für Stress an der Heimatfront.

Meine Frau war immer noch ganz benommen von den Verän-derungen, die sich in ihrem Mann vollzogen hatten. Von der

Vorstellung, in das kleinere Haus zu ziehen, das wir gegen unsere Villa eingetauscht hatten, war sie mal begeistert, und dann hasste sie die Idee wieder. Viele ihrer unsicheren Gefühle hatten etwas mit Statusverlust zu tun, und das ging ehrlich gesagt auch an mir nicht spurlos vorbei. Wenn wir uns in dem geplanten Ausmaß verkleinerten, würden wir nicht mehr im Epizentrum des medizinischen Fürstentums stehen, nicht mehr zu den Top-Ärzten der Gemeinde gehören, über die regelmäßig im Gesellschaftsteil der Zeitung berichtet wurde. Wir hatten uns immer darüber lustig gemacht, wie wir wohl in diese reiche und gebildete Elite passten, aber nun, da wir sie vielleicht bald freiwillig verließen, merkten wir beide, dass wir sie vermissen würden.

»Es ist, als würde man sich freiwillig degradieren«, sagte Arpana, als wir auf der Terrasse unserer Villa saßen und den Ausblick auf den Golfplatz bewunderten, der uns bald abgehen würde.

Ihr Gefühl, aktuell sei alles im Wandel, hatte aber auch etwas mit den schnellen Veränderungen zu tun, die sie an mir beobachtete. Die Veränderung in mir sei so schnell vonstattengegangen wie nach einem Schlaganfall, sagte sie, und manchmal könne sie nicht sagen, ob es einfach nur irgendein Schlag gewesen sei oder ein echter »Schlag der Erkenntnis«.

»Der Mann, den ich nach Los Angeles in die Notaufnahme gefahren habe, ist nicht der Mann, mit dem ich zurückgekommen bin«, sagte sie eines Abends, als wir über die Veränderungen sprachen, die sich in unserem Leben vollziehen würden. »Ich mag den neuen Rajiv und all diese Veränderungen und fürchte mich gleichzeitig davor.«

Das Gleiche galt für Ambika, unsere Tochter. Wir hatten mit ihr nicht im Detail über mein Nahtoderlebnis gesprochen. Weil wir eher überbehütende Eltern sind, dachten wir, dies seien vielleicht mehr Informationen, als sie verarbeiten könne. Aber eines Tages war sie zufällig in der Küche, als Arpana und ich über mein Erlebnis sprachen. Und statt das Gespräch abzubrechen, beschlossen wir, sie einzubeziehen. Es dauerte nicht lange, bis sie ganz in die Geschichte vertieft war und sehr viel Verständnis für die transformierenden Ereignisse aufbrachte. Sie hatte noch nie etwas von Nahtoderlebnissen gehört und war zunächst verblüfft, aber sie hörte sich die ganze Geschichte an, einschließlich des Zukunftsbildes, das die Engel entworfen hatten, und dass ich meinen Beruf ändern sollte – vom Anästhesisten zu einem Arzt für bewusstseinsbasiertes Heilen.

Sie habe gewusst, dass eine Veränderung bevorstand, sagte sie. Sie habe nur nicht damit gerechnet, dass sie so schnell kommen würde. Aber als wir ihr sagten, dass wir vereinbart hatten, unser Haus gegen ein kleineres zu tauschen, reagierte sie besorgt.

»Warum muss sich etwas an unserem Haus ändern?«, fragte sie ängstlich.

»Weil mir Engel, denen ich jenseits dieser Welt begegnet bin, geraten haben, dies zu tun«, sagte ich. »Das war eine Erfahrung, die mich verwandelt hat und die uns alle verwandeln wird.«

Erst jetzt behauptete sie, meine Erfahrung müsse doch ein Traum oder eine Halluzination gewesen sein. Sie überlegte, dass ich sie vergessen oder zumindest den Engeln mitteilen könnte, dass ich ihren Anordnungen zu einem späteren Zeitpunkt Folge leisten würde, vielleicht wenn sie aus dem Haus oder zumindest im College war.

»Das hat Auswirkungen auf mein ganzes Leben!«, sagte sie und schaute erst mich und dann ihre Mutter an. »Mama, das wird auch dein ganzes Leben so richtig verändern.«

Meine Söhne reagierten ähnlich. Als ich aus dem Krankenhaus zurückkam, wollte keiner von ihnen etwas über mein Erlebnis hören. Arjun, mein jüngerer Sohn, legte genau die Gefühle an den Tag, die man von fast jedem jungen Erwachsenen erwarten konnte. Er fand das Ereignis irgendwie interessant, aber schier unbegreiflich. Für ihn war es am wichtigsten, möglichst nichts darüber nach außen dringen zu lassen. Er war ganz klar daran interessiert sicherzustellen, dass seine Welt durch nichts erschüttert wurde.

Raghav, unser ältestes Kind, reagierte nahezu gleichgültig, nicht nur auf meine Nahtoderfahrung, sondern ganz allgemein mir gegenüber. Es war genau die Reaktion, die wir beide voneinander erwarteten. Unser Verhältnis war immer schwierig gewesen, wie das Verhältnis zwischen Vater und Sohn oft ist. Ich hatte mich mit einer gewissen Reibung abgefunden, die ich auch in den Beziehungen meiner Freunde zu ihren Söhnen beobachten konnte. Wir hatten uns über unsere Söhne ausgetauscht und waren zu dem Schluss gekommen, dass Auseinandersetzungen zwischen Vätern und Söhnen ganz normal waren. Einer meiner Ärztefreunde bemühte einen Vergleich aus dem Tierreich, wo junge Löwen mit ihren Vätern um ihren Platz im Rudel kämpfen.

»Ich hasse es«, sagte mein Freund. »Aber ich fühle denselben Widerstand gegen ihn wie er gegen mich. Ich glaube, es ist in unserer DNA und wir können gar nichts dagegen tun. Wir sind einfach dazu gemacht, mit unserem männlichen Nachwuchs zu konkurrieren.«

Ich stimmte widerwillig zu, aber ich erzählte meinen Kollegen nicht, dass meine Beziehung zu Raghav weitaus zerrütteter war als die von zwei genetischen Rivalen. Wir waren Erwartungsrivalen geworden. Ich wollte, dass er Arzt wird, und ich schob ihn mit aller Gewalt in diese Richtung. Es spielte überhaupt keine Rolle, was er wollte. Ich glaube, er wusste noch nicht einmal, was er wollte.

Das machte mich wütend, und mit dieser Wut ging eine radikale Persönlichkeitsveränderung einher. Ich wurde wütend wie mein Vater, wütend darüber, dass ich nicht das Statussymbol bekam, das ich wollte: einen Sohn, der Arzt war. »Ist dir denn gar nicht klar, wie wichtig das ist?«, schrie ich einmal ins Telefon, als er sein Desinteresse an seinem Medizinstudium zum

Ausdruck brachte. Was ich allerdings nicht sehen konnte, war, was ihm wichtig war. Ich begann in einer Weise mit ihm zu sprechen, wie kein fürsorglicher Vater jemals mit seinem Sohn sprechen sollte. Ich könnte all die harten und gemeinen Worte wiederholen, die ich benutzte, um ihn in seinem Bemühen zu »ermutigen«, das Medizinstudium zu schaffen. Hier sei nur gesagt, dass ich sie immer noch im Kopf habe.

Wie mein Vater es mit mir gemacht hatte und sein Vater mit ihm, hatte ich Raghav heftig beschimpft. Traurigerweise erinnere ich mich an jedes Mal, wo ich meinen Sohn angeschrien habe, weil sich diese Worte in meinen Geist eingebrannt haben wie selbst zugefügte Wunden. Ich würde mich schämen, wenn ich sie auf einer Seite gedruckt lesen müsste. Dies ist eine Warnung, weil es zeigt, dass unsere unglückliche Vergangenheit wie ein versteckter Reflex weiterexistieren kann.

Ich weiß, dass Raghav Angst vor mir hatte, und ich glaube, er verabscheute mich auch. In der wenigen Zeit, die ich nach meinem Nahtoderlebnis mit ihm verbrachte, sprachen wir nie darüber. Ich weiß, dass er einmal mit Arpana darüber redete, die ihn häufig in Aruba anrief, wo er studierte, aber sie erzählte mir nie, was er gesagt hatte. Ich hatte das Gefühl, dass es ihn nicht groß interessierte und dass er nicht wirklich glaubte, ich hätte eine Art Bekehrungserlebnis gehabt, das unsere Beziehung positiv verändern würde. In seinen Augen war ich ein Ungeheuer, ein wütender und ihm fremder Mensch, dem man nichts recht machen konnte; ein Vater, der in ihm mehr einen Besitz als einen Sohn sah.

Falls das seine Sicht auf mich gewesen sein sollte, weiß ich heute, dass sie absolut zutreffend war. Ich hatte meinen Sohn nicht gerade lobenswert behandelt. Eigentlich hatte ich niemanden in meiner Familie lobenswert behandelt. Es kann ja wohl nicht im Sinne der Führung durch mein Nahtoderlebnis sein, dass ich meine Familie ruiniere, dachte ich. Dann würde ich ja einfach so weitermachen wie bisher, nämlich mit nur sehr wenig geistiger Führung!

* * *

Unser Umzug in das kleinere Haus sollte in ein paar Tagen stattfinden. Gleichzeitig plante ich, meine Stelle im Krankenhaus aufzugeben. Ich machte mir echte Sorgen über die bevorstehenden Veränderungen in meinem Leben. Obwohl ein Lichtwesen und zwei mächtige Engel mir gezeigt hatten, was die Zukunft für mich bereithielt und wie dies zu erreichen war, hatte ich immer noch Bedenken, die von ihnen beschriebenen Veränderungen umzusetzen, die mich in meiner spirituellen Entwicklung einen Schritt weiterbringen würden.

Ich beschloss, zu meditieren und das Universum um Anleitung zu bitten. Stattdessen bekam ich eine Unterweisung der Engel über die wahre Bedeutung von Führung.

Seit meiner Rückkehr nach Hause meditierte ich täglich, manchmal sogar mehrmals am Tag. Meditation war nichts Neues für mich. Als junger Mann hatte ich begeistert meditiert und so aus der Stressspirale aussteigen können, die ich im Medizinstudium erlebt und die viele meiner Kommilitonen veranlasst hatte, das Studium an den Nagel zu hängen. Doch während ich an die Tiefen der Achtsamkeitsmeditation gewöhnt war und daran, mich ganz auf das Hier und Jetzt zu konzentrieren, war ich nicht daran gewöhnt, dass mir Engel erschienen, was seit meiner Nahtoderfahrung immer wieder vorkam.

So auch an diesem Tag. Ich schloss die Augen, geriet in einen meditativen Zustand, ließ die Gedanken kommen und gehen, ohne sie zu beurteilen – ganz friedlich wie Wellen im Ozean. Dann, als ich kurz davor war, ins Nichts abzudriften, bat ich das Universum um Führung bei meinen Entscheidungen für die Zukunft.

Eine vertraute Stimme war zu hören, während sich die Engel in meiner Meditation einstellten.

»Führung ist nicht das, was er sich darunter vorstellt«, sagte Raphael.

»Wir müssen es ihm sagen«, sagte Michael.

»Führung ist nicht das, was du dir darunter vorstellst«, wiederholte Michael und sprach diesmal direkt zu mir. »Führung ist nur eine Landkarte, ein Weg, der dahin führt, wo du hin willst. Die Landkarte haben wir dir schon gegeben.«

»Was du jetzt suchst, ist ein Führer, jemanden, der dich an der Hand nimmt und aufpasst, dass du dich wirklich nach der Landkarte richtest«, sagte Raphael. »Wir werden das nicht tun. Du musst selbst Verantwortung übernehmen und unsere Anleitung so umsetzen, dass du dort ankommst, wo du hin willst.«

Die Information kam nun so schnell von den Engeln, dass ich sie hier nur sinngemäß wiedergeben kann: Fast jeder hat eine innere Führung. Es handelt sich hierbei um einen natürlichen Instinkt, um etwas, das ganz allgemein mit einem »gottgegebenen« Sinn für Richtig und Falsch zu tun hat. Es ist also kein Mangel an Führung, der Menschen davon abhält, das Richtige zu tun. Es ist vielmehr ein Mangel an Selbstvertrauen und innerer Stärke, der uns davon abhält, die Ziele zu erreichen, die wir uns entsprechend unserer inneren Leitlinien gesteckt haben.

Die Engel sagten, sie würden mir nur erzählen, was ich tun sollte, um ein erfülltes und wertvolles Leben zu führen. Es sei an mir, ihrer Führung zu folgen oder nicht. Sie seien jederzeit da und bereit, mit mir zu sprechen, wenn ich sie brauchte. Da ich während meiner Operation in die geistige Welt hinübergegangen war, sei es mir nun erlaubt, in der Meditation dorthin zurückzukehren und sie zu treffen. Und wenn ich wollte, würden sie mir auch Führung und Anleitung geben. Aber eben nur Anleitung und Inspiration. Ich musste nicht tun, was sie mir empfahlen, denn es war nur eine Empfehlung, kein Befehl.

Die Führung, die ich bekam, war grundlegend: Tue nichts, was deinen Geist zerstört. Behandle deinen Körper wie einen Tempel. Respektiere, dass Menschen verschieden sind. Liebe deine Familie und andere wie dich selbst.

Es stehe mir frei, mich nicht an ihre Empfehlungen zu halten, sagte Michael, denn ich sei ein Geschöpf mit einem freien Willen.

»Viele Menschen beschließen, sich nicht an unsere Empfehlungen zu halten«, sagte Raphael.

»Zu viele«, stimmte Michael zu.

Wenn ich beschließen sollte, der Führung zu folgen, die mir zuteilgeworden war, würde ich anderen Menschen helfen, ihren Weg zu finden, sagte Raphael zu mir. Aber das war noch nicht alles.

»Du wirst auch deinen eigenen Weg finden.«

18

Was nun?

Das Gespräch mit den Engeln über Führung befreite meine Seele. Ich erkannte, dass mein Leben nicht vorherbestimmt und ich nicht gezwungen war, die Änderungen vorzunehmen, die mir die Geistwesen, denen ich begegnet war, vorgeschlagen hatten. Es waren eher Orientierungshilfen als Befehle.

Es stand mir frei, zu tun, was ich wollte. Ich war frei!

Diese Erkenntnis sagte mir, dass die bisherigen Fehler in meinem Leben keineswegs vorprogrammiert waren, um mir eine Lektion zu erteilen. Mir wurde klar, dass ich immer eine wertvolle Führung erfahren hatte: durch meine eigene Intuition und auch durch andere Menschen, die ich respektierte. Ebenfalls erfuhr ich sie durch jene, die Unrecht taten – eine Art umgekehrter Führung, indem ich deren schlechte Entscheidungen oder ihr hartes Urteil miterlebte und daraufhin meinen eigenen Kurs im Leben korrigieren konnte. Viele würden beispielsweise sagen, dass ich an dem Tag, an dem mich mein Vater schlug, die innere Entschlossenheit entwickelte, mich nie wieder von irgendetwas oder irgendjemandem demütigen oder »schlagen« zu lassen.

Ein anderes, ganz ähnliches Ereignis habe ich als entscheidenden Moment meiner Jugend sehr deutlich in Erinnerung.

Nur vier Wochen, nachdem mein Vater angefangen hatte, mir Nachhilfe zu geben, erschien meine Mutter zum Elterngespräch in meiner Schule. Meine Zeugnisse waren alles andere als ausgezeichnet. Im Laufe dieses Gesprächs sagte meine Mutter, sie hoffe, dass ich irgendwann Arzt werden würde. Der Schulleiter lachte verächtlich. Laut und verärgert sagte er zu ihr: »Glauben Sie wirklich, Ihr Sohn könnte jemals ein Arzt werden?«

Meine Mutter fühlte sich von seiner öffentlichen Standpauke so gedemütigt und war so beschämt, dass sie zu weinen begann. Ich saß neben ihr und bekam entsetzt mit, was sie meinetwegen durchmachen musste. Ich wusste, dass der Schuldirektor meine Chancen, zum Medizinstudium zugelassen zu werden, durchaus richtig einschätzte. Damals war ich ganz eindeutig nicht auf einem akademischen Weg, der mich in die Reichweite eines Medizinstudiums geführt hätte. Und doch spürte ich, dass er kein Recht hatte, meine geliebte Mutter zu demütigen.

Das schlechte Vorbild, das mir der Schulleiter gegeben hatte, führte dazu, dass ich mir an diesem Tag schwor, sehr wohl Arzt zu werden, und dass nie wieder jemand meinetwegen so mit meiner Mutter sprechen würde. Ich war ein Sechzehnjähriger mit unterdurchschnittlichen Noten, aber an diesem Tag beschloss ich, mich zu ändern, und eines Tages würde mich meine Mutter als Arzt erleben.

Bis zu meinem siebzehnten Geburtstag war es mir gelungen, Zulassungen von zwei Medizinischen Hochschulen zu bekommen, und ich begann mein Studium in Neu-Delhi.

Mein Gespräch mit den Engeln über Führung machte mir klar, dass keines dieser Ereignisse vorherbestimmt gewesen war. Vielmehr war ich aus eigenem Antrieb ein Erfolgstyp geworden – als Ausdruck meines freien Willens. Und diese Erkenntnis, dass ich alles aus freiem Willen tat, inspirierte mich, die Führung anzunehmen, die mir von den Geistwesen angeboten worden war.

Nachdem ich ihre Führung akzeptiert hatte, geschah die Veränderung ganz schnell.

* * *

In jener Woche trafen sich die Anästhesisten des Krankenhauses zu einem Arbeitsessen. Alle drei Monate kamen wir dafür in einem Nebenraum eines gehobenen mexikanischen Restaurants in der City zusammen. Während wir an unseren Margaritas nippten, übernahm einer von uns die informelle Präsentation unserer finanziellen Situation im vergangenen Quartal. Wir interessierten uns vor allem für das, was unterm Strich herauskam – wie viel jeder von uns am Ende in der Tasche hatte –, und das erwähnte der Sprecher immer in den ersten dreißig Sekunden seiner Präsentation. Danach hörten wir kaum noch hin, weil unser Unterbewusstsein das Geld bereits ausgab, das wie eine große Lawine auf uns zurollte.

So war es auch dieses Mal. Wir nahmen unsere Plätze am Tisch ein und waren ganz Ohr, als der Gruppenleiter die ausgezeichnete Bilanz des letzten Quartals vorstellte. Nachdem er zum Ende gekommen war und alle ihr Essen bestellt hatten, bat ich um das Wort.

Meine Hände fühlten sich verschwitzt an, und ich muss sehr besorgt ausgesehen haben, denn sogar ein paar Ärzte, die sich sonst immer während der Präsentationen unterhielten, verstummten. Ihr Schweigen machte mich noch nervöser. Ich bin ohnehin kein Freund von öffentlichen Reden, und das Ausscheiden aus dem Beruf aus spirituellen und gesundheitlichen Gründen anzukündigen, hätte wohl jeden in meiner Position nervös gemacht.

Ich räusperte mich.

»Ich gebe heute meine Stelle auf«, sagte ich. »Wie Sie alle wissen, habe ich während meiner Operation eine spirituelle Erfahrung gemacht. Jetzt möchte ich mein Leben ändern.«

Alle Anästhesisten hatten von meinem Erlebnis gehört, von Freunden, vom Pflegepersonal des Krankenhauses oder von mir persönlich. Niemand schien furchtbar überrascht zu sein, aber einer, der Partner in der Schmerzklinik war, die wir außerhalb des Krankenhauses gegründet hatten, fragte, ob ich auch weiterhin in der Anästhesiologengruppe tätig sein würde.

»Nein«, sagte ich. »Ich werde mich auf bewusstseinsbasiertes Heilen konzentrieren, vor allem in den Bereichen Sucht, Depression und chronische Schmerzen. Ich werde Meditation und andere Formen der Heilung in den Vordergrund stellen. Ich sage nicht, dass Schmerzmittel gar nicht mehr vorkommen, aber sie gehören bei dieser Heilmethode nicht zu den ersten Mitteln der Wahl.«

Ich wollte noch mehr über Schmerzkliniken und deren Arbeitsweise sagen, aber sie kannten die Wahrheit bereits. Sie wussten genau wie ich, dass die Schmerzmittel, die wir verabreichen, oft eher das Problem als die Lösung sind, weil sie die Schmerzen zwar kurzfristig lindern, aber langfristig Abhängigkeiten schaffen. Die Abhängigkeit von verschreibungspflichtigen Schmerzmitteln ist die Sucht Nummer eins in Amerika, und viele dieser Abhängigkeiten entstehen in Schmerzkliniken.

Es wäre nun einfach, die Schuld an diesen Suchtproblemen allein den medizinischen Einrichtungen zu geben, in denen Schmerzen tendenziell mit starken Schmerzmitteln übertherapiert werden, aber das wäre auch nicht ganz fair. Obwohl viele chronische Schmerzen mit sehr viel weniger (oder ganz ohne) Schmerzmittel behandelt werden können, möchten die meisten Patienten diese Medikamente, weil sie eine schnelle Lösung bevorzugen. Sie wollen nicht abnehmen, nicht meditieren und auch keine Körperübungen machen, um ihre Schmerzen zu lindern. Und die Ärzte? Sie wollen den Patienten zufriedenstellen und hoffen, dass sie ihn mit den Verfahren und Medikamenten heilen können, die einzusetzen sie gelernt haben. Es versteht sich außerdem von selbst, dass sie umso mehr verdienen, je mehr Patienten sie behandeln. Und je mehr Verfahren sie anwenden, etwa die Schmerzmittel an ganz bestimmten Stellen mit einer Nadel injizieren, desto mehr zahlen die

Versicherungen. Warum sollten Ärzte in einer kapitalistischen Gesellschaft nicht genau den gleichen finanziellen Anreizen folgen wie ihre Patienten? Das Problem ist nur, dass die Vermischung von Geld und Medizin oft in eine traurige Abwärtsspirale mündet, die zu Sucht und Depression bei den Patienten und zu erheblicher Frustration bei gewissenhaften Ärzten führt.

Alle diese Themen hätte ich ansprechen können, aber das wollte ich damals nicht. Ich war nur dort, weil ich meinen Job an den Nagel hängen wollte.

Auf meine Rede folgte ein kurzer Moment des Schweigens. Dann bekam ich eine ganze Reihe von Kommentaren zu hören: »Wirf nicht einfach alles weg!« »Du kannst doch nicht einfach deinen akademischen Titel aufgeben und Guru werden.« »Das soll wohl ein Witz sein!« Und sogar: »Ich kenne Raj. Er wird jetzt Börsenmakler.« So ging es während des ganzen Abendessens.

Es war klar, dass ich wieder in die Gruppe aufgenommen würde, sollte ich jemals beschließen zurückzukommen. Aber ich sah in absehbarer Zeit keine Möglichkeit dazu. Ich verließ die traditionelle Medizin, um mich einem neuen Fachgebiet zu widmen. Ich wollte ein Heiler der Seele werden. Ich trat gegen chronische Schmerzen, Sucht und Depression an, Krankheiten, mit denen ich selbst viele Jahre gekämpft hatte. Ich wollte das als Arzt für bewusstseinsbasiertes Heilen tun, einer Form von Medizin, mit der ich von zwei Engelwesen beauftragt worden war. Jetzt war es an mir, sie zu definieren und entsprechende Behandlungsmethoden zu entwickeln. Es würde sich eine neue Welt voller Möglichkeiten auftun, eine ganz neue Art von Medizin würde entstehen.

Ich hatte Angst und war gleichzeitig begeistert. Mir ging nur eine einzige Frage im Kopf herum: Was mache ich jetzt?

19

Meine eigene Beisetzung

Was mache ich jetzt?

Am nächsten Morgen lag ich im Bett und beobachtete, wie das Zimmer im Licht der aufgehenden Sonne immer heller wurde. Ich schaute auf die Uhr. Es war 6.30 Uhr. Um diese Zeit war ich immer aufgestanden, wenn ich zur Arbeit musste. Mich durchfuhr ein kurzer Energiestoß bei dem Gedanken, dass ich auf den Beinen und unterwegs zur Dusche sein sollte. Aber das war vor meinem Nahtoderlebnis und bevor ich meinen Job gekündigt habe, dachte ich. Heute war ein neuer Tag in einem neuen Leben.

Ich lag auf dem Rücken und dachte über meinen letzten Arbeitstag nach. Die Reaktionen meiner Kollegen in der Klinik waren gemischt, nachdem ihnen klar geworden war, dass ich wirklich ging. Manche von ihnen kamen auf mich zu, schüttelten mir die Hand und wünschten mir aufrichtig alles Gute. Andere klopften mir auf die Schulter und versicherten mir, ich würde im Nullkommanichts wieder zurück im Krankenhaus sein, als leide ich kurzfristig an irgendeiner Krankheit.

»Wenn Sie erst mal ein paar Tage zu Hause verbracht haben, irren Sie wahrscheinlich nur noch ziellos herum, fühlen sich unwohl und fragen sich, was zum Teufel Sie als Nächstes tun sollen«, sagte einer unserer Chirurgen. »Spätestens dann kommen Sie zurück.«

Jetzt hörte ich seine Worte, als sei er hier mit mir im Raum. Ich antwortete entsprechend, indem ich laut fragte: »Was mache ich jetzt?«

»Da habe ich ein paar Ideen«, sagte Arpana. Sie kam gerade aus dem begehbaren Kleiderschrank und trug ein wunderschönes blaues Kleid, das sie in ihrer Zahnarztpraxis gegen einen Arztkittel austauschen würde. »Du kannst mein Auto zur Inspektion bringen. Das würde mich fast den ganzen Vormittag kosten.«

Ich erkannte den Witz in dem, was sie sagte, und kicherte. Über Nacht war ich zu der Person geworden, die eher für die Hausarbeit als für die Gehaltsschecks zuständig war. Arpana fürchtete nicht mehr, dass wir vielleicht gezwungen sein würden, in ein kleineres Haus umzuziehen. Unser Haustausch mit dem Schönheitschirurgen war schon Realität, und wir waren bereit, aus der Villa auszuziehen, die unser Geld geschluckt hatte, wie ein Schwarzes Loch Energie verschluckt. Meine teuren Autos waren verkauft oder würden bald verkauft sein, und wir fragten uns, warum wir uns nicht von Anfang an weniger teure Modelle zugelegt hatten. Ich, der früher einen Sprit fressenden Hummer gefahren hatte, fuhr jetzt einen Camry Hybrid, wodurch sich mein Leben buchstäblich und bildlich vom Hummer zum Hybrid bewegte. Und unsere Kinder fanden sich widerwillig mit der Tatsache ab, dass jetzt weniger Geld für ihre Ausbildung und »Extraausgaben« zur Verfügung stand.

In nur wenigen Monaten hatten wir uns mit unserem Materialismus konfrontiert und gewonnen. Indem wir vernünftig miteinander sprachen und unsere Bedürfnisse von unseren Wünschen und Ansprüchen trennten, war es uns gelungen, das Wesen unseres Egos um 180 Grad zu drehen. Statt immer mehr zu brauchen, um uns so richtig wohlzufühlen, entdeckten wir die Weisheit der Beschränkung. Wir fanden heraus, dass echte Bedürfnisse mit sehr viel weniger Geld zu befriedigen waren als Wünsche und dass wir in einer weniger materialistischen Welt, in der es nicht auf Egobefriedigung ankam, durchaus glücklich sein konnten.

Die Freunde, von denen wir erwartet hatten, dass wir sie durch unsere neue Einstellung zum Leben verlieren würden, blieben Freunde. Ich bin sicher, dass sie über uns tratschten, aber das ist normales menschliches Verhalten, also interessierte es uns nicht. Worauf es wirklich ankam, war das, was sie uns ins Gesicht sagten. Und was sie in der Regel zum Ausdruck brachten, war Neid auf das, was sie als Mut angesichts eines sozialen Abstiegs wahrnahmen.

»Ich wünschte, wir könnten auch tun, was Sie getan haben«, sagte einer meiner Kollegen. »Wir sind so darin gefangen, dass wir nicht entkommen können.«

»Status ist eine Krankheit, genau wie Krebs«, sagte ein Freund aus unserer demnächst ehemaligen Nachbarschaft. »Er frisst einen auf und ist schwer zu stoppen.«

»Je mehr Schulden wir haben, desto tiefer geraten wir hinein«, sagte ein anderer, in dessen Garage mehrere Luxuslimousinen standen.

Und dann war da noch mein Freund Naresh, dessen Krebs nicht besser wurde. Wir trafen uns immer noch oft zum Mittagessen und führten dabei sehr viel nachdenklichere Gespräche über unser Leben als früher.

»Jetzt ist es zu spät, aber ich wünschte, ich hätte den Bedürftigen mehr gegeben, statt mir so viele Gedanken darüber zu machen, wie ich noch mehr Geld verdienen kann«, sagte Naresh. »Ich wünschte, ich hätte mehr Zeit mit Dienen verbracht.«

»Es ist nicht zu spät«, sagte ich zu meinem sterbenden Freund.

»Es ist zu spät, da bin ich mir ganz sicher«, sagte Naresh. »Veränderung ist etwas für die Zukunft, und mir bleibt nicht viel Zukunft.«

Auf den Tagungen, die ich besuchte, sprachen die Menschen so frei und offen mit mir und gaben ihre schlimmsten Ängste preis, als sei ich ihr Beichtvater. Diese Gespräche machten mir klar, wie recht das Lichtwesen gehabt hatte, als es mir riet, mich auf die Krankheit des Materialismus zu konzentrieren. Ich erkannte, dass dies ein wichtiger Schwerpunkt in meinem Studium des bewusstseinsbasierten Heilens sein musste.

Was mache ich jetzt?

Bei dem Gedanken an das bewusstseinsbasierte Heilen erkannte ich, wie wenig ich darüber wusste, was diese Form der Medizin eigentlich ausmachte. Wie erfahre ich etwas über meine neue Rolle im Leben, über mein gottgegebenes Dharma?

Ich hörte, wie Arpana in der Küche hantierte und sich für die Arbeit bereitmachte. Als ich aufstand, um eine Tasse Tee mit ihr zu trinken, erinnerte ich mich daran, wie liebevoll sie reagiert hatte, als ich ihr sagte, ich würde die Anästhesiologie an den Nagel hängen müssen, um eine Form von Medizin zu praktizieren, über die ich selbst noch nicht viel wusste.

»Du hast dich in all den Jahren so gut um uns gekümmert«, hatte sie gesagt. »Jetzt werde ich die Familie unterstützen, während du etwas über die Bedeutung deines höheren Auftrags herausfindest. Du bist immer noch ein guter Vater und Ehemann, ein besserer sogar, wenn du tust, was du tun musst.«

Ich nahm meinen Morgenrock aus dem Schrank und ging die Treppe hinunter, aber noch bevor ich auf dem Treppenabsatz ankam, war sie schon zum Garagentor hinausgefahren und auf dem Weg zur Arbeit.

Ich war allein.

Was mache ich jetzt?

* * *

Ich hatte eine Idee: Ich veranstalte meine eigene Beisetzung!

Die Idee dafür hatte ich Jahre zuvor entdeckt, als ich aus der medizinischen Hochschule abgehauen war und kurzfristig im Ramakrishna-Ashram im Himalaja Zuflucht gesucht hatte. Dort war ich umgeben von Hindu-Mönchen in orangefarbenen

Gewändern, die überglücklich zu sein schienen, einfach nur zu leben und ganz im Moment aufzugehen. Sie waren die freiesten Menschen, die ich je gesehen hatte, und doch waren sie für den Rest ihres Lebens hinter den Mauern des Ashrams eingeschlossen. Wie können sie so glücklich sein? fragte ich mich. Bestimmt waren sie ganz anders aufgewachsen als ich.

Aus purer Neugier fragte ich einige der Mönche, wie ihre Kindheit gewesen sei. In der Erwartung, sie hätten immer so ein reines, ideales Leben geführt, war ich erstaunt zu hören, dass manche eine schlimme Kindheit gehabt hatten, voller Armut und Missbrauch. Doch während sie mir ihre Geschichten erzählten, lächelten sie. Ich fragte einen der Mönche, wie er seine Vergangenheit hinter sich gelassen habe.

»Schmerz ist unvermeidlich, aber wir leiden freiwillig«, sagte er und meinte damit, dass wir nicht an Gedanken festhalten müssen, die uns leiden lassen.

Ich fragte einen anderen Mönch, wie er seine Vergangenheit hinter sich gelassen habe. War er denn nicht wütend wegen der Schmerzen, die ihm als Kind zugefügt worden waren?

»Ich habe gelernt, die Wut loszulassen«, sagte er in der kichernd unbeschwerten Art, die vielen Hindu-Mönchen zu eigen ist. »Der Buddha sagte, dass an der Wut festzuhalten so ist, als greife man nach einem Stück heißer Kohle in der Absicht, es auf jemanden zu werfen. Dabei ist man selbst der Erste, der sich verbrennt.«

Alle Mönche sprachen davon, dass sie eine Zeremonie durchlaufen hatten, um sich von der Vergangenheit zu läutern. Diese wurde umgangssprachlich als »meine eigene Beisetzung« bezeichnet. Sie wird von allen Novizen mit dem Ziel vollzogen, sich von der Vergangenheit reinzuwaschen, ob sie nun gut oder schlecht war, und ihnen eine Wiedergeburt in die Welt zu ermöglichen, sodass ihre neue geistige Einstellung ihr Herz und ihre Seele ganz ausfüllen kann. Sie werden im Prinzip zu neuen Menschen, spirituell neugeboren.

Später fand ich heraus, dass Mönche und Nonnen in vielen Religionen solche Zeremonien durchführen. Die meisten, die diese Zeremonie durchlaufen, trennen alle Verbindungen zu ihrer Vergangenheit, und es ist ihnen nur selten, wenn überhaupt, erlaubt, mit ihrer Familie und ihren alten Freunden in Kontakt zu bleiben. Sie wenden sich voll und ganz dem geistigen Leben zu. So ernst ist es ihnen damit, zum spirituellen Sein zu gelangen.

Ich hatte kein Interesse daran, meine Familie zu verleugnen. Ich wusste, dass ich nichts war ohne meine Familie, genau wie ich wusste, dass ich etwas in mir heilen musste. Aber ich wollte anerkennen, dass ich ein neuer Mensch geworden war und etwas von meiner Vergangenheit hinter mir lassen musste, um die spirituelle Mission zu erfüllen, zu der ich berufen worden war.

Vor diesem Hintergrund beschloss ich, jetzt »meine eigene Beisetzung« zu zelebrieren, genau dort auf der Terrasse unserer palastartigen Villa im Zentrum des »Volltreffers«. Ich holte meine gesamte OP-Bekleidung aus dem Schrank, legte sie sorgfältig zusammen und bekundete damit Respekt gegenüber dem, wofür sie stand. Dann trug ich alle Bücher über Börsenhandel aus meiner Spielerzeit zusammen, dazu ein paar Fläschchen mit Schmerztabletten, die für meine Sucht standen; diverse Werbeseiten aus einschlägigen Zeitschriften für Autos, die ich hatte kaufen wollen; ein Foto von meinem Vater aus einer Zeit unseres gemeinsamen Lebens, die ich vergessen wollte, sowie andere Dinge und Bilder, die getrost zu Asche werden konnten.

Ich trug den ganzen Stapel auf die Terrasse und schichtete ihn am Grillplatz zu einem Scheiterhaufen auf. Ich kippte eine Dose Flüssiganzünder über die Sachen und zündete ein Streichholz an. Als das Feuer aufloderte, explodierte meine Vergangenheit in einem Feuerball. Ich hätte nicht glücklicher sein können.

Ich saß daneben und schaute zu, wie das Feuer meine Vergangenheit verzehrte. Mir kamen mehrere zusammenhanglose Gedanken, und alle waren gut. Ich dachte an meine Mutter und wie sehr sie sich über mein abgeschlossenes Medizinstudium gefreut hatte; an meinen Vater, der gelernt hatte, sein eigenes Leben und damit auch meines zu akzeptieren; an meinen ältesten Sohn, den ich trotz unserer Kämpfe über alles liebte; und an meine Frau, die so liebevoll und großzügig alle Veränderungen akzeptierte, die uns meine Nahtoderfahrung abverlangte. Ich dachte an viele Dinge, an lauter gute, und fürchtete mich nicht mehr vor der Zukunft. Ich fühlte mich auserwählt.

Wieder dachte ich an den Ashram im Himalaja, den ich damals als junger Mann aufgesucht hatte, weil ich der Härte des Medizinstudiums entkommen wollte. Dort angekommen hatte ich dem Guru erzählt, ich wolle ein heiliger Mann werden und die Welt, wie ich sie kannte, hinter mir lassen. Er lachte nur und sagte, dazu sei ich noch nicht bereit.

Nun war ich wieder aus meinem Leben geflohen, diesmal auf Geheiß eines Lichtwesens und zweier Engel sowie aufgrund einer wirklich tiefen mystischen Erfahrung.

Bei dem Gedanken, dass ich mehr als dreißig Jahre und eine Reise um die halbe Welt gebraucht hatte, um nun mit meiner Ausbildung zum heiligen Mann zu beginnen, musste ich lachen. Ich fragte mich, was der Guru wohl sagen würde, wenn er mich jetzt sähe – eine ältere Version meines damaligen Ichs, bei der überraschenden Rückkehr in die geistige Welt, diesmal auf Wunsch von Engeln. In den lodernden Resten meines früheren Lebens sah ich ihn mit einem breiten Hindu-Lächeln auf dem Gesicht, und er fragte: Bist du jetzt bereit?

Erschrocken musste ich feststellen, dass die Antwort Nein war. Ich hatte immer noch das Bedürfnis, meine Vergangenheit zu bereinigen, Gott zu vergeben, weil er mir all das Leid auferlegt hatte; ich wollte meinem Vater sein missbräuchliches Verhalten mir gegenüber vergeben, und ich wollte auch mir selbst alle Verfehlungen vergeben, die ich anderen gegenüber begangen hatte.

Um reinen Tisch zu machen beschloss ich, Briefe an Gott, meinen Vater und mich selbst zu schreiben. Ich ging in mein Büro, nahm mehrere leere Blätter aus der Schreibtischschublade und begann zu schreiben.

Zunächst den Brief an Gott:

Liebes Göttliche,

ich »vergebe Dir«, dass ich wütend auf Dich war. So oft habe ich sogar Deine Existenz geleugnet. Ich war sauer auf Dich wegen der Art und Weise, wie Du mein Leben zum Nachteil verändert hast. Warum musste ich Krebs bekommen? Warum musste ich so viele Operationen samt ihrer Komplikationen und Folgen wie Inkontinenz und Impotenz über mich ergehen lassen? Warum musste ich unter Depressionen, Sucht und chronischen Schmerzen leiden? Warum musste ich so viel Geld durch Spekulationen an der Börse verlieren? Warum musste ich diese ganzen Misshandlungen in meiner Kindheit ertragen?

Jetzt verstehe ich Deine Liebe für mich. Alles, was ich oben erwähnt habe, und andere Dinge haben mich auf etwas Höheres vorbereitet, damit ich der Menschheit dienen kann, vor allem Menschen, die unter Schmerzen, Depressionen, Wut und Abhängigkeiten leiden. Es sollte mich stärker machen, zu einer Säule für andere.

Ich bin dankbar für alles, was ich durchmachen musste, vor allem für mein Nahtoderlebnis, in dessen Verlauf ich

wahre, bedingungslose, höchste Liebe erfahren habe. Ich
bin dankbar für alle Segnungen in meinem Leben, für
meine Familie und meine Freunde, für das Dach über
meinem Kopf und dafür, dass ich immer genug zu essen
habe. Jetzt verstehe ich, dass diese Trauer eine Chance ist.
Nun, da ich das Schlechte selbst erlebt habe, kann ich es
besser verstehen und Deine Botschaft der »Vergebung,
Liebe und Heilung« an Millionen weitergeben.

Ich bitte um Vergebung und um Deinen Segen, damit
ich ein starker und leidenschaftlicher Botschafter sein
kann.

In Demut und Respekt
Rajiv

Als Nächstes kam der Brief an meinen Vater.

Lieber Vater,
als ich dir während meines Nahtoderlebnisses wieder-
begegnet bin, hast du mir viel darüber enthüllt, warum du
dich in meiner Kindheit mir gegenüber so missbräuchlich
verhalten hast.

Ich wusste zwar schon immer, wie unglücklich deine
Jugend war, aber jetzt sehe und fühle ich, was du erlitten
hast, als hätte ich es selbst erlebt. Härte war deine Vertei-
digung, dein Schutzschild gegen lieblose, missbräuchliche

Eltern und gegen historische Ereignisse, durch die du gezwungen warst, jahrelange Demütigungen zu ertragen.

Wie schmerzhaft muss es für dich gewesen sein, der Älteste von vier Söhnen zu sein und am wenigsten geschätzt zu werden, weil deine Haut so viel dunkler war als die der anderen und du weniger gut aussehend warst als sie. Es muss dir das Herz gebrochen haben, deine Ausbildung abzubrechen und deine Zukunft zu opfern, damit du deinen Vater und deine Brüder unterstützen konntest, statt auf die Universität zu gehen.

In dem Bemühen, dein Leid zu verbergen, wurde dein Herz immer härter. Manchmal hast du mich verspottet oder wüst beschimpft. Wenn ich geweint habe, hast du mich ausgelacht und gesagt, dass starke Jungen nicht weinen. Ich musste mein eigenes Herz gegen dich abschotten, und oft habe ich dich so gehasst, wie du deinen Vater gehasst hast. Als Erwachsener hatte ich oft den Wunsch, dich zu fragen, warum du in meiner Jugend so lieblos zu mir warst, aber ich traute mich einfach nicht. Meine kindlichen Ängste vor deinem Zorn und deinem Sarkasmus waren auch dann noch stärker als mein Mut.

Ich verstehe, dass du mich nur deshalb so behandelt hast, wie dein Vater dich behandelt hat, weil du keine andere Art kanntest, mir deine Liebe zu zeigen. Dennoch bleiben meine Gefühle für dich zwiespältig. Es war dein

Traum, Medizin zu studieren. Habe ich Medizin studiert,
um dir einen Gefallen zu tun und deine Liebe und Aner-
kennung zu gewinnen, oder war es meine Wahl? Ehrlich
gesagt, ich weiß die Antwort nicht.

Einerseits weiß ich, dass ich sehr gern Arzt war — dass
dies meiner Leidenschaft, zu lernen und anderen zu helfen,
entsprach. Wenn ich andererseits nur deinetwegen Medizin
studiert hätte, dann fürchte ich, dass nun jeder Vater
seinen Sohn windelweich hauen wird, um einen Arzt aus
ihm zu machen.

Und so haben wir zwischen Yin und Yang, Licht und
Dunkel, Gut und Böse, Liebe und Hass getanzt. Bis zum
heutigen Tag fürchte ich mich, wenn ich von dir träume.
Doch wie hättest du die Macht der Güte kennen sollen,
wo du sie selbst kaum erfahren hast?

Es ist nun an der Zeit, dass ich eine Wahl treffe, eine
Wahl, die du mir ermöglicht hast, als wir uns im Jenseits
trafen. Es ist nun an der Zeit, diese schmerzlichen Erin-
nerungen an Wut und Angst durch die Erinnerungen an
bessere Zeiten zu ersetzen, in denen du aufgehört hast,
gewalttätig zu sein, und liebevoller geworden bist. Erin-
nerst du dich daran?

Mutter hat dir gezeigt, wie du mir helfen kannst, und
du hast es getan. Du hast mich regelmäßig um 4.00 Uhr
morgens geweckt und mir Kaffee und Sandwichs gemacht,

während ich lernte. Bald wurden meine Noten besser und mit ihnen auch mein Ansehen in der Klasse. Während ich meinen Abschluss an der Highschool machte, hatte ich bereits Zusagen von zwei Medizinischen Hochschulen. In einem wettbewerbsorientierten Land, in dem nur einer von 100 000 Schülern zum Medizinstudium zugelassen wurde, war das eine beachtliche Leistung. Ich danke dir. Du hast mir geholfen, hervorragende schulische Leistungen zu erbringen.

Von dir habe ich viel über harte Arbeit, Konzentration und Respekt gelernt. Jahrelang habe ich eines deiner Hemden getragen an wichtigen Tagen, an denen ich »geprüft« oder herausgefordert wurde und das Gefühl brauchte, dass du an mich glaubst.

Schon als junger Ehemann und Vater hast du erkannt, wie wichtig es ist, für die Zukunft vorzusorgen. Aufgrund deiner weitsichtigen Investitionen ist die Zukunft meiner Mutter finanziell ebenso abgesichert wie die deiner Kinder.

Bitte vergib mir, dass ich deine schlimmsten Befürchtungen geweckt habe, als ich als Kind ungehorsam war, und dass ich als Erwachsener sehr egozentrisch war und meine Kinder zu Unrecht bestraft habe aus genau jenem Zorn heraus, den wir beide gemeinsam haben.

Ich vergebe dir jedes grausame Wort und jedes Mal, wo du die Hand gegen mich erhoben hast. Ich vergebe dir deinen Missbrauch und danke dir für deine Liebe, auch wenn sie oft nicht zum Ausdruck kam.

Während meines Nahtoderlebnisses hast du so weise zu mir gesagt, dass Wut etwas ist, wofür wir uns entscheiden. Ich beschließe hier und jetzt, dass die Wut, die unsere Familie heimgesucht hat, durch mich beendet wird.

Mit Liebe und Vergebung
Rajiv

Dann kam der schwierigste Brief von allen, der an mich selbst. Wenn meine Beichte effektiv sein sollte, musste ich in Bezug auf meine Fehler und Schwächen ganz ehrlich sein.

Lieber Rajiv,
ich vergebe dir deine vielen Fehler und Schwächen und bin sehr stolz auf dich, weil du den Mut hast, sie dir anzuschauen.

* Ich vergebe dir, wie du deine Kinder behandelt hast, vor allem deinen ältesten Sohn Raghav. Du hast dich ihnen oft von deiner wütenden Seite gezeigt, ganz besonders Raghav, von dem du erwartet hast, dass er in deine Fußstapfen tritt, statt ihm wirklich zu helfen, einen Beruf zu finden, der zu seinen Wünschen und intellektuellen Fähigkeiten passt.
* Ich vergebe dir, dass du von Schmerzmitteln abhängig geworden und keinen ganzheitlichen Weg gegangen bist,

auf dem man den Schmerz auf gesündere Weise hätte
lindern können.

* Ich vergebe dir, dass du deine Patienten behandelt hast,
als seien sie dir unterlegen. Du warst nicht nett.

* Ich vergebe dir, dass du dem Gott des Materialismus
gefolgt bist und dein Geld für ein Riesenhaus, teure
Autos und andere Prestigeobjekte ausgegeben hast, statt
deinen Reichtum zu nutzen, um den Armen zu helfen.

* Ich vergebe dir, dass du deine Frau schlecht behandelt
hast, manchmal eher wie ein Objekt als wie deine
wichtigste Freundin. Ich hoffe, sie vergibt dir auch.

* Ich vergebe dir deinen Mangel an Vertrauen.

* Ich vergebe dir, dass du nicht dankbar warst für all
deine Segnungen, sondern dich benommen hast, als
stehe dir all das und noch viel mehr zu.

* Ich vergebe dir, dass du nicht deiner höheren Wahrheit
entsprechend lebst.

* Ich vergebe dir, dass du dein Versprechen an Gott
nicht gehalten hast.

Mit Ehrlichkeit mir selbst gegenüber
Rajiv

Als ich mit den Briefen fertig war, trug ich sie nach draußen
zum Grillplatz, wo die Reste der Dinge, die mein Leben reprä-
sentierten, immer noch vor sich hin schwelten. Ich las einen

Brief nach dem anderen laut vor. Nachdem ich über den Inhalt nachgedacht hatte, riss ich jeden Brief in vier Stücke und warf sie ins Feuer. Sobald ein Brief zu Asche geworden war, ging ich zum nächsten über.

Vergieb, liebe und heile.

Während ich den zweiten Brief zerriss, hörte ich die Worte: Vergieb, liebe und heile. Ich schaute mich um, aber da war niemand, nicht einmal ein Golfspieler, der über den Platz ging, und doch waren die Worte laut und deutlich zu hören.

Vergieb, liebe und heile.

Dass ich sie auf so mysteriöse Weise gehört hatte, sagte mir, dass ich sie besonders beachten sollte. Ich holte mir einen Stift und Papier und schrieb die Worte »Vergebung … Liebe … Heilung« jeweils ganz oben auf ein Blatt Papier. Dann schrieb ich das Erste auf, was mir zu jedem dieser Worte in den Sinn kam. Das Ergebnis war ein klares Verständnis der Worte, die das Kernziel des bewusstseinsbasierten Heilens bilden sollten: Vergebung, Liebe und Heilung.

1. **Vergebung:** Die meisten von uns denken, dass sie irgendwann in ihrem Leben falsch oder ungerecht behandelt wurden – ob von einer gemeinen Mutter oder einem verletzenden Vater; weil sie einen Job, den sie wollten, aus Böswilligkeit nicht bekommen haben; oder weil sie der Ansicht sind, Gott habe ihnen nicht gegeben, worum sie gebetet haben. Was immer es sein mag, solche Ungerechtigkeiten schwären in unserem Geist und mindern die geistige Kraft, die für Positiveres verwendet werden könnte. Doch indem man diese Ungerechtigkeiten klar definiert, kann man sie sich genauer anschauen und als das erkennen, was sie sind: Hindernisse auf dem Weg zu emotionalem Wachstum.

   Indem ich Briefe der Vergebung schreibe, kann ich die einzelnen Punkte, die es zu vergeben gilt, auf dem Blatt sichtbar machen. Wenn ich den Brief anschließend verbrenne, kann ich zuschauen, wie sie als Rauch aufsteigen und zu Asche werden. Das erinnert mich daran, dass nichts ewig währt und dass die schlechten Momente der Vergangenheit mir die Zukunft nicht verbauen sollten.

Ich möchte noch hinzufügen, dass »vergeben« nicht »vergessen« bedeutet. Manche Übertretungen können nicht vergessen werden. Doch indem man vergibt, lässt man zu, dass der physische Körper, das Herz und die Seele heilen. Bleibt man jedoch in der Wut stecken, ist man völlig leer. Vergebung ist das spirituelle und emotionale Gegenstück einer körperlichen Heilung – ähnlich wie man einen gebrochenen Knochen heilen lässt.

2. **Liebe:** Liebe ist das wahre Wesen aller Dinge, »sogar der Menschen«, wie der Erzengel Michael sich ausgedrückt hat. Es ist wissenschaftlich belegt, dass wir umso nachtragender, unversöhnlicher, isolierter und negativer werden und umso schneller abbauen und krank werden, je weniger Liebe wir empfinden. Andererseits erfahren wir umso mehr Heilung und Wohlbefinden, je mehr wir Mitgefühl, Liebe und Vergebung pflegen.

Echte Liebe für einen Menschen zu empfinden, der einem Unrecht getan hat, ist nicht einfach (wie ich aus eigener Erfahrung weiß), aber wenn man dazu in der Lage ist, bestätigt sich die alte Weisheit, dass das einzig wahre Mittel gegen Kummer bedingungslose Liebe ist.

3. **Heilung:** Mir leuchtet es ein, dass es dem Körper hilft, sich zu entspannen und selbst zu heilen, wenn wir so manches emotionale Thema klären. Ich habe selbst gesehen, wie Menschen gesund wurden, sobald sie sich ihren Emotionen stellten und alte Ängste und Ressentiments losließen. Ich

habe festgestellt, dass negative Emotionen – wie die Unfähigkeit zu vergeben – chemische Stoffe im Körper freisetzen, die kurzfristig nützlich sein mögen, aber auf Dauer zerstörerisch sind. Unser Unterbewusstsein ist in ständiger Alarmbereitschaft gegenüber allem, was unser Überleben bedroht. Wenn uns Unrecht getan oder Leid zugefügt wird, sendet es entsprechende Signale aus, um den Körper vor der drohenden Gefahr zu schützen. Adrenalin wird durch den Körper gepumpt, die Atmung wird flacher und das Blut fließt in die Gliedmaßen und weg von den inneren Organen. Das ist angesichts einer unmittelbaren Bedrohung durchaus angemessen, aber wenn eine negative Emotion wie Unversöhnlichkeit diesen Ablauf immer wieder in Gang setzt, kann eine solche Reaktion toxisch werden.

Auf tiefster Ebene sind reine Energie und Licht die Basis von allem. In spirituellen Traditionen ist dies seit Jahrhunderten bekannt, und moderne Wissenschaftler können das jetzt ebenfalls beobachten und als wahr bestätigen. Auch auf der Quantenebene ist alles miteinander verbunden – nicht nur alles in unserem eigenen System, sondern alles im Universum. Sie können Ihr emotionales Leben also gar nicht von Ihrer körperlichen Gesundheit trennen!

Einfach ausgedrückt (also so, wie ich es damals verstanden habe), ist reine Energie die Grundlage unseres ganzen Körpers, und negative Emotionen sind »schwarze Energieblasen«, in die man hineinstechen muss, damit sie keinen Schaden anrichten. Wenn sie nicht irgendwie aufgelöst werden, können sie zur Entstehung vieler Krankheiten beitragen wie:

- Depressionen
- Drogen-/Medikamenten- und Alkoholabhängigkeit
- Esssucht
- Rauchen

- Stress
- Einsamkeit
- Asthma
- Hautprobleme
- Magen-Darm-Probleme wie das Reizdarmsyndrom.

Das waren die Erläuterungen, die ich mir damals zu den Worten meiner Kernbotschaft – Vergebung, Liebe und Heilung – notierte.

* * *

Während meines Nahtoderlebnisses hatte ich eine erhebliche Menge an Informationen von dem Lichtwesen bekommen, die ich nun gebraucht hätte, um die Bedeutung des bewusstseinsbasierten Heilens zu erklären. Doch leider erinnerte ich mich nach meiner Rückkehr ins Leben nicht mehr an alle diese Informationen. Das frustrierte mich zutiefst. Schließlich sollte ich praktische Anleitungen für eine Form von Medizin kreieren, über die ich nichts wusste und von der ich nichts verstand.

Immerhin hatten die Engel versprochen, mir beratend zur Seite zu stehen. Und an diesem Tag hielten sie ihr Versprechen. Es war, als sei ich mit meiner Beisetzung an einen Wendepunkt gekommen, als hätte ich damit praktisch den Rubikon überschritten, was bedeutete, dass ich nicht in mein altes Leben zurückkehren konnte und irgendwie für immer verändert war. An diesem Nachmittag meines ersten offiziellen Arbeitstages als bewusstseinsbasierter Heiler kehren Michael und Raphael zurück, um mir eine wichtige Orientierung zu geben.

Manchmal waren sie sehr unterhaltsam, ja sogar humorvoll und spielerisch aufgetreten. Heute waren sie nichts von alledem. Als ich mit gekreuzten Beinen in meinem Meditationsraum saß, tauchten sie plötzlich auf. Sie sagten gar nichts, sondern waren nur ganz kurz vor meinem geistigen Auge präsent und verschwanden dann wieder. Aber in der Zeit, in der sie da waren, fand eine telepathische Informationsübertragung statt, die mir weitere Hinweise für Ausrichtung und Struktur des bewusstseinsbasierten Heilens gab.

Als ich aus dieser Meditation zurückkam, eilte ich wieder an meinen Schreibtisch und schrieb sieben Thesen auf, die ich mittlerweile »Das Nahtod-Manifest« nenne.

1. Bewusstsein kann außerhalb des Körpers existieren.

2. Es gibt ein Leben nach dem Tod.

3. Wir haben frühere Leben, und die Erfahrungen, die wir darin gemacht haben, können unsere gegenwärtige Wirklichkeit prägen.

4. Wir sind alle miteinander verbunden, weil wir alle aus ein und derselben Energie gemacht sind, die sich als individuelle Materie manifestiert.

5. Göttliche Wesen existieren, um uns zu helfen und zu führen.

6. Es gibt verschiedene Ebenen des Bewusstseins.

7. Es gibt eine alles durchdringende, absolute Liebe und Intelligenz, die der Ursprung des ganzen Universums ist, und diese Liebe ist die höchste Quelle der Schöpfung.

Die sieben Punkte des Nahtod-Manifests waren enorm hilfreich, um das Konzept des bewusstseinsbasierten Heilens zu verstehen. Und obwohl ich nicht das Gefühl hatte, sie seien spezifisch genug, erinnerte ich mich auch daran, was das Lichtwesen mir gesagt hatte, als ich um Informationen über das bewusstseinsbasierte Heilen bat. Du hast das Wissen, sagte das Wesen. Du bist vom Schmerz gedemütigt worden. Daher verfügst du über das Wissen. Aber du musst dein eigener Lehrer werden. Alle Menschen müssen sich selbst schulen und weiterbilden. Das Wissen in dir selbst zu finden, ist die beste Art zu lernen. Was du nicht selbst herausfindest, wirst du nie ganz begreifen.

Ich wollte mehr Informationen, als ich zu Anfang bekommen hatte. Aber ich wusste auch, dass die Informationen zu mir kommen würden, wenn ich sie brauchte. Ich akzeptierte, dass es nicht an mir war, die Offenlegung von Informationen zu steuern.

Mehr als je zuvor spürte ich, wie wichtig es war, zu tun, was mir aufgetragen worden war, und das machte mir Angst. Um ein Heiler der Seele zu werden, würde ich auch tun müssen, wovor ich mich am meisten fürchtete: Vorträge vor Publikum halten.

Ich konnte mir vorstellen, was das Lichtwesen mir bereits gezeigt hatte: Hunderte von Menschen sitzen im Publikum, und ich stehe vor ihnen, erzähle furchtlos meine Geschichte und erkläre ihnen, wie sie die Krankheiten ihrer Seele heilen können, indem sie meinen Rat befolgen.

Ich hatte mich damals nicht gefürchtet, als das Lichtwesen mir einen Blick auf meine öffentliche Vortragstätigkeit in der nahen Zukunft gewährte. Aber das war während meines Nahtoderlebnisses und mit einem mächtigen Geistwesen an meiner Seite. Jetzt war ich allein, kein Geistwesen war in Sicht, und bei dem Gedanken, öffentlich vor Hunderten von Menschen zu sprechen, wurde mir regelrecht schlecht. Und was hätte ich diesen Menschen überhaupt zu sagen? Über meine Nahtoderfahrung und die Informationen aus dem Nahtod-Manifest hinaus hatte ich nicht das Gefühl, erleuchtet genug zu sein, um eine Gruppe seelisch kranker Menschen zu inspirieren.

Dennoch wusste ich, dass der Schritt auf die öffentliche Bühne mein nächster sein würde. So lautete mein Auftrag, und ihn würde ich erfüllen. Mein ganzes Leben würde sich verändern und ich mit ihm. Das hatte das Lichtwesen gesagt.

Das Nahtod-Manifest, das mir die Engel in der Meditation übermittelt hatten, war das Grundgerüst des bewusstseinsbasierten Heilens und das Nächste, womit ich mich näher beschäftigen musste. Klar war aber auch, dass ich die sieben Elemente dieses Manifests, um sie voll und ganz verstehen zu können, an die Menschen herantragen musste. Ich musste meine Geschichte in der Öffentlichkeit erzählen, und zwar furchtlos und selbstbewusst. Wenn es mir gelänge, meine Geschichte gut zu erzählen, würden Menschen mit Suchtproblemen, Depressionen und chronischen Schmerzen die Lücken füllen und mir zu verstehen helfen, wie man Krankheiten der Seele am besten behandeln kann. Bewusstseinsbasierte Heilung wollte sich, so schien es, der Weisheit der vielen bedienen. Diejenigen, die sie nötig hatten, würden mich wissen lassen, was sie brauchten. Die Informationen würden aus den Tiefen der menschlichen Seele zu mir kommen.

Wenn es etwas gibt, was alle Menschen wollen, dann ist es Verständnis. Und wenn es etwas gibt, worauf Menschen reagieren, dann ist es der Wunsch eines Mitmenschen, sie zu verstehen. Wenn Menschen merken, dass sich jemand bemüht, sie zu verstehen, geben sie defensive Verhaltensweisen auf und offenbaren Wahrheiten über sich selbst, die sie jahrelang versteckt haben. Das Bemühen um Verständnis ist die Grundlage der Liebe, auf die Akzeptanz und Heilung folgt.

Ich glaube, das Bedürfnis, verstanden zu werden, liegt in der menschlichen Natur. Und es spielt in allen Religionen eine ganz besondere Rolle, weil es ein zutiefst spirituelles Bedürfnis ist.

Ich bin zwar Hindu, aber ein paar Bibelverse sind mir dennoch vertraut. Einer von ihnen passt sehr gut zu der Beziehung zwischen dem Verstehen und der Offenbarung von Informationen: »Bittet, so wird euch gegeben; suchet, so werdet ihr finden; klopfet an, so wird euch aufgetan.« Dies ist ein Vers aus dem Matthäus-Evangelium (7,7), den ich nachgeschlagen habe, nachdem ich ihn von einem Chirurgen gehört hatte, der mitten in einer Operation ein Handy zückte und seelenruhig einen anderen Chirurgen anrief, weil ihm eine bestimmte Operationstechnik nicht mehr gegenwärtig war. »Bittet, so wird euch gegeben«, sagte er, nachdem er aufgelegt hatte. Dieser Vers passte zu seiner Situation, und mit Sicherheit passte er auch zu der Situation, in der ich gerade war. Wie der Chirurg, der in einer kritischen Phase der Operation Rat brauchte, musste ich mich an diejenigen wenden, die der spirituellen Heilung bedurften, und gezielt herausfinden, was sie brauchten, um geistig zu genesen. Wenn ich sie fragte, was sie brauchten, so hoffte ich, würden sie ihre Köpfe und ihre Herzen öffnen.

* * *

Mein Nahtoderlebnis und die Ereignisse, die darauf folgten, waren für meine Familie und vor allem für Arpana eine Zerreißprobe gewesen. Doch statt meine Erfahrungen als Fantasiegespinst abzutun, hatte sie sich alle Mühe gegeben zu verstehen, was während des Erlebnisses selbst und in den Tagen danach geschehen war.

Ich hatte Arpana so viel zu verdanken und wollte meine Wertschätzung für sie zum Ausdruck bringen, indem ich etwas tat, was ich noch nie zuvor getan hatte. Später an diesem Tag saß ich an meinem Schreibtisch und schrieb ein Gedicht, das die ganze Tiefe meiner Liebe zum Ausdruck brachte.

Was ist Liebe?

Liebe ist …
wenn du da bist, denn dann ist die ganze Welt da – und
Nirvana, die höchste Glückseligkeit, auch.

Liebe ist …
wenn ein Paar, das für die Kfz-Zulassung Schlange steht,
mehr Spaß hat als andere auf ihrer Hochzeitsreise.

Liebe ist …
wenn beide wie die Aromen zweier Eissorten miteinander
verschmelzen wollen.

Liebe ist …
wenn einer schläft und der andere selbst mit verstauchtem
Köchel auf Zehenspitzen geht, um ihn nicht zu wecken.

Liebe ist …
wenn das Zusammensein wie der Duft der Erde ist, auf die
nach einer Trockenzeit der erste Regen fällt.

Liebe ist …
wenn man zusammen ist, die Zeit stillsteht und man spürt:
Das ist er, der Himmel auf Erden.

Liebe ist …
wenn der Herzschlag kurz aussetzt, weil man den anderen
sieht.

Liebe ist …
wenn man Hand in Hand den Strand entlangläuft und sich
eins mit dem Universum fühlt.

Liebe ist …
wenn man spürt: Ich bin sie und sie ist ich.

Liebe ist …
wenn man freudig auf seine persönlichen Wünsche verzichtet,
damit der andere glücklich ist.

Liebe ist …
wenn man das Gefühl hat, auf dieser Reise namens Leben
seinen Seelenpartner gefunden zu haben.

Liebe ist …
wenn Hand in Hand zu gehen sich anfühlt, als wandere man
im Frühling durch einen Garten voller Blumen, umfangen von
ihrem Anblick und Duft und dem Gesang der Vögel.

Liebe ist …
wenn man trotz aller Bemühungen, einschließlich der obigen,
aufgibt und sagt: Du bist die Liebe in Person. Anders kann ich
es nicht definieren.

Als ich Arpana später dieses Gedicht gab, war sie tief berührt.
Sie las es zweimal, schaute dann mit Tränen in den Augen zu
mir auf und sagte: »Ich nehme mal an, das bedeutet, dass du
mein Auto nicht zur Inspektion gebracht hast.« Wir mussten
beide lachen. Es war ein guter Tag.

20

Ein Erwachen

Jo McGinley ist eine Schauspielerin und Sprechtrainerin, die in einem Büro in Los Angeles in die Geheimnisse der öffentlichen Rede einweiht. Sie war mir von einem Bekannten wärmstens empfohlen worden, der wusste, dass ich nicht vor Gruppen mit mehr als zwei Menschen sprechen konnte und dringend Hilfe brauchte.

Meine Nahtoderfahrung und die Botschaften, die ich erhalten hatte, waren ständig in meinem Bewusstsein. Diese eine aber – die Bitte des Lichtwesens, die Geschichte meines Nahtoderlebnisses öffentlich zu erzählen – erschien mir wie ein Schicksal schlimmer als der Tod.

Jo erzählte mir, dies sei eine ganz normale Angst unter Glossophobikern, wie ich einer war. Mindestens 75 Prozent aller Amerikaner würden unter Glossophobie leiden, sagte sie, was bedeutet, dass sie nicht vor vielen Menschen sprechen können, ohne gegen den Drang, wegzulaufen und sich zu verstecken, ankämpfen zu müssen. Und von diesen gaben sehr viele in einer Studie zu, sie würden lieber sterben, als öffentlich zu sprechen.

Den Tod einer Rede vor Publikum vorzuziehen, scheint eine krasse Reaktion zu sein, war aber für mich leicht nachvollziehbar. Ich erzählte ihr, dass ich einmal vor einer Gruppe von Gymnasiasten, denen ich die Anästhesie erklären wollte, einen totalen Blackout gehabt hatte. Für einen Moment oder zwei verlor ich komplett den Faden, der Raum verschwamm vor meinen Augen und mein Kopf war völlig leer. Ich konnte den Faden zwar schnell wieder aufnehmen, aber die Tatsache, dass dies passiert war, baute mein Selbstvertrauen nicht gerade auf.

»Das kommt häufiger vor, als Sie vielleicht denken«, sagte Jo mit einem strahlenden Lächeln und einem Selbstbewusstsein, um das ich sie beneidete.

Nachdem wir die Grundlagen des Sprechens vor Publikum diskutiert hatten (»Das Atmen nicht vergessen.« – »Augenkontakt mit den Leuten im Publikum halten, die freundlich schauen.« – »Nicht zu viel herumlaufen und gestikulieren.«), schlug Jo mir vor, eine Rede zu schreiben, sie zu Hause ein paar Mal zu üben und sie ihr bei unserem nächsten Treffen vorzutragen.

Ich schrieb mein Nahtoderlebnis in allen qualvollen Einzelheiten auf. Doch so oft ich es auch las, irgendetwas stimmte einfach nicht. Mein Vortrag entbehrte jeglicher Spontaneität, und ich hatte das Gefühl, als hielten mich die geschriebenen Worte zurück. Irgendwie zwangen sie mich, an ihnen kleben zu bleiben, bis ich klang, als würde ich eine vorgefertigte Rede abspulen. Und so war es ja auch.

Am Tag unseres nächsten Termins war ich sehr nervös. Ich las mir noch einmal durch, was ich geschrieben hatte, und fuhr dann zu unserem Treffen nach Los Angeles. Jo hatte mittlerweile beschlossen, mich auszutricksen.

»Haben Sie eine Rede geschrieben?«, fragte sie.

Ich hielt das Bündel beschriebener Seiten hoch.

»Gut«, sagte sie und nahm mir das Skript weg. »Erzählen Sie mir einfach, was Sie geschrieben haben. Sprechen Sie aus Ihrem Herzen.«

Mein erster Instinkt war, das Zimmer fluchtartig zu verlassen. Der zweite Gedanke war, gegen die Stressreaktion anzukämpfen, die sich bei mir einstellte: feuchte Hände und Herzrasen. Stattdessen atmete ich tief durch und erzählte meine Geschichte.

Ich begann mit meinem Prostatakrebs und dem Verfall meiner körperlichen Gesundheit. Ich sprach über die vielen

Operationen, denen ich mich unterzogen hatte, um die durch den Krebs verursachten Probleme in den Griff zu bekommen, und über die Bauchoperation, in deren Verlauf ich meinen Körper verlassen und eine Erfahrung gemacht hatte, die transzendent und transformierend gewesen war.

Ich sprach sehr detailliert über dieses Erlebnis, erzählte von meinem geheimnisvollen Auftauchen in Indien und davon, dass ich meine Mutter und meine Schwester in der Küche ihres Hauses in Neu-Delhi gesehen hatte. Ich sprach darüber, wie mich mein verstorbener Vater von der Schwelle zur Hölle weggeführt hatte, und über die Familienmitglieder, die ich im Tunnel zum Himmel getroffen hatte und die mir verständlich machten, warum mich mein Vater so schlecht behandelt hatte. Ich erzählte ihr von den Schutzengeln, die mich seitdem nie mehr verlassen hatten, und von dem Lichtwesen, dessen Empfehlungen mich nun auf einen neuen Weg führten.

Ich betonte meine schnelle Heilung und dass ich in kürzester Zeit die Schmerzmittelsucht losgeworden war und wie diese beiden Ereignisse meine Frau davon überzeugt hatten, dass etwas wirklich Wunderbares geschehen war. Ich erzählte ihr, meine Nahtoderfahrung habe eine so unglaubliche Liebe in mein Leben gebracht, dass meine Freunde und meine Familie mich nun als ganz andere Person wahrnahmen.

»Viele meiner Beziehungen haben sich verändert«, sagte ich, »vor allem die zu meinem ältesten Sohn. Ich habe mich ihm gegenüber in der Vergangenheit sehr missbräuchlich verhalten. Nun, nach meinem Nahtoderlebnis, versuche ich, mitfühlend und hilfsbereit zu sein.« Mein Sohn begrüße die Veränderung meiner Persönlichkeit – wie meine ganze Familie –, aber diese sei so radikal gewesen, dass es ihnen manchmal schwerfalle, sie zu akzeptieren.

Ich erzählte ihr, ich hätte meine Stelle als Arzt aufgegeben und suche nun nach neuen Möglichkeiten, Menschen mit seelischen

Erkrankungen zu helfen. Ich erklärte ihr, das Lichtwesen habe mir gesagt, ich solle meine Geschichte in der Öffentlichkeit erzählen und so mit meiner Botschaft mehr Menschen erreichen.

»Das ist mein Dharma«, sagte ich. »Es ist mir bestimmt, die Welt zu einem besseren Ort zu machen.«

Während ich sprach, weiteten sich ihre Augen. Sie applaudierte.

»Sie müssen einfach nur aus Ihrem Herzen sprechen«, sagte sie. »Öffnen Sie einfach Ihre Seele und lassen Sie die Geschichte heraus.«

Und so machte ich es.

* * *

Wenn sich eine Tür schließt, öffnet sich eine andere, lautet ein Sprichwort. In den nächsten paar Tagen fand ich heraus, wie wahr das ist. Ich rief mehrere Organisationen an, die sich mit dem Leben nach dem Tod beschäftigen, und wurde von einigen sofort als Redner für Konferenzen oder informelle Treffen engagiert. Die Leichtigkeit, mit der sie mich akzeptierten, machte mich nervös und sogar ein wenig paranoid. Werden sie an meiner Geschichte zweifeln? Mich für verrückt halten? Ihre Skepsis an mir abreagieren? Ich wusste nicht, was mich erwartete, wohl aber, dass ich zu jeder Art Publikum sprechen musste, die sich dort einfand, denn so lautete der Auftrag des Lichtwesens an mich.

Ich ging zu diesen Veranstaltungen und brachte nichts mit – keine Notizen, keine festen Vorstellungen –, und wenn ich aufgerufen wurde, ging ich langsam zum Podium und erzählte meine Geschichte. Im Grunde lief ich auf Autopilot und hielt nichts zurück. Mein Ziel war einfach: ehrlich zu sein und damit denjenigen ihre Angst, ihre persönlichen Zweifel und ihre Depressionen zu nehmen, die das Gefühl hatten, dass ihnen die Wunder des Lebens nicht mehr zugänglich waren. Mein Ziel war nicht nur, zu bestätigen, dass es Nahtoderlebnisse gibt und dass ein reiches geistiges Leben auf uns wartet, wenn wir sterben; ich wollte auch aufzeigen, dass man ein spirituelles Leben, wie es uns in einer Nahtoderfahrung offenbart wird, auch erreichen kann, ohne beinahe zu sterben. Alles, was es dazu braucht, ist die Bereitschaft, Erleuchtung durch bewusstseinsbasiertes Heilen zu suchen.

Als ich anfing, zu diesen Gruppen zu sprechen, hatte ich selbst noch nicht so ganz verstanden, was es mit dem bewusstseinsbasierten Heilen auf sich hatte. Doch bei weiteren Auftritten lernte ich von den Menschen, mit denen ich sprach, mehr über die Ziele des bewusstseinsbasierten Heilens und wie man sie erreicht. Wie das Lichtwesen mir gesagt hatte, können diese Krankheiten nur über das Bewusstsein geheilt werden. Je mehr Vorträge ich hielt und je mehr ich las, desto klarer wurde mir, dass ich das Bewusstsein anderer anzapfte, die auch eine Nahtoderfahrung gemacht hatten. Ihre Geschichten waren für mich wie Puzzleteile, und mein Ziel war es, diese Teile zu einer verständlichen Botschaft zusammenzusetzen, die mir die Bedeutung des bewusstseinsbasierten Heilens offenbaren würde.

Ich sammelte und analysierte die Nahtoderfahrungen anderer nicht gemäß einer speziellen Methodik. Vielmehr wurde ich nach jedem Vortrag von Menschen belagert, die eine solche Erfahrung gemacht hatten und ihre Geschichte erzählen wollten, die sie in der Regel auf ihre wichtigste Botschaft reduzierten.

Auf einer Konferenz in Südkalifornien erzählte mir ein Mann, er habe auf einem Bürgersteig in der Innenstadt einen Herzinfarkt gehabt und sei zusammengebrochen. Passanten kamen ihm sofort zur Hilfe, und ein Krankenwagen wurde gerufen. An der Stelle, wo er zusammengebrochen war, und auf dem Weg ins Krankenhaus blieb ein Mann bei ihm, ein Fremder, der ihn tröstete, während die Sanitäter ihre Arbeit machten und sogar im

Krankenhaus, als ihm die Ärzte einen Stent in die verstopfte Arterie setzten, die den Herzinfarkt verursacht hatte. Er sagte: »Ich fand es seltsam, dass dieser Mann in dem Moment auftauchte, in dem ich meinen Herzinfarkt hatte. Er war sofort da wie alle anderen, die auf dem Bürgersteig stehen geblieben waren, aber er wich nicht von meiner Seite, auch nicht, als ich in den Krankenwagen geladen wurde. Und niemand schien ihn zu bemerken oder bat ihn, aus dem Weg zu gehen. Er war da, um mich zu trösten. Immer wieder sagte er: Alles wird gut. Das ist nicht das Ende für dich! Entspann dich einfach.«

Später, während seiner Genesung, besuchte ihn dieser Mann, der »wie ein Engel« zu ihm sprach, noch einmal und verschwand dann wieder. »Ich konnte nicht genau verstehen, was er sagte, aber seine Stimme und seine Anwesenheit waren so beruhigend, wie ich es noch nie erlebt habe.« Als er die Krankenschwestern später nach dem Mann fragte, hatten sie keine Ahnung, wovon er sprach.

Noch Jahre später spürte der Mann, der den Herzinfarkt gehabt hatte, manchmal die Anwesenheit dieses Wesens. Es ist ein wunderbares Gefühl, ihn um mich zu haben«, sagte er mir. »Seine Anwesenheit hat zwei meiner Überzeugungen bestätigt: dass Schutzengel existieren und dass es ein Leben nach dem Tod gibt.«

Auf einer Konferenz in Phoenix, Arizona, erzählte mir eine Frau, wie sie als Kind über einen Spielplatz und direkt gegen eine Sprosse eines Klettergerüsts gerannt war. Hier ist ihre Geschichte, wie ich mich an sie erinnere:

»Alles wurde schwarz, und als ich aufwachte, schaute ich von oben auf mich selbst hinunter. Ich lag da flach auf dem Gesicht und war von anderen Mädchen und Jungen umgeben. Einer der Jungen rannte zum Schulsekretariat, um Hilfe zu holen. Andere rannten zu einem Lehrer, der gehört hatte, wie mein Kopf auf die Metallsprosse geprallt war.

Ich versuchte zu sprechen und meinen Freunden zu sagen, dass mit mir alles in Ordnung sei, aber sie konnten mich nicht hören. Eines der Mädchen sagte hinter vorgehaltener Hand: »Oh mein Gott, sie ist tot!« Ich schrie, ich sei nicht tot, sondern sitze in einem Baum über ihnen, aber in der Nähe des Klettergerüsts war überhaupt kein Baum. Ich befand mich einfach oberhalb der Szene, und niemand konnte mich hören, und ich wusste nicht, warum. Ich blieb lange Zeit in diesem Zustand, bis ich schließlich in meinem Körper aufwachte.«

Als ich die Frau fragte, was dieses Erlebnis für sie bedeute, hatte sie sofort eine Antwort: »Es hat mein Leben verändert. Schon sehr früh erkannte ich, dass wir eigentlich zwei Menschen sind, ein körperlicher und ein geistiger, und der Geistkörper braucht den physischen Körper nicht, um zu überleben. Dieses Wissen hat mich frei gemacht.«

Eine Geschichte habe ich von Dr. Raymond Moody, der ebenfalls auf dieser Konferenz war. Er hatte sich mit gemeinsamen Nahtoderfahrungen beschäftigt, einer Kategorie von Erfahrungen, bei denen ein Außenstehender das Sterben eines Menschen und die Erfahrungen, die dieser dabei macht, hautnah miterlebt. Obwohl diese gemeinsamen Nahtoderfahrungen auf dem Gebiet der Nahtodforschung schon länger Thema gewesen waren, begann Moody sich erst ernsthaft damit zu beschäftigen, nachdem seine ganze Familie am Sterbebett seiner Mutter eine solche Erfahrung gemacht hatte. Raymond erzählte mir von der ersten gemeinsamen Nahtoderfahrung, von der er je gehört hatte, und was sie für ihn bedeutete.

Er sagte, er habe noch an der Medizinischen Hochschule studiert, als er seinen Klassiker über Nahtoderfahrungen, Leben nach dem Tod, schrieb. Eines Tages blätterte er am Zeitschriftenkiosk der Universität in einem Heft, als ein angesehenes Mitglied des Lehrkörpers – nennen wir sie Dr. Jamieson – auf ihn zukam und fragte, ob sie ihn privat sprechen könne. Als sie sich in ihrem Büro gesetzt hatten, kam Dr. Jamieson gleich zum Punkt.

»Ich möchte vorausschicken, dass ich nicht in einer religiösen Familie aufgewachsen bin. Das heißt nicht, dass meine Eltern etwas gegen Religion hatten; sie hatten nur keine Meinung dazu. Dies wiederum führte dazu, dass ich mir nie Gedanken über ein Leben nach dem Tod machte, weil dieses Thema bei uns einfach nie zur Sprache gekommen war.

Wie dem auch sei, vor etwa zwei Jahren hatte meine Mutter einen Herzstillstand. Das kam unerwartet und passierte bei ihr zu Hause. Ich war zufällig gerade zu Besuch und musste sie wiederbeleben. Können Sie sich vorstellen, wie es sich anfühlt, bei der eigenen Mutter eine Mund-zu-Mund-Beatmung zu machen? Das ist schon bei einem Fremden schwer genug, aber mir schien es fast undenkbar, so etwas bei meiner eigenen Mutter zu tun.

Ich bearbeitete sie sehr lange, vielleicht dreißig Minuten oder so, bis ich erkannte, dass alle weiteren Bemühungen umsonst waren, weil sie tot war. An diesem Punkt hörte ich auf und gönnte mir eine Verschnaufpause. Ich war völlig erschöpft und muss ehrlich sagen, dass ich noch nicht begriffen hatte, dass ich jetzt Waise war.«

Plötzlich spürte Dr. Jamieson, wie sie aus ihrem Körper gehoben wurde, erzählte Moody. Sie erkannte, dass sie sich oberhalb von ihrem eigenen Körper und dem toten Körper ihrer Mutter befand und von dort auf die ganze Szene hinabschaute, als stehe sie auf einem Balkon.

»Es verblüffte mich, außerhalb meines Körpers zu sein«, sagte sie. »Während ich mich zu orientieren versuchte, wurde mir plötzlich bewusst, dass meine Mutter jetzt in geistiger Gestalt neben mir schwebte. Sie war direkt neben mir!«

Dr. Jamieson verabschiedete sich still von ihrer Mutter, die nun lächelte und ziemlich glücklich aussah – im krassen Widerspruch dazu, dass ihr toter Körper da unten lag. Dann sah Dr. Jamieson noch etwas anderes, das sie überraschte: »Ich schaute in eine Ecke des Zimmers und nahm dort eine Art Bruch im Universum wahr, aus dem Licht strömte wie Wasser aus einem geplatzten Wasserrohr. Aus diesem Licht kamen Leute, die ich jahrelang gekannt hatte, verstorbene Freunde meiner Mutter. Aber da waren noch andere Menschen, Menschen, die ich nicht erkannte, von denen ich aber annehme, dass es Freunde von meiner Mutter waren, die ich nicht kennengelernt hatte.«

Dr. Jamieson schaute zu, wie ihre Mutter auf das Licht zuschwebte. Das Letzte, was Dr. Jamieson von ihrer Mutter sah, war, wie sie ein zärtliches Wiedersehen mit all ihren Freunden feierte.

»Als das Licht verschwand, schloss sich das Rohr spiralartig, ähnlich wie bei einer Kameralinse«, sagte sie.

Wie lange dies alles gedauert hatte, wusste Dr. Jamieson nicht. Aber als es zu Ende war, befand sie sich wieder in ihrem Körper und stand neben ihrer toten Mutter, völlig verwirrt angesichts dessen, was gerade passiert war.

»Was halten Sie von dieser Geschichte?«, fragte sie.

Moody konnte nur mit den Achseln zucken. Bisher hatte er sich Dutzende von regulären Nahtoderfahrungen angehört und hörte jede Woche neue. Aber zu Dr. Jamiesons Erlebnis konnte er wenig sagen, weil es die erste gemeinsame Nahtoderfahrung war, von der er je gehört hatte.

Mittlerweile, Jahrzehnte später, hatte Dr. Moody von vielen gemeinsamen Nahtoderfahrungen gehört. Ich fragte ihn, welche besondere Bedeutung sie für ihn hätten.

»Nun, dazu kann ich Ihnen zweierlei sagen«, sagte Moody. »Erstens bedeuten sie, dass wir alle auf unsichtbare Weise miteinander verbunden sind, und zwar auf die gleiche unsichtbare Weise, in der wir mit Gott und dem Universum verbunden sind. Nur wenige Ereignisse sind ein besserer Beweis dafür als eine gemeinsame Nahtoderfahrung. Zweitens wirken alle diese Erfahrungen transformierend. Ausnahmslos alle. Ob es sich um Nahtoderfahrungen oder gemeinsame Nahtoderfahrungen handelt oder um außerkörperliche Erfahrungen während einer Meditation – wer sie gemacht hat, ist anschließend nie wieder derselbe. Diese Menschen sind alle völlig verwandelt!«

Er erzählte eine seiner Lieblingsgeschichten über eine Verwandlung durch eine gemeinsame Nahtoderfahrung, die einem Dichter namens Karl Skala im Zweiten Weltkrieg passiert war. Er saß während eines Artilleriebeschusses in einem Schützenloch fest. Eines der Geschosse landete ganz in seiner Nähe und tötete den Soldaten, der mit Skala in dem Schützenloch kauerte. Die Explosion drückte den Soldaten gegen Skala, und dem war sofort klar, dass die Explosion den jungen Mann getötet hatte.

Während das Bombardement weiterging, spürte Skala, wie er mit dem toten Soldaten in den Himmel gezogen wurde, von wo sie plötzlich beide hinunter auf das Schlachtfeld schauten. Skala, der seinen Freund im Arm hielt, schaute auf und erblickte ein helles Licht. Die beiden Soldaten bewegten sich schnell auf dieses Licht zu, bis Skala plötzlich innehielt und in seinen Körper zurückkehrte. Die Explosion machte Skala für den Rest seines Lebens fast taub. Sie ließ ihn aber auch sehr viel spiritueller werden.

Nach Kriegsende schrieb der junge Dichter über dieses Erlebnis ein Gedicht, das viel über das Wesen all dieser wirklich unglaublichen Erfahrungen aussagt:

Willst du das wirklich Sterben nennen?
Im nahen Licht, und doch weit weg.
Ein Licht, das unsere Hoffnung nährt.
Zum Stern hoch oben

ist jeder Gedanke hingereist,
denn dein Körper, die Seele, der Geist
gehörten einmal zu den Sternen.
Lass dieses Licht tief in dein Herz hinein scheinen,
in deine Träume
auf dieser Erde.
Der Tod ist ein Erwachen.[9]

* * *

Der Tod ist ein Erwachen.

Je mehr ich über die letzte Zeile von Skalas Gedicht nachdachte, desto mehr wurde mir klar, wie wahr sie ist. Und je mehr ich herumreiste und Vorträge hielt, desto mehr Geschichten hörte ich. Und je mehr Geschichten ich hörte, desto klarer wurde meine Definition des bewusstseinsbasierten Heilens. Diese Klarheit war ein Ergebnis der vielen Gespräche, die ich mit denen führte, die über die Schwelle des Todes gegangen und zurückgekehrt waren und die ihr Wissen nun einsetzten, um das Rätsel des irdischen Lebens zu lösen. Wie Skala geschrieben hat: Der Tod ist ein Erwachen; für die Leute, mit denen ich sprach, galt: Der Nahtod ist ein Erwachen.

In den Geschichten derer, die eine Nahtoderfahrung gemacht hatten, gab es zwei Konstanten: Sie erlebten einen tief greifenden Wandel und hatten den starken Wunsch, in den Seinszustand zurückzukehren, in dem sie sich während ihres Nahtoderlebnisses befunden hatten.

Es ist klar, dass eine Nahtoderfahrung eine tief greifende Wirkung auf das restliche Leben eines Menschen hat. Viele Forscher haben diese Transformation beobachtet und deren typische Elemente identifiziert: ein verändertes Selbstverständnis, das zu mehr Weisheit und Weitblick führt; mehr Mitgefühl für andere; eine Wertschätzung des Lebens, die den Betroffenen das Gefühl gibt, dass sie hier auf Erden noch etwas zu erledigen haben; weniger Angst vor dem Tod, verbunden mit dem Glauben an ein Leben nach dem Tod; weniger Interesse daran, einer bestimmten Religion anzugehören, und gleichzeitig eine zunehmende Spiritualität; mehr intuitive Sensibilität und eine gesteigerte Wahrnehmung über die fünf Sinne (Sehen, Hören, Schmecken, Riechen, Fühlen).

Menschen, die eine Nahtoderfahrung hatten, stellen sich nicht immer mit all diesen Elementen vor, wohl aber mit einigen davon, und sie wirken immer ein wenig distanziert auf ihr Umfeld. Der Grund für diese innere Distanz? »Wir sind nur kurze Zeit auf der Erde, und dann geht es zu einem anderen Bestimmungsort«, sagte eine Person, die ein Nahtoderlebnis hatte. »Warum also sich Sorgen machen?«

Eine weitere, für mich noch interessantere Konstante war der Wunsch, in den Nahtodzustand zurückzukehren, um Teile dieser Erfahrung oder sogar das ganze Erlebnis wiederholen zu können. Dies sollte nicht mit Selbstmordabsichten verwechselt werden. Ich bin noch nie jemandem begegnet, der nach einem Nahtoderlebnis den Wunsch gehabt hätte, Selbstmord zu begehen. Wer ein solches Erlebnis hatte, weiß, dass er auf der Erde eine Aufgabe zu erfüllen hat, und sei es nur, die Veränderung zum Ausdruck zu bringen, die sich im eigenen Leben vollzogen hat. Derjenige möchte eher immer und immer wieder in diesen besonderen Zustand des Trostes und des Lernens zurückkehren. Wie mir jemand erklärte: »Ein Kind möchte ja auch nicht nur einmal nach Disneyland.«

Weil ich selbst ein Nahtoderlebnis hatte, kann ich sagen, dass es doch sehr viel komplexer ist. Wo ich war, gab es keinen Vergnügungspark. Meine Reise war ein tiefes Eintauchen in mein geistiges Selbst, gepaart mit einem kurzen Einblick in die geistige Welt, den Ort, an den wir gehen, wenn wir sterben. Es ist schwer zu sagen, warum das Bedürfnis so stark ist, in jenen geistigen Zustand zurückzukehren. Ich kann nur sagen, dass mich mein Nahtoderlebnis auf einen neuen Weg geführt hat, dass es meine Persönlichkeit verändert und alte Verhaltensmuster aufgelöst hat, die für mich und meine Familie schädlich waren, dass es mir mehr Mitgefühl für andere beschert und mich veranlasst hat, nach Spirituellem statt nach Materiellem zu suchen. In den Nahtodzustand zurückzukehren, war für mich wie eine Kurskorrektur, die mich auf dem richtigen Weg hielt, wie eine Kompassnadel, die mich zu Gott führte.

* * *

Monatelang hatte ich auf großen und kleinen Veranstaltungen gesprochen und mir die Nahtoderfahrungen anderer angehört, die so dankbar waren, einen Ort zu haben, an dem sie ihre Geschichten frei und offen erzählen konnten. Nun kam ich zu einer Reihe von Schlussfolgerungen, die sozusagen die Essenz meines Ansatzes zum bewusstseinsbasierten Heilen waren. Diese fünf Regeln, die ich »Lektionen des Lichts« nenne, gaben mir eine Vorgehensweise an die Hand, mit der man diese Form der Medizin einem größeren Publikum präsentieren kann, das Nutzen aus einer Nahtoderfahrung ziehen möchte:

1. Sich eins mit dem Universum fühlen. Dies ist eine der am häufigsten genannten Lehren aus einer Nahtoderfahrung, und sie hat sicherlich eine besonders transformierende Wirkung. Die Vorstellung, dass das, was wir tun, sich positiv auf den Kreis von Menschen auswirkt, den wir beeinflussen, nimmt uns das Gefühl der Ohnmacht. Die Nahtoderfahrung lehrt uns durch dieses Prinzip der Einheit etwas über persönliche Macht. Denken Sie auch daran, dass wir, wenn wir über das Gefühl der Einheit mit dem Universum sprechen, auch unsere Dankbarkeit der Welt gegenüber

einschließen. Zwei der besten Möglichkeiten, Dankbarkeit zu zeigen, kennen Sie bereits. Eine besteht darin, innezuhalten und den Duft der Rosen zu genießen. Das bedeutet, bewusst langsamer zu werden und sich für das zu öffnen, was man in jedem Moment erlebt. Die Wunder der Welt werden offensichtlicher, wenn wir das Geschwätz in unserem Kopf beruhigen. Die Zweite besteht darin, die Segnungen des eigenen Lebens zu zählen, also über das zu meditieren, wofür wir dankbar sein können.

2. Das verbale Denken ausschalten. Die Kommunikation während einer Nahtoderfahrung läuft fast immer nonverbal ab. Die meisten Menschen berichten, dass sie mit den Wesen, die sie während ihrer Erfahrung gesehen haben, telepathisch kommunizierten. Ich weiß, dass es bei mir so war und immer noch so ist, wenn meine Schutzengel in der Meditation mit mir kommunizieren.

Das verbale Denken kann auf vielerlei Arten ausgeschaltet werden, etwa durch Wiederholen eines einzelnen Wortes oder Mantras, durch eine monotone Tätigkeit wie Stricken oder Häkeln oder durch Meditation, meine Lieblingsmethode. Vielleicht öffnet das Ausschalten eines meiner Sinne die anderen weiter. Das schließt auch die geistigen Sinne ein. Wenn ich mein verbales Denken ausschalte, finde ich manchmal die Lösung eines Problems oder sehe Orte, an denen ich war, in brillanter Detailschärfe. Ich sehe meine Schutzengel oder sogar meinen Vater oder andere verstorbene Verwandte, die Botschaften an mich weitergeben. Wenn das Geschwätz verstummt und der Geist sich beruhigt, kann er offen sein für alles oder auch für überhaupt nichts. Dann erkennt man, dass Schweigen wirklich Gold sein kann.

3. Gewohnheiten entwickeln. Gewohnheiten haben häufig einen negativen Beiklang, weil sie mit dem Wort schlecht verbunden werden. Doch gute Gewohnheiten zu entwickeln, ist vorteilhaft für die geistige und körperliche Gesundheit. Ich könnte mich hier über gute Körperübungs- und Essgewohnheiten auslassen, aber eigentlich geht es mir darum, gute geistige Gewohnheiten voranzutreiben. Auch wenn wir keiner Kirche angehören oder gar Atheisten sind, bringen uns spirituelle Gewohnheiten wie regelmäßiges Meditieren in Kontakt mit unserem innersten Selbst.

4. Die Wut besiegen. In einer bahnbrechenden Studie fand man heraus, dass viele Menschen mit einer Nahtoderfahrung Typ-A-Persönlichkeiten sind, jedoch mit geringem Wutpotenzial. Das heißt, sie gehören zu den Leistungsträgern der Gesellschaft, sind aber nicht annähernd so oft wütend wie der traditionell erfolgsorientierte Typ A. Woher kommt das? Manche Forscher spekulieren, dass diejenigen, die ein Nahtoderlebnis hatten, dabei einen regelrechten Schub universeller Liebe erfahren haben, während andere die fehlende Wut mit regelmäßiger Meditationspraxis in Verbindung bringen.

Das ist eine gute Nachricht, denn die Forscher haben festgestellt, dass bei Menschen mit geringem Wutpotenzial und wenig feindseligem Verhalten die Gefahr, an Herzkrankheiten und sogar Sucht zu sterben, sehr viel geringer ist als bei anderen. Deswegen ist eine emotional akzeptierende Haltung der Welt gegenüber so wichtig. Eine ruhige, gelassene und akzeptierende Lebenseinstellung, eine Haltung nach dem Motto »Was kommt, das kommt« lässt zu, dass uns die Welt ihre unendlich vielen Facetten so zeigt, wie sie sind, und nicht vermischt mit negativem emotionalem Ballast.

5. Optimistisch sein. Pessimismus ist bei Menschen, die ein Nahtoderlebnis hatten, selten anzutreffen. Sie ernähren sich besser, trinken weniger Alkohol, haben weniger arbeitsbedingten Stress und weniger Angst vor der Zukunft als der Durchschnittsmensch. Der Grund für ihren Optimismus ist das Gefühl, dass ihr Leben sinnvoll und ihre Anwesenheit auf der Erde wichtig ist. Sie glauben auch fest an ein Leben nach dem Tod, was sie zusätzlich optimistisch stimmt, denn sie haben erfahren, dass tot zu sein nicht bedeutet, dass man für immer tot ist. Negative Gefühle wie Enttäuschung, Angst und Wut machen tendenziell verbittert, belasten das ganze Leben und schwächen seine einzigartige Natur. Wenn wir zu viel Geschwätz in unseren Köpfen zulassen, legen negative Gefühle einen Schleier über unsere Wahrnehmung der Welt. Dann wird alles trübe und unklar, und wir bleiben in unseren Vorstellungen gefangen.

Dies sind offenbar recht einfache Regeln, aber wenn wir uns daran halten, können sie eine tief greifende Wirkung auf fast alles haben, was wir tun. Sie sind die Basis unseres Wertesystems, das darüber bestimmt, wen wir heiraten, wie wir unsere Kinder erziehen, wie wir mit unseren Freunden und Nachbarn umgehen, und über eine Vielzahl anderer wichtiger Lebensaspekte. Das erinnert mich an etwas, das Mahatma Gandhi zu seinen Anhängern gesagt hat:

»Fast alles, was du tust, ist unwichtig, aber es ist wichtig, dass du es tust, weil es niemand sonst tun würde.«

21

Ein Einzelexperiment

Anderthalb Jahre nach meinem Nahtoderlebnis war ich körperlich vollkommen wiederhergestellt. Die Infektion in meinem Unterleib war schon innerhalb weniger Tage nach meiner Operation nahezu abgeklungen und kam nie wieder. Die Ärzte waren erstaunt, mit welcher Geschwindigkeit die Infektion zurückging, und entließen mich noch in derselben Woche aus dem Krankenhaus.

Die Antidepressiva und die Schmerztabletten, die ich früher genommen hatte, interessierten mich nicht mehr. Aber ich wusste ich, dass ich die Dosierung wegen meiner Medikamentenabhängigkeit langsam senken musste, doch vor allem, weil meine Operationswunden noch eine Weile brauchen würden, um ganz abzuheilen.

Für mich war die ultimative Frage, ob sich meine Nahtoderfahrung wirklich auf meine Genesung auswirken würde. Ehrlich gesagt wusste ich es nicht, oder zumindest glaubte ich nicht ganz, was ich wusste. Ich hatte die medizinische Literatur über Nahtoderfahrungen gelesen und viele Beispiele für körperliche und geistige Veränderungen gefunden.

Pim Van Lommel nennt in seinem Klassiker Consciousness beyond Life (dt. Endloses Bewusstsein) eine Reihe von körperlichen Veränderungen als Folge einer Nahtoderfahrung: besondere Geräusch-, Geschmacks-, Berührungs- und Geruchsempfindungen; erhöhte Empfindlichkeit gegenüber Medikamenten und, für mich am spannendsten, »die Fähigkeit, Heilkräfte auf andere zu übertragen« und Fälle von »unerklärlicher

Selbstheilung nach einer Nahtoderfahrung«. Ein solcher Fall wird in dem Buch Where God Lives von Melvin Morse und Paul Perry geschildert:

Eine Frau namens Rita Klaus hatte eine vollständige Remission der Multiplen Sklerose (MS) selbst in Teilen ihres Körpers, die man für dauerhaft geschädigt hielt.

Am Tag vor ihrer Genesung lag Rita Klaus zu Hause im Bett und wartete auf ihren Mann, der sich die Spätnachrichten im Fernsehen anschaute, als sie eine »süße« Stimme »in mir, außerhalb von mir und überall um mich herum« hörte, die sagte: »Warum bittest du nicht darum?«

Sie habe zwar regelmäßig gebetet, aber nie ausdrücklich darum gebeten, von ihrer Krankheit geheilt zu werden, sagte sie. Dieses Mal spürte sie »eine plötzliche Welle der Elektrizität, die meinen Nacken hinunter und in die Arme und Beine schwappte ... ein prickelndes Gefühl wie von perlendem Champagner«. Sie hatte mit neun Jahren ein Nahtoderlebnis gehabt, und ich glaube, dass sie deshalb in ihrem späteren Leben diese Erfahrung einer Spontanheilung eher zulassen konnte.

Ihr Arzt, Dr. Donald Meister, soll gesagt haben: »Spontanremissionen von MS sind möglich. Was in diesem Fall nicht ganz passt, ist, dass der dauerhafte Schaden, der durch MS bereits angerichtet wurde, bei einer Spontanheilung normalerweise nicht weggeht (wie es bei Rita der Fall war). Ob diese Heilung göttlich inspiriert war, kann ich nicht sagen. Ich würde gern wissen, wie sie vonstattengegangen ist, und in der Lage sein, sie zu wiederholen.«

Ein weiterer Fall, der in Transformed by the Light, einem anderen Buch von Morse und Perry, erwähnt wird, ist der einer Frau namens Kathy, bei der man Schilddrüsenkrebs diagnostiziert hatte. Nach Bestrahlung und Chemotherapie hatte ihr Arzt sie darüber informiert, dass der Krebs bereits in anderen Teilen ihres Körpers Metastasen gebildet habe und sie vermutlich nur noch sechs Monate zu leben hatte.

Je schlimmer ihr Krebs wurde, desto schwächer wurde ihr Immunsystem. Schließlich zog sie sich eine virale Lungenentzündung zu und kam wieder ins Krankenhaus. Dort verschlimmerte sich ihre Krankheit weiter, bis Kathy eines Nachts einen Atem- und einen Herzstillstand gleichzeitig hatte. Die Ärzte eilten in ihr Zimmer und leiteten lebensrettende Maßnahmen ein. Hier ist Kathys Geschichte in ihren eigenen Worten:

»Ein paar Sekunden lang war alles ganz dunkel. Dann stand ich plötzlich hoch oben auf einem Bergrücken und schaute über ein wunderschönes Tal. Die Farben waren außerordentlich lebhaft, viel lebhafter, als ich Farben jemals wahrgenommen hatte. Es war wunderbar. Ich war ganz ergriffen vor Freude.

Ein Wesen war an meiner Seite, ein Wesen aus Licht. Nicht wie ein Licht, das man sieht, sondern das man eher fühlt und begreift. Es berührte mich, und mein ganzer Körper wurde von seinem Licht erfüllt. Es drang aus mir heraus. Ich nahm eine Stimme wahr, die sagte, ich könne nicht in dieses wunderschöne Tal gehen, denn meine Kinder brauchten mich noch.«

Wie durch ein Wunder erholte sich Kathy sowohl von ihrem Herzstillstand als auch von der Lungenentzündung. Aber das wahre Wunder geschah, als Kathys Krebs ein paar Wochen später einfach verschwunden war.

Morse stellte eine Theorie auf, warum Kathy und all die anderen geheilt wurden, nachdem sie eine Begegnung mit einem hellen Licht gehabt hatten, entweder in Zusammenhang mit einem Nahtoderlebnis oder als »spontanes« Lichterlebnis, das in Zusammenhang mit transzendentalen Erfahrungen, etwa in tiefer Meditation, stattfinden kann. Morse glaubt, dass solch eine »Lichtflut« das elektromagnetische Kraftfeld des Körpers vergrößert und die Zirbeldrüse stimuliert, einen kleinen Knoten tief im Gehirn. Die Zirbeldrüse schüttet Hormone aus, welche die Funktion des Immunsystems beeinflussen. Dadurch kann das Immunsystem wesentlich stärker werden und eine Vielzahl von Beschwerden heilen, einschließlich Krebs.

So eine Lichtflut hat auch Auswirkungen auf andere wichtige Teile des Gehirns. Morse ist überzeugt, dass der rechte Schläfenlappen davon betroffen ist. Das ist der Bereich des Gehirns, den manche als die »Schaltplatte der Mystik« kennen. Er ist zuständig für komplexe Sprache, Selbstbewusstsein, langfristige Planung und sogar Tagträume. Aber er ist auch unsere Verbindung zum Göttlichen. Der berühmte Neurochirurg Wilder Penfield nannte diesen Bereich »den Menschen im Menschen« oder, wie manche sagen würden, »die Seele«.

Dies ist der Bereich in unserem Gehirn, der uns mit Gott oder einer transzendenten Ebene verbindet. Wenn die Zirbeldrüse eine Lichtflut erlebt, entweder während einer Nahtoderfahrung oder wenn in tiefer Meditation ein Licht erscheint, dann kann uns dies tief greifend verändern. Morses bahnbrechende Transformationsstudien und die Arbeiten anderer haben ergeben, dass diese Lichtflut praktisch alles im Leben eines Menschen verändern kann, indem er sich auf das Angstniveau auswirkt, auf das Selbstvertrauen, die Ernährung, die Lebenseinstellung, den Glauben an Gott, die Angst vor dem Tod und das Gespür für den wahren Sinn des Lebens. Das entspricht, mit anderen Worten ausgedrückt, allem, was mir durch meine Nahtoderfahrung passiert war!

Morses Arbeit klingt ziemlich theoretisch, aber einige Ärzte bedienen sich der Prinzipien der Lichtflut, um das elektromagnetische Feld des Körpers zu verändern und schwere Krankheiten zu heilen.

Die mittlerweile verstorbene Chirurgin Margaret Patterson aus Edinburgh, Schottland, entwickelte die neuroelektrische Therapie, eine Behandlungsform, die Drogensüchtige von ihrer

Abhängigkeit befreite. Ihre Behandlung bestand darin, den rechten Schläfenlappen mit Schwachstrom zu stimulieren. Sie hatte eine hohe Erfolgsrate, sogar bei Heroinabhängigen, deren Sucht sehr schwer in den Griff zu bekommen ist.

Ich persönlich habe das Gefühl, selbst von der »Lichtflut« aus meinem Nahtoderlebnis profitiert zu haben, und deshalb profitieren auch meine Klienten davon. Meine Erfahrung mit dem Licht hat meine eigene Heilarbeit um eine übernatürliche Dimension bereichert. Noch immer kann ich nicht alle Elemente des bewusstseinsbasierten Heilens genau definieren, das zu praktizieren mir die Engel aufgetragen haben. Aber ich kann sagen, dass das Licht mich immer wieder um die Elemente Empathie und Intuition bereichert, über die ich vor meiner ersten Begegnung mit ihm nicht verfügen konnte, und dass ich diese Elemente nutzen kann, um das bewusstseinsbasierte Heilen besser zu praktizieren.

Diese Elemente kommen in Form einer universellen Energie zu mir. Ich empfange sie in der Meditation, in die ich mich versenke, bevor ich einen Klienten behandle. Ich weiß, es klingt sehr »esoterisch«, wenn ich von universeller Energie spreche, aber damit lässt sich am besten beschreiben, was passiert. Manchmal kommt diese Energie in Form von Licht zu mir. Zu anderen Zeiten bin ich mir der Anwesenheit meiner Engelfreunde bewusst. Jedes Mal, wenn ich diese Meditationen mache, ist mir klar, dass ich mit einer universellen Energie »aufgeladen« werde, die mich mit der Intuition versorgt, die bei der Behandlung von Depression, Abhängigkeit und Schmerzen hilft.

Ein Beispiel für eine solche Heilung kommt von einer Frau, die ich hier Debbie nenne. Sie lebt im Südosten der USA, wo die meisten Schmerzmittel mangels adäquater Gesetze frei verkäuflich sind. Sie hatte leichte Rückenschmerzen, die von zu viel sitzender Tätigkeit kamen, und nahm dagegen Schmerzmittel, was bald zu einer Abhängigkeit führte, die wiederum eine schwere Depression nach sich zog. Als Folge ihrer Abhängigkeit entglitt ihr das private und berufliche Leben, und sie fühlte sich energie- und gefühllos.

Als Debbie mich konsultierte, war es mein erstes Ziel, mit ihr über ihre Sucht zu sprechen, was kein Arzt vor mir getan hatte. Dann führte ich sie auf den Weg des bewusstseinsbasierten Heilens, indem ich ihr Werkzeuge gab, mit denen sie ihr Bewusstsein einschalten konnte, ehe sie wieder automatisch den Weg einschlug, den sie so viele Jahre lang gegangen war und der sie den ganzen Tag über starke Schmerzmittel einnehmen ließ.

Ich brachte ihr bei, wie man meditiert und mit sich selbst kommuniziert, gab ihr kurze Meditationstechniken und Gebete gegen den mächtigen Drang, diese süchtig machenden Mittel zu nehmen, und veranlasste sie, sich für andere zu engagieren, die vom Glück weniger begünstigt sind.

In kürzester Zeit konnte sie ihren Schmerzmittelkonsum fast auf null reduzieren und damit auch ihre Depressionen lindern. Die Schmerzen, die sie gehabt hatte, waren durch die Körperübungen, die sie nach meinen Anweisungen machte, nahezu verschwunden, und sie nahm dadurch auch ab, was ihr ein besseres Körpergefühl gab.

Diese Regeln des bewusstseinsbasierten Heilens zu befolgen, verlangt einige Anstrengung, denn Abhängigkeiten scheinen immer knapp unter der Oberfläche zu lauern. Doch Debbie ist jetzt auf dem richtigen Weg und sagt, dass sie dabeibleiben will. Mir schrieb sie: Ich stehe jetzt morgens immer früh auf, weil ich das so möchte. Ich bin voller Energie und Dankbarkeit, so sehr, dass meine Familie und meine Freunde mich bewundern. Ich staune selbst. Ich habe mein Leben wieder im Griff, und das soll auch so bleiben.

Debbies Fall ist für mich ein gutes Beispiel dafür, wie es mir gelungen ist, das Licht in meiner Heilpraxis zu nutzen. Was mich geheilt hat, kann auf Sie übertragen werden, sage ich meinen Klienten. Und Sie können es genauso an die weitergeben, die es brauchen. Ein gutes Vorbild ist der beste Lehrer.

* * *

»Was also, glaubst du, bedeutet dies alles?«, fragte Naresh.

Wir saßen beim Mittagessen zusammen. Unser Gespräch, in dem es unter anderem um meine heilkundliche Forschung ging, hatte uns wie so oft in letzter Zeit zu der Frage geführt, wie man sein eigener Heiler werden kann. Das war eines meiner Lieblingsthemen geworden, weil es auf den Punkt bringt, worum es beim bewusstseinsbasierten Heilen geht, nämlich um die Neuausrichtung des Geistes vom Physischen auf das Spirituelle. Um das geheimnisvolle Bindeglied zur geistigen Welt zu finden, müssen wir tief in uns selbst eintauchen. Doch wo wir dann landen, ist reine Vermutung.

Viele Ärzte und Hirnforscher glauben, dass sich das Bindeglied im rechten Schläfenlappen befindet, und bezeichnen diesen wichtigen Bereich des Gehirns sogar als »Sitz der Seele«. Andere sind weniger spezifisch und manchmal sogar weniger körperbezogen. Statt auf eine bestimmte Gehirnregion zu verweisen, glauben sie, dass man das Körperliche mithilfe des überpersönlichen Anteils des Unbewussten überwinden kann, den C. G. Jung als das »kollektive Unbewusste« definiert hat. Es ist ein Reservoir an menschlichen Erfahrungen, die seit Anbeginn der Menschheit gemacht wurden, über die wir alle verfügen und die uns auf geheimnisvolle Weise miteinander verbinden. Manche Denker sagen, dies schließe auch unsere Verbindung mit dem Göttlichen ein. Wieder andere glauben, Spiritualität sei irgendwo außerhalb von uns angesiedelt.

Meiner Einschätzung nach hat niemand die *eine* Antwort. Es ist fast, als frage man, wo der Himmel sei: Ist der Himmel in uns, in unserem Geist oder in unserer Vorstellung? Oder ist er ein Ort außerhalb von uns? Auf diese Frage gibt es in der Tat keine Antwort, es gibt nur Ansichten.

Die Frage nach dem Wohnsitz des Geistigen ist den meisten viel zu theoretisch. Aber ich weiß, dass ich ihn in meiner Nahtoderfahrung gefunden habe. So kam ich in den Himmel. Dorthin möchte ich auch wieder zurückkehren, und zwar ohne den Tod zu riskieren, der normalerweise mit der Chance, in den Himmel zu kommen, verbunden ist. Und ich weiß, dass ich mir diesen Wunsch in der Meditation am besten erfüllen kann. In der Meditation ist es mir mehrmals gelungen, zu dem Licht zurückzukehren, und das hat mich in einer Weise von meiner Sucht geheilt und mir bei der Bewältigung meiner Depression und meiner chronischen Schmerzen geholfen, wie es starke Medikamente nicht konnten. Dasselbe Licht hat auch viele andere geheilt.

Es wird häufig darüber spekuliert, woher das heilende Licht kommt und wie es genau funktioniert. Meiner Meinung nach erscheint es, wenn wir irgendwie in Gottes Gegenwart treten. Ich brauche aber gar nicht genau zu wissen, wie etwas funktioniert, um es wirkungsvoll einsetzen zu können.

Ich bin von meiner Ausbildung her Anästhesist, spreche also aus Erfahrung und mit dem entsprechenden Fachwissen, wenn ich sage, dass niemand wirklich weiß, wie Anästhesie funktioniert. Es wird viel spekuliert, und es gibt viele Meinungen, aber letztlich bleiben die Mechanismen hinter der Anästhesie ein Geheimnis, auch wenn ihre Wirkung es nicht ist. Dieser Mangel an spezifischen Kenntnissen hält uns nicht davon ab, uns die Anästhesie zunutze zu machen. Wir verabreichen eine bestimmte Dosis Anästhetika, die Schmerzen so wirkungsvoll unterdrücken, dass der Patient sogar höchst invasive chirurgische Eingriffe schlafend übersteht und nichts davon mitbekommt.

Das Gleiche gilt für Nahtoderfahrungen und Meditation. Niemand weiß wirklich, wie sie heilen oder transformieren, aber sie tun es. Entsprechende Studien haben ergeben, dass Nahtoder-fahrungen und Meditation kraftvolle Heileigenschaften haben.

Wie funktioniert das? Wieder gibt es nicht wirklich eine Ant-wort. Es gibt viele Spekulationen, und mittlerweile werden so-gar wissenschaftliche Studien durchgeführt, die zeigen sollen, warum Nahtoderfahrungen und Meditation eine derart heilen-de Wirkung haben. Ich versuchte erst einmal herauszufinden, wie man diese Kräfte für die körperliche und geistige Heilung nutzen kann, besonders zugunsten meines kranken besten Freundes Naresh.

* * *

Naresh war sehr an der Möglichkeit einer Spontanheilung inte-ressiert. Ich verstand voll und ganz, warum. Er war verzweifelt und hatte große Angst. Sein Krebs hatte Metastasen gebildet und konnte mit Chemotherapie nicht mehr in Schach gehalten werden. Er hatte viel Gewicht verloren, war erschöpft, und vor allem hatte er Angst, seine Familie allein zurücklassen zu müs-sen. Er wollte nicht sterben. Deswegen interessierte er sich für die Lichtflut, diese Momente der Spontanheilung, die von Mel-vin Morse und anderen erörtert worden waren.

»Manchmal heilen sie den Krebs nicht, machen ihn aber be-handelbar und überschaubar«, sagte er. »Warum nicht bei mir? Warum könnte das nicht auch bei mir funktionieren?«

Warum nicht?, dachte ich.

Ich weiß, dass die geistige Welt in meinen eigenen Meditatio-nen oft so greifbar nah ist, dass ich sie berühren kann. Doch wenn die geistige Welt mich berührt und in mein Leben ein-greift, gibt sie mir genau das, was ich brauche – was nicht unbe-dingt das ist, was ich möchte oder auch nur annähernd erwarte. Deshalb sagen erfahrende Meditierende: »Lass los, lass Gott machen.« Das erinnert sie daran, dass wir Gott nur bitten und dann hoffen können, dass wir bekommen, was wir möchten. Darauf zu bestehen, wird uns nicht weiterbringen.

»Das weiß ich«, sagte Naresh. »Ich weiß, dass wir nicht steuern können, was wir von Gott bekommen. Aber ich kann doch zumindest mal eine Meditation ausprobieren und sehen, ob sie funktioniert.«

Also beschloss ich, hier und jetzt beim Mittagessen in unserem Lieblingsrestaurant eine Meditation zu entwickeln, die ihm hoffentlich eine Lichtflut schenken würde. Grundlage dafür war eine Meditation, die ich in einem Ashram im Himalaja gelernt hatte. Der Guru, der sie mir beigebracht hatte, nannte sie »Inneres Licht«, weil sie dazu gedacht ist, uns mit dem geistigen Licht zu verbinden, das uns allen innewohnt.

Ich hatte sie als unglaublich wirksam empfunden, wenn es darum ging, ein geistiges Licht zu sehen. Das Licht selbst war allerdings jedes Mal anders. Manchmal erschien es ganz langsam und punktuell wie das Licht der Sterne nach Sonnenuntergang. Ein anderes Mal war es stark und schien mit einem Wind einherzugehen. Dann wieder war es wie ein starkes Blitzlicht, eine Lichtexplosion geradezu, deren Kraft sich auf alle meine Sinne auswirkte. Ich konnte nie sagen, mit welcher Intensität das Licht auftreten würde, noch seine Wirkung ahnen. Manchmal war es sehr entspannend, aber zu anderen Zeiten hatte ich das Gefühl, elektrostatisch aufgeladen zu werden.

Der Guru hatte mir geraten, mich in dieser Meditation jeweils nur auf ein Thema zu konzentrieren. Er sagte, das Licht ändere sich je nach anstehendem Thema und dass manche Probleme mehr Licht brauchen als andere. Und ja, auch wenn ich nicht immer bekommen würde, was ich wollte, würde ich vielleicht bekommen, was ich brauche.

»Bring mir diese Meditation bei«, sagte Naresh.

Ich drehte das Papier-Tischset um und schrieb die Meditationsanleitung auf die Rückseite:

Inneres-Licht-Meditation

1. Setze dich im Schneidersitz auf den Boden und entspanne dich. Spüre, wie dein Körper immer schwerer wird und die ganze Anspannung von dir abfällt.

2. Lass deinen Geist leer werden und nimm die Welt um dich herum ganz aufmerksam wahr. Lass die Gedanken durch deinen Kopf ziehen, aber lass nicht zu, dass sie sich festsetzen.

3. Wähle ein Thema, das in deinem Leben eine wichtige Rolle spielt; konzentriere dich dann auf dieses Thema. Tritt innerlich einen Schritt zurück und betrachte es mit einem gewissen Abstand, als sei es das Problem eines anderen Menschen.

4. Schließe die Augen und frage, was du an diesem Thema gern ändern würdest.

5. Stelle dir, während du Schritt 4 machst, absolute Dunkelheit vor und spüre, wie du vollkommen absorbiert wirst von dem Thema, das du untersuchen willst. Lass das Thema nach wenigen Minuten wieder los.

6. Lenke deine Aufmerksamkeit auf die tiefe Dunkelheit hinter deinen Augenlidern. Lass die Gedanken ein paar Minuten lang kommen und gehen – ohne sie zu beurteilen oder dich mit ihnen zu beschäftigen. Wenn das Licht kommt, kommt es jetzt. Konzentriere dich darauf.

7. Vielleicht offenbart dir das Licht etwas. Akzeptiere diese Offenbarungen, auch wenn sie emotional schmerzhaft sind. Würdige die Gefühle, die du von dem Licht empfängst.

»Und noch eins, Naresh, sei nicht enttäuscht, wenn nichts passiert«, sagte ich und reichte ihm das Tischset. »Manchmal braucht man mehrere Meditationssitzungen, um das Licht zu sehen, und es kann auch sein, dass es sich nie zeigt.«

An diesem Abend rief mich Naresh an und berichtete von seinen Fortschritten: »noch nichts.«

So ging es mehrere Tage lang. Er machte eifrig seine Licht-Meditationen, aber leider ohne Erfolg. Dann, eines Nachts passierte es. Als er seine Aufmerksamkeit auf die tiefe Dunkelheit hinter seinen Augenlidern lenkte, tauchte plötzlich ein strahlendes Licht aus dem Nichts auf. Naresh war einen Moment lang wie erstarrt vor Schreck, beruhigte sich dann aber wieder. Er fühlte sich umgeben von allen möglichen Informationen: Sein ganzes Leben huschte im Rückblick an ihm vorbei; das Universum wirkte klein und zugänglich; alles schien sich so von innen nach außen zu wenden, dass er es verstehen konnte; er empfand tiefe Liebe und Verständnis für alles. Einen Moment lang sah er einen »wunderschönen Ort«. Dann kehrte er zurück.

»Glaubst du, dass das eine Heilung war?«, fragte ich.

»Ich weiß nicht«, sagte er. »Aber einen Moment lang hatte ich keine Angst und keine Schmerzen.«

Naresh machte diese Meditation auch weiterhin fast jeden Tag und schien danach immer voll Freude zu sein. Doch auch wenn ihm das eine kleine Atempause in seinem Kampf gegen den Krebs verschaffte, bescherte es ihm nicht die Spontanremission, die er sich wünschte. Und obwohl er etwas von dem Licht in seinem Innern fand, entglitt er dem Leben doch immer weiter auf dieser langen dunklen Straße.

22

Erwachen auf Aruba

Mittlerweile stand für mich fest, dass Meditation der Weg zur Seele und die Seele der Weg zur Heilung ist. Meine Argumentation war einfach. Obwohl unsere Emotionen auf körperlicher Ebene spürbar werden, liegen ihre Wurzeln in der Seele. Und obwohl unsere Emotionen an sich keine Krankheit sind, können sie zu vielen Krankheiten führen, etwa zu Bluthochdruck und verstopften Arterien sowie zu schädlichen Reaktionen wie Kummer, Wut und Mangel an Selbstwertgefühl. Überwältigende Emotionen stehen immer in Verbindung mit der Seele, dem tiefsten und wahrsten Wesen unseres individuellen Selbst. Die Seele ist der Hüter unserer intimen Gedanken und die einzige Instanz, die wirklich weiß, wie wir uns selbst sehen.

Das wusste ich schon vor meinem Nahtoderlebnis aus eigener Erfahrung. Danach war mir klar, dass meine neue Mission darin bestand, mich selbst zu heilen und auch alle anderen, die ich erreichen konnte. Das Lichtwesen nannte dies »bewusstseinsbasiertes Heilen« und überließ es mir, eine ganzheitliche Form der Behandlung zu kreieren, die fest in der Meditation verankert ist.

Ich beschloss, Urlaub auf Aruba zu machen, um dort meine Meditationstechnik zu verbessern. Aruba ist nicht nur eine tolle karibische Insel, sondern auch der Ort, an dem unser Sohn Raghav die Medizinische Hochschule besuchte. Ich betrachtete dies als eine Gelegenheit, sowohl an meiner Beziehung zu meinem Sohn zu arbeiten als auch durch Meditation an mir selbst.

Mir ist mittlerweile klar, dass ich kaum etwas von unserem Sohn wusste, weil ich mein Ego stets über sein Glück gestellt hatte. Er machte sich gut an der Hochschule, aber er wollte dort nicht sein. Leider ignorierte ich diese sehr offensichtliche Tatsache, weil ich weiter gemäß unseren alten Sitten leben wollte.

In der indischen Kultur wird von einem ältesten Sohn sehr viel erwartet. Seine Rolle besteht darin, der ehrgeizigste Nachkomme und das erfolgreiche Vorbild seiner Geschwister zu sein. Wie viele andere Einwanderer (obwohl meine Frau und ich seit mehr als 25 Jahren in den USA leben und unsere Kinder alle in Amerika geboren sind) führten wir diese indische Tradition fort, als sei sie wesentlich für unser Familienglück.

Aber Raghav machte das nicht glücklich. Was er wollte, war nicht das, was wir wollten. Wenn wir ihn fragten, beteuerte er immer wieder, wie gern er Medizin studiere. Doch es war klar, dass er nicht mit dem Herzen dabei war und dass er in dem Wunsch, es uns recht zu machen, seine eigenen Träume zum Schweigen brachte. Er führte einen Kampf zwischen elterlichen Erwartungen und seinen persönlichen Wünschen – seiner Leidenschaft für Informatik.

In der Zwischenzeit führte ich meinen eigenen Kampf, einen Kampf zwischen meinen väterlichen Erwartungen und der Leidenschaft meines Sohnes. Ich wollte, dass mein ältester Sohn in meine Fußstapfen trat und Arzt wurde so wie die Kinder vieler unserer Freunde. Erst viel später wurde mir klar, dass ich ihn mit Nachdruck in diese Richtung geschoben hatte, und zwar so unerbittlich, dass er nicht Nein sagen konnte.

Statt ihn sein eigenes Leben führen zu lassen, fragte ich mich, was er eigentlich nicht verstand. Die bessere Frage wäre gewesen: Was habe ich eigentlich nicht verstanden? Die Antwort war einfach: Ich steckte in einem alten Paradigma fest, in einem Mythos, der besagt: »Vater weiß es am besten.«

* * *

Ich arbeitete an meiner Meditationstechnik, nicht nur, um meine eigene Übungspraxis zu verbessern, sondern auch, um verschiedene Meditationen für Menschen zu entwickeln, die der bewusstseinsbasierten Heilung bedurften. Es gibt viele Bewusstseinszustände, die man in der Meditation erreichen kann, und ich hatte das Gefühl, sie alle erreichen zu können. Übung macht den Meister, und was die Meditation angeht, so praktizierte ich sie bereits sehr intensiv und täglich und rechnete auf dieser paradiesischen Insel mit großartigen Ergebnissen.

Umso erstaunter war ich, als ich plötzlich Opfer einer Meditationsblockade wurde. Eine Meditationsblockade ist wie eine Schreibblockade, nur dass ich, statt nicht schreiben zu können, mich plötzlich nicht mehr in der Lage sah zu meditieren. Es begann nach meiner ersten Woche auf der Insel. Ich machte einen langen Morgenspaziergang an einem weißen Sandstrand und blieb immer ganz nah am Saum der Wellen, die vom strahlend blauen Meer heranrollten.

Nachdem ich ein paar Meilen gegangen war, setzte ich mich mit gekreuzten Beinen in den weichen Sand, wandte mich der Sonne zu und schloss die Augen, um mit einer Dankbarkeitsmeditation zu beginnen, in der ich mich bei der höheren Macht für das Geschenk eines weiteren Sonnenaufgangs bedanken wollte.

Meine Meditation brachte mich nicht voran. Statt in einen Zustand wohliger Geborgenheit zu gleiten, in dem ich dankbar sein konnte für all das Gute, das mich umgab, war ich seltsamerweise sehr unglücklich darüber, dass ich hier auf Aruba sein musste, statt zu Hause in Kalifornien. Alles Negative in meinem Leben baute sich vor mir auf und wollte nicht weichen. Gedanken wie diese können in jeder gewöhnlichen Meditation auftauchen, aber eigentlich hatte ich gelernt, sie anzunehmen und einfach ziehen zu lassen, wohin auch immer negative Gedanken gehen. Doch nun, hier auf Aruba, wollten die negativen

Gedanken einfach nicht weiterziehen. Stattdessen blieben sie da und verhöhnten mich so, wie es geistige Missgeburten eben tun. Bald verwandelten sich meine entspannenden Meditationen in negative, wirre Episoden.

Ich versuchte, meine Meditationen mit einer Vielzahl von Techniken wieder auf die Reihe zu bekommen. Ich versuchte es mit Achtsamkeitsmeditation, bei der ich mich auf meinen Bauch konzentrierte und versuchte, bewusst dorthin ein- und von dort wieder auszuatmen. Das brachte mich aber nicht von meinen negativen Gedanken ab. Bodyscan-Meditationen, in denen ich mich mit jedem Atemzug auf einen anderen Teil meines Körpers konzentrierte, befreiten mich auch nicht von den Monstern, die mich quälten. Ich versuchte es mit Gehmeditation, indem ich auf dem warmen Sand langsam und achtsam einen Fuß vor den anderen setzte mit dem Ziel, mich auf jeden Schritt zu konzentrieren und die Sohlen meiner Füße zu spüren, während mein Blick auf einen neutralen Punkt in der Ferne gerichtet war. Doch diesmal gab es keinen neutralen Punkt, nur schmerzliche Visionen und Erinnerungen. Was ich auch tat, ich konnte die Monster nicht dazu bringen, mich in Ruhe zu lassen. Wenn ich die Augen schloss, um in den kühlen und ruhigen Himmel der Meditation zu gelangen, fand ich mich in der wirren Hölle der Wut und des Grolls wieder. Das ging wochenlang so und führte dazu, dass ich mein Selbstvertrauen verlor und befürchtete, dass mich die geistigen Nachwirkungen meiner Nahtoderfahrung verlassen hatten. Was auch immer ich versuchte, meinem Geist fehlte einfach die Zugkraft.

Unfairerweise gab ich wahlweise meinem Vater und meinen verpassten Chancen die Schuld an diesen missglückten Meditationen. Doch jedes Mal, wenn ich versuchte, diese Gedanken aus meinem Kopf zu verdrängen, spürte ich impulsiv Wut und Groll. Manchmal machte ich sogar Raghav für mein Scheitern in der Meditation verantwortlich, was für so manchen frostigen

Abend sorgte. Ich hatte mich darauf verlassen, dass ich mithilfe der Meditation stets konzentriert und gelassen bleiben würde. Jetzt, da dies nicht funktionierte, spürte ich jedes Mal diesen Impuls von Wut und Groll, wenn ich Raghav vorschlug, mehr für sein Studium zu tun oder (Gott bewahre!) mich ihm dabei helfen zu lassen.

Mir war klar, dass sich der Groll auf beiden Seiten zusammenbraute. »Ich wünschte, du wärst nicht gekommen«, sagte er eines Tages.

»Ganz meinerseits«, antwortete ich.

Rückblickend sehe ich, dass ich nicht aus Empathie oder Mitgefühl heraus gehandelt habe, sondern nur aus meinem Ego. Ich wollte, was ich wollte: einen Sohn, der Arzt wurde. Wie er sich dabei fühlte, war mir egal. Ja, Vater weiß es am besten.

Dann, eines Tages kam der Durchbruch. Auf einem einsamen Stück Strand blieb ich stehen und schaute in die Sonne. Wut wallte in meinem Innern hoch, wo eigentlich Frieden hätte herrschen sollen. Mein Geist war zerstreut, obwohl er doch eigentlich fest im Hier und Jetzt hätte verweilen sollen. Mein Gebet bestand aus einen einzigen Satz: Was soll ich als Nächstes tun?

Die Worte der Engel klangen laut und deutlich in meinem Kopf: Zeige Mitgefühl.

Es schnürte mir fast die Kehle zu vor Scham. Ich zeige kein Mitgefühl, sagte ich mir. Das Lichtwesen hatte mir den Auftrag gegeben, ein medizinisches Fachgebiet zu kreieren, das weitgehend auf Mitgefühl basiert, aber ich hatte meine dunkle Seite ans Ruder gelassen, die Seite meines Egos, die nur an sich selbst dachte. Ich musste vergeben, lieben und heilen. Ich musste mich von der Vorstellung verabschieden, dass Vater es am besten weiß. Tatsache war, dass ich nicht wusste, was für Raghav am besten war. Er machte sich gut an der Hochschule, hatte aber nichts davon, weil er unglücklich war. Schließlich brachte ihn jeder Erfolg, den er im Studium hatte, einem Leben als Arzt näher, einem Leben, das ihn unglücklich machen würde. Es war falsch, ihn zu pushen, ohne ihn zu fragen, was er selbst wollte.

Vater weiß es eben nicht am besten, sagte ich mir.

Es war eine brutale Erkenntnis, aber innerhalb eines Moments wurde mir klar, dass ich angekommen war. Ich fühlte mich, als sei ich durch eine Wand in eine neue Welt der Freiheit und des Verstehens eingetreten. Das war der Sinn der Meditationsblockade gewesen, die ich jetzt als Segen sah und nicht mehr als Fluch. Ich war frei von meinem Ego.

Ich setzte mich unter einen Baum und holte Block und Stift heraus. Die nächste Stunde verbrachte ich damit, Anleitungen für die folgende Meditation zu schreiben.

Vergebungsmeditation

1. Schalten Sie das Telefon aus oder leise, wählen Sie eine angenehme Musik aus oder umgeben Sie sich mit den Klängen der Natur. Setzen Sie sich bequem hin, und schließen Sie die Augen.

2. Atmen Sie ein und aus, und entspannen Sie sich mit jedem Ausatmen ein wenig mehr. Mit dem Einatmen visualisieren Sie, wie Ihre Wirbelsäule von weißem Licht erfüllt wird. Mit dem Ausatmen visualisieren Sie, wie sich dieses Licht, von Ihrer Wirbelsäule ausgehend, in Ihrem ganzen Körper ausbreitet. Atmen Sie weiter ein und aus, bis sich das Licht in Ihrem ganzen Körper ausgebreitet hat. Das strahlend weiße Licht hat sich in jede Zelle Ihres Körpers ergossen.

3. Nun, da Sie sich selbst als Körper aus reinem weißem Licht sehen, stellen Sie sich vor, dass Sie in einem Garten voller Blumen stehen, mit einem heilsamen See in der Mitte. Sie schauen in den See und sehen sich selbst. Das Spiegelbild

zeigt Sie als Kind, als Sie vielleicht vier, fünf oder sechs Jahre alt waren. Dieses Kind braucht Ihre Fürsorge. Sagen Sie dem Kind, dass Sie es lieben und dass es bei Ihnen sicher ist. Sagen Sie dem Kind, dass Sie es immer lieben und ihm immer vergeben werden, welche Fehler es auch macht. Drücken Sie das Kind an sich, und überschütten Sie es mit all Ihrer Liebe. Lassen Sie es wissen, dass Sie es nie im Stich lassen und immer beschützen werden. Sagen Sie dem Kind, dass es Liebe und Erfolg und Frieden im Leben verdient. Versprechen Sie dem Kind, dass Sie ihm immer helfen werden, auf seinen Weg zurückzukehren, auch wenn es von diesem Weg abgekommen ist und egal wie groß die Fehler sind, die es gemacht hat. Sehen Sie, wie das Kind lächelt und zufrieden spielt, weil es weiß, dass Sie für es da sind. Sagen Sie dem Kind, dass Sie immer für es da sein werden, wenn es Sie braucht.

4. Schauen Sie vom See auf, und spüren Sie, wie das weiße Licht von Ihrem Körper ausstrahlt und den ganzen Blumengarten erfüllt. Spüren Sie, wie sich der süße Duft der Blumen mit Ihrem Licht vereint.

5. Schauen Sie nun wieder in den See. Stellen Sie sich diesmal vor, dass Sie die Gesichter Ihrer Eltern sehen, als diese kleine Kinder waren. Stellen Sie sich vor, dass Ihre Eltern Sie um Vergebung bitten für alles, womit sie Ihnen Kummer bereitet haben könnten. Schauen Sie liebevoll auf diese Kinder, und lassen Sie sie wissen, dass Sie nicht mehr wütend auf sie sind. Sie vergeben ihnen und lieben sie, und sie sollten sich keine Sorgen mehr machen. Sehen Sie sie glücklich lächeln und Sie mit Liebe und Zuneigung überschütten, während sie spielen.

6. Schauen Sie vom See auf, und spüren Sie, wie das weiße Licht von Ihrem Körper ausstrahlt und den ganzen Blumengarten erfüllt. Atmen Sie den süßen Duft der Blumen in Ihren Lichtkörper ein.

7. Kehren Sie so oft, wie Sie möchten, zu dem See zurück, und sehen Sie darin alle Menschen, mit denen Sie Ihr Leben geteilt haben: Ihre Geschwister, Eltern, Kollegen, Ehepartner, Kinder.

8. Sehen Sie alle als kleine Kinder, die Sie mit dem unschuldigen und sorgenvollen Blick von Kindern anschauen, die etwas getan haben, was sie eigentlich nicht tun wollten. Jedes erzählt Ihnen, dass es ihm leid tue und um Ihre Vergebung bitte. Spüren Sie dabei, wie Sie diese Menschen als Kinder lieben. Machen Sie ihnen klar, dass sie in Sicherheit sind, dass alles in Ordnung ist und dass sie in Frieden spielen können. Während Sie ihnen sagen, dass alles gut ist, spüren Sie, wie Sie von ihnen mit Liebe überschüttet werden, und sehen ihr Lächeln, in dem sich die Süße und Unschuld der Kinder spiegelt.

9. Wenn schließlich alle aus dem See verschwunden sind, schauen Sie noch einmal hinein. Sehen Sie sich selbst als Erwachsenen. Sehen Sie sich friedvoll, strahlend und glücklich. Sie fühlen sich sicher, geschützt, geliebt und liebevoll. Sie sind von Freude überwältigt. Alle Zellen Ihres Körpers schwingen in bester Gesundheit. Sie hören sich sagen: »Danke, dass du für mich da bist. Ich liebe dich.« Stellen Sie sich vor, dass Ihr weißer Lichtkörper, die Spiegelung im See und die Süße der Blumen eins werden.

10. Atmen Sie ein: »In meiner Welt ist alles vergeben« – und aus: »Alles ist gut« – bis die Musik zu Ende ist oder bis Sie bereit sind, die Augen wieder zu öffnen.

11. Zum Abschluss schreiben Sie jedes Gespräch, das Sie am See geführt haben, und alle Botschaften, die Sie empfangen haben, in Ihr Tagebuch. Achten Sie darauf, wie Sie sich fühlen.

Ich führte diese Meditation erfolgreich durch und stellte mir meine Kindheit in einem besseren Licht vor. Dabei lebte meine

Liebe zu meinem Vater wieder auf. Die Gedanken und Gefühle meinem Vater gegenüber drifteten ab in Gedanken und Gefühle über meine eigene Elternschaft. Die tiefgründigsten Fragen, die ich mir stellte, waren diese: War das eine Form von Materialismus, als du Raghav gedrängt hast, Arzt zu werden? Hat dein Stolz ihn gezwungen, etwas zu sein, das er nie sein wollte? Und ist Stolz eine Form von Materialismus?

Ich musste diese Fragen beantworten.

Heilung hat unmittelbar etwas mit Vergebung zu tun. Befreiung von Krankheit und Unwohlsein – körperlich, mental oder emotional – kann nur stattfinden, wenn wir uns innerlich wohl und gesund fühlen, und das erfordert die Fähigkeit zu vergeben.

Vergeben ist nicht dasselbe wie vergessen. Wir wollen nicht so tun, als seien die Dinge, die uns einmal verletzt haben, nie geschehen. Wir möchten vielmehr in der Lage sein, uns an sie zu erinnern, ohne dass sie uns jedes Mal wieder verletzen. Vergeben bedeutet auch nicht, dass wir mit jenen, denen wir vergeben, sofort wieder freundschaftlichen Umgang pflegen, oder dass wir uns auf sie einlassen. Wir können die Heilung abschließen, indem wir sehr wirksam und von Herzen vergeben, ohne den betreffenden Menschen je wiedersehen zu müssen. Sinn und Zweck des Vergebens ist, uns von der Vergangenheit zu befreien, und nicht, uns erneut an sie zu ketten.

23

Sei, der du bist

Wenn Raghav Unterricht hatte, vertrieb ich mir die Zeit damit, Meditationen zu entwickeln. Stundenlang suchte ich in religiösen und spirituellen Büchern nach Gemeinsamkeiten, die alle Arten von spirituellen Gedanken miteinander verbinden. Ich analysierte auch mein Nahtoderlebnis, um herauszufinden, welche Meditationsweisen sich am besten dazu eignen würden, die Ebenen des Bewusstseins zu erreichen, die ich erlebt hatte.

An den Abenden besuchte ich Raghav und blieb, bis er mich verabschiedete, um weiterzulernen. Er hatte sich mittlerweile angewöhnt, bis Mitternacht zu lernen und früh aufzustehen, um zur Uni zu gehen. Ich war begeistert. Vielleicht will Raghav ja doch Arzt werden, dachte ich und versuchte, mein Ego im Zaum zu halten. Auf jeden Fall lernt er wie einer, der das will.

Meine Vergebungsmeditation hatte mich allgemein mitfühlender gemacht, vor allem meinem Sohn gegenüber. Je mehr Empathie ich entwickelte, desto deutlicher erkannte ich, wie sehr ich ihn bedrängt hatte, das Medizinstudium abzuschließen. Mit dieser Erkenntnis kam erneut die Frage auf, die sich schon in so vielen meiner Meditationen gestellt hatte: Wollte dein Stolz ihn zu etwas zwingen, das er gar nicht sein will?

Vater weiß es am besten, dachte ich. Aber nur, wenn es um Vaters Angelegenheiten geht.

Und dann, bevor wir uns versahen, war das Semester zu Ende, und Raghav hatte seine Abschlussprüfung bestanden. Er war jetzt im dritten Jahr an der Medizinischen Hochschule. Noch ein Jahr, und er würde sein Studium abgeschlossen haben.

Wir kehrten rechtzeitig zu Thanksgiving nach Kalifornien zurück. Arpana holte uns vom Flughafen ab, und wir freuten uns alle. Dann plötzlich legte Raghav die Arme um meinen Hals, und ich weinte. Arpana wischte mir die Tränen von den Wangen.

»Danke für deine Hilfe, Dad«, sagte er. »Danke euch beiden!«

Meine Gedanken schweiften zurück zu meinem Nahtoderlebnis und zu all den Tagen zwischen damals und jetzt. Es war ein langer Weg gewesen, aber ich war begeistert von allem, was passiert war und von den spirituellen Durchbrüchen in meinem Leben. Ich hatte viel gelernt. Und ich sollte noch mehr lernen.

* * *

Vor Beginn des nächsten Semesters musste Raghav die United States Medical Licensing Examination (USMLE) bestehen, eine medizinische Eignungsprüfung, die zeigen sollte, wie gut er die wissenschaftlichen Grundlagen der Medizin verstanden hatte und praktisch anwenden konnte. Es ist eine schwierige Prüfung, aber eine, auf der die Medizinischen Hochschulen bestehen, um sicherzustellen, dass die Studenten für die weitere Ausbildung geeignet sind.

Ich hatte das Gefühl, dass Raghav voll und ganz bereit war, sich auf diese Prüfung vorzubereiten. Wir diskutierten, was für das Bestehen der Prüfung notwendig sei, und sorgten für eine ideale Lernatmosphäre im Haus. Dann ließen Arpana und ich ihn in Ruhe lernen und mischten uns nicht mehr ein. Indem wir ihm freie Hand ließen, konnten wir sehen, ob er wirklich Arzt werden oder einen anderen Weg gehen wollte.

In dieser Zeit trat mein Ego wieder auf den Plan. Ich hatte plötzlich die Vorstellung, es könnte zu meinem eigenen Erfolg beitragen, wenn mein Sohn Arzt werden würde. Doch was, wenn er gar nicht Arzt werden wollte? Was, wenn er die Prüfung nicht bestand? Würde der Zorn meines Vaters dann wieder in mir aufsteigen, wie es vor meiner Nahtoderfahrung oft der Fall gewesen war? Würde ich wieder fordernd und wütend werden, wenn er sich entschied, doch kein Arzt zu werden? Um meine Ängste abzuwehren, suchte ich den Rat von Naresh, der immer noch tapfer gegen den Krebs ankämpfte.

Er hörte sich mein Klagelied an und sagte mir dann seine Meinung dazu: »Was wirklich zählt, ist, dass dein Sohn sein Leben genießt. Ich weiß jetzt, da ich krank bin, wie wahr das ist. Du weißt es aufgrund deiner Nahtoderfahrung. Dein Sohn weiß es auf seine eigene Weise. Ich glaube nicht, dass er wirklich Arzt werden will, aber er traut sich nicht, es dir zu sagen. Frage ihn, was er aus seinem Leben machen möchte, statt es ihm vorzuschreiben. Denk daran, es ist sein Leben.«

Ich rief meine Schwester in Indien an und erzählte ihr, was los war. Sie hatte ihren Sohn zwei Jahre zuvor verloren. Er hatte sein Studium an der Singapore Management University an einem Freitag abgeschlossen und war am darauffolgenden Sonntagabend bei einem Autounfall ums Leben gekommen. Sie hörte geduldig zu und teilte mir dann ihre Ansicht mit: »Sei froh, dass du ihn hast«, sagte sie. »Ich würde alles gegen dieses Problem eintauschen.«

Schließlich fragte ich Arpana. »Liebe ihn einfach für das, was er ist«, sagte sie. »Das ist doch auch die Botschaft, die du während deines Nahtoderlebnisses empfangen hast, nicht wahr? Verändere alles durch gutes Beispiel, nicht mit Gewalt. Wir müssen uns einfach der Tatsache stellen, dass er nicht Arzt werden will.«

Ich verzichtete also darauf, noch mehr Freunde und Familienmitglieder zu fragen, was sie über dieses Dilemma dachten. Stattdessen fragte ich Raghav.

* * *

Arpana und ich standen in der Küche. Raghav kam aus dem Wohnzimmer, und ich fragte ihn, ob er eine Minute Zeit habe.

Arpana wusste, dass etwas im Busch war. Sie trank gerade ein Glas Wasser, setzte das Glas aber ab und zog Raghav an sich. Es war eine beschützende Geste, und ich schämte mich, weil ich wusste, dass sie befürchteten, ich würde doch nur wieder meine Macht missbrauchen.

»Wie läuft es mit dem Lernen?«, fragte ich.

»Nicht gut«, sagte Raghav. »Es interessiert mich einfach nicht genug.«

»Willst du Arzt werden?«, fragte ich.

»Ich habe es versucht«, sagte er. »Ich möchte euch beide nicht enttäuschen. Ich weiß nicht, was ich sagen soll, aber das ist einfach nichts für mich.«

Ich schaute Raghav an. Wir schauten einander an. Ich spürte sein Unbehagen, und diesmal erfüllte es mich mit Mitgefühl statt mit Zorn. Wie schwer es für ihn sein muss, darüber zu sprechen. Wie viel Angst er haben muss, dachte ich.

Alles, was mir in den Sinn kam, war, wie ich es ihm leichter machen konnte. Was kann ich tun, um diese Last von ihm zu nehmen und ihm neue Hoffnung für die Zukunft zu geben? Was kann meine Rolle sein, wenn es darum geht, ihn auf seinem weiteren Lebensweg zu unterstützen? Ausnahmsweise sorgte ich mich mal viel mehr um seine Bedürfnisse als um meine. Jetzt konnte ich mir einfach nicht vorstellen, ihm Vorwürfe zu machen, ihn zu züchtigen oder zu beschämen, wie ich befürchtet hatte. Ich war voller Trauer darüber, wie ich in der Vergangenheit mit solchen Situationen umgegangen war.

Als wir drei so zusammen in der Küche standen, spürte ich die unwiderstehliche Bereitschaft, sein Vater zu sein; den Wunsch, ihn zu führen, zu unterstützen und auf seinem Weg zu Unabhängigkeit und Erfolg zu begleiten. Ich wusste, dass ich dies zunächst auf eine Weise tun musste, die es ihm erlaubte, zu seinen natürlichen Begabungen und Fähigkeiten zu stehen, und ihn nicht zwang, meine zu adaptieren.

Ich räusperte mich.

»Dann gehen wir das an«, sagte ich. »Du bist jung. Es ist besser, dass dir so etwas jetzt passiert, als wenn du älter bist und nichts mehr ändern kannst.«

Ich beobachtete, wie meine geliebte Frau und mein Sohn erleichtert ausatmeten. Ich versprach, ihm zu helfen, egal auf welche Weise. Die Lektion war klar: Die größten Probleme entstehen unter anderem, weil man versucht, die Erwartungen anderer zu erfüllen, und darüber vergisst, was man selbst will. Auf dem Weg mit meinem Sohn ging es nun darum, ihm zu helfen herauszufinden, wer er war, und seine eigenen Interessen zu fördern, statt ihm welche vorzugeben. Bin ich nicht auf der Erde, um das Leid von jemandem zu lindern, der mir am Herzen liegt?, dachte ich.

Und mit dieser Erkenntnis veränderte sich die Beziehung zu meinem Sohn vollkommen.

24

Eine gemeinsame Nahtoderfahrung

In all diesen Monaten hatte Naresh weiter meditiert, auch als ich bei meinem Sohn in Aruba war. Aber trotz seiner Bemühungen traf ihn nie die heilende Lichtflut, die er sich erhofft hatte. Am Ende nahm er sein Schicksal an.

In den letzten Tagen seines Lebens war ich oft bei ihm und sah hoffnungslos zu, wie er uns langsam entglitt. Neelam, seine Frau, war da, hielt seine Hand und sprach mit ihm, während er, stark geschwächt, versuchte, das Gespräch in Gang zu halten. Wenn sie nicht da war, hielt ich seine Hand, und wir versuchten, die Gegenwart des Todes im Raum zu ignorieren. Es gab sehr wenig, was wir über die Zukunft sagen konnten, wohl wissend, dass ihm nur noch ein paar Tage blieben. Aber wir sprachen über Dinge aus unserer Vergangenheit, und er machte eine Wunschliste der Dinge, die er in seinem kurzen Leben noch gern getan hätte. Der Punkt, an dem wir beide schlucken mussten, war, dass er seine Kinder gern hätte aufwachsen sehen.

Das Thema Meditation und Yoga kam auf. Er war froh, beides praktiziert zu haben, weil er dadurch seine physischen und mentalen Schmerzen lindern konnte. Er betonte, dass dies besonders für die Licht-Meditation gelte. Auch wenn sie ihm nicht die Spontanheilung brachte, die er sich erhofft hatte, schenkte sie ihm Frieden.

»Es tut mir leid, dass es nicht funktioniert hat«, sagte ich.

»Es hat funktioniert«, erwiderte er. »Ich habe mehrmals ein sehr helles Licht erlebt, das ich nicht erwartet hatte. Aber was noch besser ist: Es hat mir Frieden geschenkt. Das ist auch ein Erfolg.«

An seinem letzten Tag besuchte ich ihn. Er spürte meine Berührung, aber er war bereits in einem Koma, aus dem er nicht zurückkommen würde.

Ich ging nach Hause und unterhielt mich eine Weile mit Arpana. Obwohl ich weiß, was passiert, wenn wir sterben, war es traurig für mich, meinen Freund gehen lassen zu müssen. »Ich werde Naresh schrecklich vermissen«, sagte ich zu Arpana. »Er war ein guter Freund.« Arpanas traurige Augen sagten mir, dass sie das Gleiche fühlte.

* * *

In jener Nacht weckte mich ein helles Licht aus dem Schlaf. Unglaublicherweise sah und spürte ich Naresh. Er wirkte viel jünger in seinem Geistkörper, und er lächelte. Mein Zimmer war erhellt von seiner Anwesenheit, und ich stellte fest, dass ich außerhalb meines Körpers schwebte. Die Dimensionen des Raumes dehnten sich auf sonderbare Weise aus, bewegten sich, als würde er wie von Zauberhand zu einer halbwegs runden Kugelform aufgeblasen. Das Zimmer fühlte sich mehrdimensional an, und es fällt mir bis heute schwer, dies zu beschreiben.

Hand in Hand mit Naresh stand ich schweigend da, als sich über uns ein Tor öffnete und der Raum mit noch mehr Licht geflutet wurde. Gemeinsam schwebten wir auf das Tor zu und stiegen immer höher hinauf zu einem hellen Licht, das wie tausend Sonnen strahlte und mir dennoch nicht in den Augen wehtat.

Ich spürte die Anwesenheit desselben Lichtwesens, das mir während meines Nahtoderlebnisses begegnet war. Doch diesmal trat das Wesen aus dem Licht hervor: ein großer Mann mit hellbraunem Teint und einem Bart in einem majestätischen weißen Gewand. Am bemerkenswertesten waren seine tief-blauen Augen. Er strahlte bedingungslose Liebe aus.

»Wer bist du?«, fragte ich das Wesen.

»Ich bin Jesus, dein Retter«, antwortete er.

Ich verbeugte mich sofort, wie es indischer Brauch ist, sagte Namaste und berührte seine Füße. Er legte seine Hand auf meinen Kopf und segnete mich. Er sagte, für mich sei es noch nicht Zeit, die Erde zu verlassen. Ich müsse zurückkehren und seine Botschaft der universellen Liebe, des Christusbewusstseins verbreiten.

Wir umarmten uns, und er sagte etwas, das für mich wegweisend war: »Von nun an wird dein spiritueller Name Michael sein. Du bist stark und mutig genug, um den Kranken zu helfen.«

Da teilte sich plötzlich die Erde, und eine tiefe Schlucht tat sich zwischen uns auf. Auf der einen Seite stand ich, auf der anderen standen Jesus, Naresh und andere Lichtwesen.

Dann wachte ich auf.

Ich saß aufrecht im Bett und starrte auf die Stelle, wo ich das Tor gesehen hatte. Ich wusste nicht sofort, was dies alles für mich persönlich bedeutete, wohl aber, dass Naresh kurz davor war, diese Welt zu verlassen, wenn er es nicht bereits getan hatte.

Ich weckte Arpana und erzählte ihr, was gerade passiert war.

»Du musst sofort Neelam anrufen«, sagte sie.

In den frühen Morgenstunden griff ich zum Telefon, rief dann aber doch nicht an. Ich wollte Neelam nicht stören, jetzt, wo das Leben ihres Mannes zu Ende ging. Ich beschloss, mich wieder hinzulegen und für ihn zu beten.

Als ich später an diesem Morgen in Nareshs Haus ankam, erzählte mir seine Frau, wann er gestorben war. Genau zu dieser Zeit hatte sich in meinem Zimmer das Tor geöffnet, und das Licht des Himmels hatte hereingeschienen.

Verstehen, wer wir sind

*Künstler ist, wer verlernt, was er gelernt hat,
um sich selbst zu erkennen.*

E. E. Cummings

Nach der gemeinsamen Nahtoderfahrung mit Naresh wusste ich, dass ich plötzlich auf einem anderen Weg war, dass sich mein Dharma verändert hatte. Doch wohin führte es mich? Ich hatte eine Sterbeerfahrung gemacht, hatte als gesundes Individuum einen sterbenden Freund auf seiner letzten Reise begleitet. Solche Erfahrungen sind seit Urzeiten gemacht und aufgezeichnet worden. Aber meine hatte eine überraschende Wendung genommen: Ich war von Jesus gesegnet worden.

Ich wusste nicht, was das bedeutete und was nun zu tun sei. Meine erste Überlegung war, ich sei vielleicht aufgefordert, zum Christentum zu konvertieren. Doch als ich noch einmal darüber nachdachte, wurde mir klar, dass es auch etwas vollkommen anderes bedeuten konnte. Jesus hatte mich gebeten, die »Botschaft der universellen Liebe, des Christusbewusstseins« zu verbreiten, nicht unbedingt zum Christentum zu konvertieren. Er hatte mir gesagt, von nun an sei mein Name Michael, womit er mir, wie ich annahm, eine Rolle zuschrieb, die der des Erzengels Michael ähnlich war. Auch das kam mir zunächst wie ein Aufruf vor, zum Christentum zu konvertieren. Doch dann erinnerte ich mich an die Geschichte des Heiligen Michael und daran, dass er nicht nur im Christentum, sondern auch von Juden und Muslimen als Erzengel Gottes betrachtet wird.

Wenn ich als Hindu aufgefordert war, meinen Namen in Michael zu ändern und die Botschaft des Christusbewusstseins zu verbreiten, könnte ich dann nicht sehr viel mehr Menschen dadurch erreichen, dass ich den Angehörigen aller Religionen eine Botschaft schickte, nämlich »Verzeiht, liebt, heilt«?

Schon seit einiger Zeit hatte ich vorgehabt, meine Mutter in Indien zu besuchen. Wie immer freute ich mich sehr darauf, sie zu sehen und ihre Gegenwart zu genießen. Doch auf dem langen Flug nach Neu-Delhi ging mir der Gedanke an die Begegnung mit Jesus nicht aus dem Kopf. Nachdem ich mehrere Tage voll innerer Unruhe in Neu-Delhi verbracht hatte, beschloss ich, mir ein paar Tage Urlaub von meinem Elternhaus zu nehmen und die Fragen zu klären, die mir im Kopf herumgingen. Ich suchte mir dafür ein buddhistisches Meditationscamp hoch oben im Himalaja aus. Es liegt in einem Ort, den man am besten mit dem Jammu-Tawi-Express erreicht.

Mein Schuldgefühl, das ich hatte, weil ich meine Mutter vorübergehend verlassen musste, zerstreute sich, als der Zug Neu-Delhi in Richtung Pathankot verließ. Die Fahrt führte mich durch einige andere indische Städte und kilometerweit durch offene Landschaft. In Pathankot stieg ich aus dem Zug und nahm für den bergigsten Teil der Reise ein Taxi. Das schlängelte sich nun bergauf, bergab durch den Himalaja. Die dicht bevölkerten Städte Indiens lagen hinter mir und wurden von hohen Bergen, tiefen Tälern und sattgrünen Wäldern abgelöst. Der Taxifahrer fuhr so dicht am Abgrund entlang, dass es mir vorkam, als hingen wir in der dünnen Luft über den steilen Felsen.

Haarnadelkurven und enge Straßen, gesäumt von steil ansteigenden Felswänden und ebenso steil abfallenden Klippen, ließen mir das Herz in die Hose rutschen. Hier gab es keine Verkehrsregeln, die eingehalten werden mussten, nur das Urteilsvermögen und die Kühnheit der Fahrer selbst. Ich brauchte eine Weile, bis ich das Schwindelgefühl überwunden hatte, das vom

Wanken des Taxis kam und von dem Gefühl einer drohenden Katastrophe, aber als ich es geschafft hatte, war die Schönheit um mich herum wie der Himmel auf Erden.

In Dharamsala, der Exilheimat des Dalai Lama, stieg ich aus dem Taxi und war froh und dankbar, wieder festen Boden unter den Füßen zu haben.

Die Taxifahrt hatte mich völlig durchgeschüttelt, doch als ich im Meditationscamp anfangen wollte, davon zu erzählen, wurde ich von einem Mönch zum Schweigen gebracht: Ich solle still sein, bis der Guru mit mir gesprochen habe. Dann gab er mir meine erste Aufgabe: mindestens acht Stunden am Tag meditieren.

Eine solche Konzentration auf die Klärung des Geistes wird oft durch ständiges Wiederholen eines Wortes oder Mantras erreicht. In diesem Camp wurde jedoch eher Wert auf die Atmung als auf Mantras gelegt und damit auf eine Meditationsform namens Vipassana. Wir Schüler wurden angewiesen, uns beim Einatmen und beim Ausatmen ganz auf den Atem zu konzentrieren. Dadurch würde unser Geist geklärt und gereinigt, damit er (hoffentlich) mit Offenbarungen erfüllt werden könnte.

Der Streit in meinem Kopf hatte sich auf der Bahnfahrt zum Camp noch zugespitzt. Sollte ich meine religiösen Überzeugungen um das Christentum und alle anderen großen Religionen ergänzen? Ist das überhaupt möglich? Diese Fragen beschäftigten mich an den ersten beiden Meditationstagen so sehr, dass sie mir die Konzentration auf den Atem erschwerten und mich ganz unruhig machten.

Dann hatte ich einen Durchbruch. Es war der siebte lange Meditationstag. In meiner sechsten Meditationsstunde begann mein Körper plötzlich zu zittern, und meine Atmung wurde schnell und chaotisch. Mir war ganz warm, ich spürte ein Kribbeln und ich schwitzte. Eine Energiewelle schwappte vom unteren Ende meiner Wirbelsäule bis in den Kopf. Ich hörte ein

»Pop«, das die Öffnung meiner Chakren signalisierte, jener Energiezentren, die entlang der Wirbelsäule im Körper liegen und das feinstoffliche Energiefeld beeinflussen.

Kaum hatte die Energiewelle das Kronenchakra am Scheitelpunkt meines Kopfes erreicht, verlangsamte und vertiefte sich meine Atmung, und statt Angst empfand ich höchste Glückseligkeit und bedingungslose Liebe. Dieser Bewusstseinszustand, der auch als Erweckung der Kundalini bezeichnet wird, ist eine Erfahrung, die man in tiefer Meditation machen kann und die zu den tiefsten meditativen Zuständen führen kann. So war es auch bei mir.

Ich passierte ein Feld aus weißem Licht und empfand eine tiefe Liebe zu allen Menschen, die ich kannte. Dann verblasste das Licht, und ich ging in eine tiefe Dunkelheit ein – so dunkel, dass sie fast greifbar war. Für mich fühlte es sich an wie ein Schwarzes Loch, ein Hohlraum der Leere und des Nichts. Ich spürte, wie sich mein Ich ablöste, bis keine Individualität mehr übrig war. Ich war wirklich eins mit dem Universum.

Ich erzählte meinem Meditationslehrer, was passiert war, und als ich es als ein spirituelles Schwarzes Loch beschrieb, lachte er und sagte, ich hätte die »Nullheit« erlebt, die er als »den Bereich, in dem es keinen Bereich gibt, die kosmische Leere, das Nichts« beschrieb.

»Herzlichen Glückwunsch«, sagte er mit einem Kichern und dem Humor, der buddhistischen heiligen Männern eigen ist. »Du hast die kosmische Glückseligkeit erreicht.«

Die Tage, die auf diese Erfahrung folgten, waren wirklich von Glückseligkeit erfüllt. Alle meine persönlichen Sehnsüchte lösten sich auf. Ich hatte keine Wünsche, keine Bedürfnisse und kein Ego mehr. Ich wurde eins mit dem, was der Meditationslehrer das »Größere« nannte. Ich nahm mein Leben so an, wie es war, und wollte nichts weiter, als es in aller Bescheidenheit so zu führen, wie es sich ergab.

In diesem Zustand fiel mir ein neues Mantra ein: Was immer geschieht, ist perfekt und so, wie es sein sollte.

* * *

Nach meinem Besuch im spirituellen Schwarzen Loch fasste ich den Entschluss, alle Religionen zu berücksichtigen, vom Christentum bis zum Hinduismus und auch alle anderen. Ich spürte, dass sie ein Bewusstsein gemeinsam haben, das ich mittlerweile als »universelles Bewusstsein« bezeichne.

Ich erkannte sofort, dass ich dieses neue Bewusstsein sogar in meiner eigenen Familie zum Einsatz bringen konnte. Meine Tochter war schon mehrere Jahre lang mit einem muslimischen Jungen befreundet. Weil ich aber mit dem abgrundtiefen Hass meines Vaters auf Muslime aufgewachsen bin, hatte ich große Schwierigkeiten, ihre Wahl zu akzeptieren. Doch jetzt verstand ich den muslimischen Glauben und das Gute, das aus dem Bewusstsein dieser Religion entstehen kann. Jetzt war ich in der Lage, den Freund meiner Tochter zu akzeptieren und ihm einen Platz in unserem Leben zu geben. Ich habe gelernt, dass Wissen erleuchtet und heilt.

* * *

Der Ursprung meiner persönlichen Erleuchtung war meine Nahtoderfahrung. Ich denke täglich daran und bin dankbar für die Lebenslektionen, die sie mich gelehrt hat:

- Ich habe meine wahre Religion kennengelernt. Sie ist sehr einfach. Meine Religion ist Freundlichkeit und Liebe. Sie heißt alle Religionen willkommen, indem sie nach dem Ausschau hält, was allen gleich ist, nicht nach den Unterschieden.

- Ich habe meine wahre Berufung entdeckt: andere mit einem Wissen auszustatten, das die natürliche Fähigkeit des Körpers, des Geistes und der Seele fördert, Abhängigkeit und Depression ohne Medikamente zu heilen.

- Ich habe gelernt, dass Materialismus eine Sucht ist, die einen davon abhält, anderen selbstlos zu dienen (Seva), und damit vom Verdienstvollsten, was wir für uns selbst tun können. Seva ist nicht einfach irgendein Dienst am Nächsten, sondern einer, der im Gefühl der Dankbarkeit geleistet wird. In Indien spricht man von »Hingabe an Gott«, die man in Form von Arbeit für die Armen, Alten oder Kranken leistet. Dies schließt Freundlichkeit ein und Respekt vor jenen, denen man dient, und lässt Frieden und Liebe wachsen. Es ist eine geistig-seelische Umstimmung, die uns wegführt von uns selbst und hin zu den Bedürfnissen anderer und der ganzen Menschheit.

- Ich habe gelernt, dass sich die Welt grundlegend verändert, wenn wir unsere Beziehungen in Übereinstimmung mit Seva entwickeln. Bei Seva geht es nicht darum, dass wir ein paar Stunden unserer arbeitsreichen Woche damit verbringen, anderen zu helfen. Es geht vielmehr darum, unser Leben so zu führen, dass wir anderen ständig selbstlos dienen, vor allem denen, die bedürftiger sind als wir. Eine taoistische Affirmation lautet: »Ich arbeite daran, nicht mehr über andere zu urteilen.«

- Ich habe gelernt, dass man Seva sogar mit ins Schlafzimmer nehmen kann. Mit Seva streben Sie nicht nur nach Ihrer eigenen Befriedigung. Vielmehr konzentrieren Sie sich darauf, alles zu geben, um Ihren Partner oder Ihre Partnerin glücklich zu machen.

- Ich habe gelernt, meine Vaterschaft auf Liebe aufzubauen, nicht auf Wut und Zorn.

- Ich habe mein eigenes Nahtod-Manifest formuliert, sieben grundlegende Wahrheiten, die Führung und Trost für jeden Tag bieten:
  1. Bewusstsein kann außerhalb des Körpers existieren.
  2. Es gibt ein Leben nach dem Tod.
  3. Wir haben frühere Leben, und die Erfahrungen, die wir darin gemacht haben, können unsere gegenwärtige Wirklichkeit prägen.
  4. Wir sind alle miteinander verbunden, weil wir alle aus ein und derselben Energie gemacht sind, die sich als individuelle Materie manifestiert.
  5. Göttliche Wesen existieren, um uns zu helfen und zu führen.
  6. Es gibt verschiedene Ebenen des Bewusstseins.
  7. Es gibt eine alles durchdringende, absolute Liebe und Intelligenz, die der Ursprung des ganzen Universums ist, und diese Liebe ist die höchste Quelle der Schöpfung.

- Ich habe gelernt, leidenschaftlich zu lieben, mühelos zu vergeben und schnell zu heilen.

- Ich habe gelernt, glücklich zu sein.

- Ich habe gelernt, dass das Übernatürliche vielleicht das neue Natürliche ist, das ganz Normale.

- Und durch meine Nahtoderfahrung habe ich den wahren Sinn und Zweck unseres Lebens kennengelernt: zu verstehen, wer wir sind.

Dank

Auf dem Weg zu diesem Buch haben mich viele Menschen begleitet, denen ich hier danken möchte. Mein verstorbener Vater Jagdish Chander Parti ist der Erste, der mir in den Sinn kommt. Obwohl er ein fordernder, manchmal sogar harter Vater war, hat er mir viele Lebenslektionen erteilt, die mich bis heute begleiten. »Wenn dein Bewusstsein klar ist und du dir selbst gegenüber ehrlich bist, werden sich das Universum und das Göttliche um dich kümmern«, waren die letzten Worte, die er zu mir sagte, bevor er starb, und mit die ersten, an die er mich erinnerte, als wir uns auf der anderen Seite wiedertrafen. Ich fürchtete und vermisste ihn gleichzeitig, als er starb, aber nachdem er mich vom Rand des Höllenschlunds gerettet hatte, verstand ich ihn und empfand großes Mitgefühl für die Schwierigkeiten, die er in seinem Leben gehabt hatte. Eines seiner wichtigsten Ziele war sicherzustellen, dass ich alles sein konnte, was mir möglich war. Ich danke ihm dafür und vermisse ihn jetzt wirklich. Unsere Beziehung zieht sich wie ein roter Faden durch dieses Buch, und seine Worte bilden den Rahmen für mein neues Leben.

Mein Neffe, Siddharth Kamal, spielt ebenfalls eine wichtige Rolle in meiner Geschichte. Der Sohn meiner jüngsten Schwester starb 2011 im Alter von einundzwanzig Jahren bei einem tragischen Autounfall. Nur zwei Tage davor hatte dieser fröhliche, gut aussehende und liebevolle junge Mann seinen Abschluss an der Singapore Management University gemacht, und er hatte so viele Träume für seine Zukunft. Er interessierte sich ebenso für die Geschichte des Scotch wie für Heilige und machte seinem Namen alle Ehre: Siddharth, »der Prinz, der immer strahlte«. Er glaubte, was er oft sagte: »Man lebt nur einmal, aber wenn man richtig lebt, ist einmal genug.« Wie Sie wissen, glaube ich, dass er damit, dass man nur einmal lebt, nicht recht hatte, und ich freue mich schon darauf, es ihm zu beweisen. Bis dahin: Namaste, Siddharth, und alles Liebe für deinen Vater und deine Mutter, Monica und Sanjeev.

Die Frauen in meinem Leben waren mir eine enorme Hilfe. Meine Frau Arpana ermutigte und unterstützte mich während meiner Krebsoperationen, der depressiven Schübe und der auf mein Nahtoderlebnis folgenden Transformation. Dafür bin ich sehr dankbar. Meine Mutter, Swaran Parti, hatte den größten Einfluss auf mein Leben. Sie sprach mir während meiner schwierigen Kindheit stets Mut zu und sorgte dafür, dass ich gelassen, fokussiert und auf dem Weg zum Erfolg blieb. Ihre Liebe, Weisheit und Ermutigung trage ich immer in mir, und sie haben mir auch beim Schreiben dieses Buches Kraft gegeben. Meine Schwestern Minu und Monica sind meine besten Freunde. Von unserer Kindheit bis zum heutigen Tag sind ihre Loyalität und ihre Aufmunterung ohnegleichen. Diese Frauen sind zusammen mit meiner Tochter Ambika die irdischen Engel in meinem Leben.

Meine Söhne Raghav und Arjun haben die Veränderungen, die mein Nahtoderlebnis in die Familie gebracht hat, stillschweigend unterstützt. Raghav danke ich ganz besonders dafür, dass er mir erlaubt hat, seine Geschichte hier zu erzählen. Er studiert mittlerweile Informatik, das Studienfach seiner Wahl, und ist sehr glücklich damit.

Mein verstorbener Freund Naresh »Sanjay« Dave machte mir das größte Geschenk von allen, seine ungeteilte Aufmerksamkeit, als ich nach meinem Nahtoderlebnis mit persönlichen und spirituellen Problemen zu kämpfen hatte. Ich bin dankbar für seine Freundschaft.

Fast jeder Mensch hat inoffizielle Coaches in seinem Leben, Menschen, die ihn zu einem angestrebten Ziel führen. Zwei

Jahre bevor dieses Buch veröffentlicht wurde, stellte mir mein Koautor zwei Menschen vor, die schon bald eine Vorbildfunktion für mich haben sollten. Der Erste war Dr. Raymond Moody, der Arzt, der die Nahtoderfahrung definiert und ihr ihren Namen gegeben hat. Der Zweite war sein Literaturagent, Nat Sobel. Beide Herren haben mir geholfen und mir Anleitung gegeben, als ich meine Geschichte mithilfe von Paul Perry erzählte. Die drei – Raymond, Nat und Paul – sind dafür verantwortlich, dass Sie dieses Buch nun in Händen halten. In diesem Zusammenhang danke ich auch Denise Gibbon, deren juristische Fähigkeiten von ihrem tiefen Verständnis der menschlichen Psychologie vielleicht noch übertroffen werden.

Dafür, dass dieses Buch Sie erreicht hat, ist Johanna Castillo, Vizepräsidentin und Cheflektorin bei Atria Books/Simon and Schuster, verantwortlich. Sie sah darin eine Botschaft der Vergebung, Liebe und Heilung, die im 21. Jahrhundert so dringend gebraucht wird.

Ich habe auch zwei offizielle Coachs, die mir geholfen haben, Hindernisse zu überwinden, die normalerweise schon meine ersten Versuche, diese Geschichte zu erzählen, vereitelt hätten. Jo McGinley, Sprechtrainerin und Schauspielerin, hat mir geholfen, meine Angst, vor Publikum zu sprechen, zu überwinden. Der Kreativitätstrainer Dr. Srikumar Rao, The Rao Institute, hat mir beigebracht, Spiritualität und Inspiration in jeden Winkel meines Lebens zu bringen und meinem Leben Tag für Tag mehr Sinn zu geben.

Jill Mangino hat mit ihrer PR-Agentur Circle 3 Media hervorragende Arbeit geleistet, als es darum ging, diesem Buch öffentliche Aufmerksamkeit zu verschaffen. Raquel Sofer hat mir geholfen, meine Gedanken über meine Nahtoderfahrung und die wissenschaftlichen Erkenntnisse dazu zu ordnen und zu gliedern. Mein Dank geht auch an Alana Karran, von der ich gelernt habe, viele meiner frühen Vorträge zu strukturieren.

Ein wahrer Segen war für mich, dass ich Menschen getroffen habe, die ebenfalls eine Nahtoderfahrung gemacht haben. Besonders erwähnen möchte ich Dannion Brinkley, dessen Buch Saved by the Light (dt. Geborgen im Licht) ein Klassiker der Literatur über Nahtoderfahrungen ist; Dr. Eben Alexander, den Neurochirurgen mit Harvard-Abschluss, der Proof of Heaven (dt. Blick in die Ewigkeit) geschrieben hat, und Anita Moorjani, deren Krebs durch eine Nahtoderfahrung auf der Schwelle zum Tod auf wundersame Weise geheilt wurde. Anita ist eine erstaunliche Person, deren mysteriöse Genesung in ihrem Buch Dying to be Me (dt. Heilung im Licht) geschildert wird. Anita und ihre Geschichte haben mich inspiriert, aus meiner Nahtoderfahrung zu lernen.

Dem persönlichen Rat von Dr. Deepak Chopra folgend – »Wenn Sie wirklich etwas über Spiritualität erfahren möchten, sollten Sie öffentlich über Ihre Nahtoderfahrung sprechen« –, sprach ich bei verschiedenen Organisationen, die an transzendenten Erfahrungen interessiert sind. David Sunfellow, der Leiter des Near-Death Experience Network in Sedona, gab mir meine erste Chance, vor Publikum über meine Nahtoderfahrung zu sprechen. Nach dem freundlichen Empfang, den mir Sunfellow und seine Organisation bereitet hatten, machte ich die Runde in mehreren Ortsverbänden der International Association of Near Death Experiences (IANDS). Den Leitern dieser Ortsverbände spreche ich hiermit einzeln meine Anerkennung aus: Beverly Brodsky (San Diego), Denis Purcell (Los Angeles), Chuck Swedrock und Susan Amsden (Tucson), Robin Barr und Bob Siress (Orange County, CA), John Sphar (Southbay bei San Francisco), Ellie Schamber (Marin County), Larry Merril (Mesa, AZ), David Bourdon (Berkeley), Barbara Bartolome (Santa Barbara) und Diane Willis (Chicago). Ganz besonders danke ich Diane Corcoran, Präsidentin der IANDS, die mir freundlicherweise erlaubt hat, 2014 auf der nationalen Konferenz zu sprechen und zu lehren. Ich bedanke mich auch bei Karen Koebnick von Stellar Productions in Sedona, die mich zweimal in die rote Felslandschaft von Sedona, Arizona, geholt hat, um auf ihren Tagungen zu sprechen.

Der Glaube, dass das Bewusstsein den körperlichen Tod überlebt, ist die tragende Säule aller Nahtodstudien. Eternea ist eine Organisation, die sich diesem Forschungsgebiet gewidmet hat. Mitbegründet von Dr. Eben Alexander und John Audett erforscht Eternea Nahtoderfahrungen und andere spirituell transformierende Ereignisse auf unterhaltsame und lehrreiche Weise. Informieren Sie sich auf der Website: http://eternea.org.

Diejenigen, die mich kontaktieren und über eigene Nahtoderfahrungen sprechen möchten, können dies über die Website www.dyingtowakeup.com tun. Dort können wir in einen Dialog treten, der über dieses Buch hinausgeht. Indem wir die Segnungen unseres Lebens teilen, entwickeln wir größere Wertschätzung füreinander und für die Welt, in der wir leben.

Dr. med. Rajiv Parti

Anhang

Anmerkungen

1 www.nderf.org/German/
2 William Blake
3 Quelle: Brief an Frau B. vom 11. Juni 1944 in: C. G. Jung: *Briefe, Erster Band 1906–1945*. Walter-Verlag, Olten, 1972, Seite 425
4 Quelle: C.G. Jung: *Von Mensch und Gott. Ein Lesebuch* (ausgewählt von Franz Alt), Walter-Verlag, Olten 1989, Seite 322
5 Quelle: C.G. Jung: *Psychologie und Religion*, dtv, München 2001, Seite 11
6 Quelle: C.G. Jung: *Gesammelte Werke, Band 9/2*, Walter-Verlag, Olten 1992, Seite 19
7 Quelle: C.G. Jung: *Gesammelte Werke, Band 11*, Walter-Verlag, Olten 1979, Seite 358/359
8 Quelle: C.G. Jung: *Zur Psychologie westlicher und östlicher Religion, Gesammelte Werke, Band 11*, Walter-Verlag, Olten 1979, Seite 554
9 aus Moody/Perry: *Zusammen im Licht. Was Angehörige mit Sterbenden erleben*, Goldmann, München 2011, Seite 95

Literatur

Alexander, Dr. Eben: *Blick in die Ewigkeit. Die faszinierende Nahtoderfahrung eines Neurochirurgen*, Heyne, München 2016

Alexander, Dr. Eben: *Vermessung der Ewigkeit. 7 fundamentale Erkenntnisse über das Leben nach dem Tod*, Ansata, München 2015

Brinkley, Dannion: *Geborgen im Licht. Die wahre Geschichte des Mannes, der zweimal starb*, Knaur MensSana, München 2010

Moody, Raymond: *Leben nach dem Tod. Die Erforschung einer unerklärlichen Erfahrung*, Rowohlt, Reinbek 2001

Moody, Raymond und Perry, Paul: *Zusammen im Licht. Was Angehörige mit Sterbenden erleben*, Goldmann, München 2011

Moorjani, Anita: *Heilung im Licht. Wie ich durch eine Nahtoderfahrung den Krebs besiegte und neu geboren wurde*, Goldmann, München 2015

Morse, Melvin: *Zum Licht. Was wir von Kindern lernen können, die dem Tod nahe waren*, Goldmann, München 1994

Morse, Melvin und Perry, Paul: *Verwandelt vom Licht*, Droemer Knaur, München 1994

Van Lommel, Pim: *Endloses Bewusstsein. Neue medizinische Fakten zur Nahtoderfahrung*, Knaur MensSana, München 2013